JN447419

Literature Education for Young Children

유아문학교육

| 김 영 애 |

양서원

머리말

유아문학에 대한 연구와 관련 강의를 하면서, 유아문학교육은 유아에게 매우 중요한 영역이며, 그림책은 유아에게 문학교육을 하는 데 매우 중요한 매체라는 점을 확신하게 되었습니다. 이에, 오늘날 다양하고 풍부한 그림책의 대중화는 매우 고무적이라고 생각합니다.

따라서 유아교사들은 유아문학에 대한 올바른 이해와 전인적이고 통합적인 유아발달을 위하여 문학작품에 대한 감상과 이해, 표현 및 창작활동을 통하여 흥미로운 이야기 속의 즐거움과 감동이 문학교육에서 바람직한 상호작용과 긍정적인 경험들로 이어지도록 안내해야 할 것입니다. 이에 교사는 유아문학 작품의 전문가가 되어야 하며, 문학작품을 활용하기 위하여 다양한 기법을 활용할 줄 알아야 할 것입니다. 이에 본 서는 예비교사와 유아교육기관의 교사들을 위하여 다음과 같이 구성하였습니다.

책은 이론편과 실제편으로 구성되었습니다. 1부에서는 유아문학교육에 대한 이해를 돕기 위하여 이론적 기초를 제시하였습니다. 1장은 유아문학에 대한 이해를, 2장은 유아발달과 유아문학을, 3장은 유아문학의 장르를, 4장은 그림책과 유아문학을, 5장 유아교육과정과 유아문학에서는 유아문학을 교육과정에 적용하기 위하여 4차 표준보육과정과 2019 개정 누리과정을 다루었습니다. 책의 구성상 각각을 다른 장으로 구성하였으나, 각 장의 내용이 연계될 수 있도록 하였습니다.

2부에서는 유아문학교육을 위한 다양한 실제를 제시하여, 예비교사와 현장교사들이 이해하고 적용, 실행하기 쉽도록 안내하였습니다. 6장은 동화구연의 이론과 기법을 다루었으며, 7장 인형극과 동극은 인형극 프로젝트 교과목 시간을 통하여 유아들을 위하여 준비하고 공연한 작품들을 중심으로 인형극의 이론과 인형 제작 방법, 시나리오에 이르기까지 인형극 공연을 위한 과정을 소개하였으며, 동극은 서영유치원 종일반 유아들이 주도하여 준비하고, 공연한 작품을 소개하여 현장교사들이 활용하기 쉽도록 안내하였습니다. 8장

유아문학교수계획과 9장 유아문학과 문학활동은 효율적인 문학교육을 실행할 수 있도록 문학중심의 통합적 접근법과 주제에 따른 문학활동 사례를 제시하였고, 10장은 유아문학을 전달하는 다양한 매체를 다루었습니다.

본 교재는 유아교육학과, 아동학과, 보육학과 등 관련 학과 학생들과 유아교육기관의 교사 또는 독서지도사, 도서관 사서, 부모들에게 그림책과 유아문학교육에 대한 지침을 제공하는 동시에 그림책에 대한 다양한 문학 정보와 실제를 제공할 수 있을 것입니다.

이 책이 나오기까지 도움을 주신 많은 분들께 감사의 말을 전합니다. 유아문학교육 수업시간에 저자가 제안한 많은 아이디어를 실행하면서 다양한 반응과 결과들이 본 서를 집필한 동기가 되었습니다. 이 자리를 빌려 수업시간에 열정을 다하여 참여해 준 서영대학교 광주 · 파주 캠퍼스 유아교육과 학생들, 서영유치원 교사와 유아, 강가영 조교와 김지은 학생에게 고마움을 전하며, 학문적 동지인 선애순 교수님께 깊이 감사드립니다. 모쪼록 본 서가 예비교사와 현장 유아교사들에게 유아문학교육에 대한 좋은 지침서가 되길 바랍니다.

'문학은 우리를 가르치지 않는다. 다만 우리를 변화시킬 뿐'이라고 하는 괴테의 말을 되새겨보아야 할 것입니다. 그리고 문학이 수단이 되는 것을 강도 높게 비판한 세이코 다케이코의 주장에도 관심을 가져야 할 것입니다. 유아교육현장에서, 문학을 유아교육의 교육적 도구로 활용하되 문학의 본질과 특성에 대한 이해를 돕는 활동과 노력들이 요구됩니다.

그림책을 읽어주는 동안 느낀 감정을 유아들은 충분히 말하지 못합니다. 하지만 얼굴빛만 보아도 그림책이 유아들을 얼마나 즐겁게 했는지 알 수 있습니다. 이는 읽어주는 순간 느낄 수 있습니다. 어린 시절 행복한 순간이 많았던 아이들은 행복한 어른이 된다고 합니다. 힘들고 거친 세상이지만 그림책을 통하여 어린이들에게 행복한 시간을 나누어 줄 수 있기를 기대합니다.

교육은 너무나 위대하고 완성하기 어려운 예술이어서 한 평생을 두고 노력해도 자기 이상의 극점에 도달할 수가 없다고 합니다. 새로운 교육제도를 만드는 것은 이름 높은 교육자이로되 한 인간을 올바르게 이끄는 것은 무명의 교사입니다. 유능한 유아교사가 되기 위하여 최선을 다하고 있는 많은 예비교사와 어려운 교육환경에서도 소명을 다하고 있는 모든 현장의 유아교사들을 존경하고 사랑합니다.

마지막으로 오랫동안 준비해오면서 완성본을 위하여 노력해왔지만 아직도 부족한 부분이 많은 작은 결실을, 교직 입문 40년을 맞이하는 제 자신에게 주는 마지막 선물이기도 합니다. 40년 동안 큰 버팀목이 되어준 가족과 유아교육과 동료 교수님들께 고마운 마음을 전합니다.

감사합니다.

2020년 12월

저자 김영애

차례

CHAPTER 08

유아문학교수계획 · · · · · · · · · · · · · · 209

CHAPTER 09

유아문학과 문학활동 · · · · · · · · · · · · 241

CHAPTER 10

유아문학과 전달매체 · · · · · · · · · · · · 265

PART 01

이론편

CHAPTER 01 유아문학에 대한 이해

CHAPTER 02 유아발달과 유아문학

CHAPTER 03 유아문학의 장르

CHAPTER 04 그림책과 유아문학

CHAPTER 05 유아교육과정과 유아문학

CHAPTER 01

유아문학에 대한 이해

1. 유아문학에 대한 이해
2. 유아문학교육에 대한 이해

유아문학은 출생에서 8세까지의 유아를 대상으로 하며, 유아의 발달특성을 고려한 내용과 형식을 갖춘 문학이다. 따라서 유아문학교육은 유아의 발달특성에 적합한 교육으로, 문학작품의 내용과 형식을 통해 문학이라는 고유한 예술영역을 경험하게 한다. 본 장에서는 유아문학 정의 및 교육적 가치 등 유아문학의 이해와 유아문학교육의 개념 및 목적, 가치, 내용 등 유아문학교육에 대하여 살펴보고자 한다.

1. 유아문학에 대한 이해

1) 유아문학의 개념 및 정의

유아와 관련된 유아문학(Young Children's Literature)은 유아를 위한 문학(Literature for Young Children)으로 아동문학 범주에 포함되며, 더 나아가 문학의 범주에 속한다. 유아문학이란 일차적으로 유아기의 특수성을 고려한 문학으로, 창작하여 유아에게 읽힐 목적이 있으며, 특수문학으로 동화 · 동요 · 동시 · 동극 등의 장르를 총칭한다(이상금 외, 2011). 또한 넓은 의미에서 유아문학은 유아의 정서와 심성의 순화에 영향을 미치는 인성의 문학이며, 좁은 의미로서 유아문학은 작가가 동심을 가졌거나 이를 의식하고 유아가 이해할 수 있는 문장으로 조명하거나 묘사하는 문장으로 동심을 잃어버린 어른들을 위하여 창작한 특수문학이다. 즉, 유아를 이해하고 사랑하는 성인들이 유아를 위하여 창작한 문학이라고 정의할 수 있다. 이상금 외(2011)는 유아문학이 출생에서 8세까지의 유아를 대상으로 하여 발달적 특성을 고려한 내용과 형식을 갖춘 문학이라고 하였으며, 김현희 외(2016)는 형식과 내용 면에서 문학적 · 예술적 기준을 만족시켜 주고 유아의 성장발달에 유익하며 유아의 욕구를 충족시켜 줄 수 있는 책이라고 하였다.

이와 같이 유아문학의 정의는 학자마다 조금씩 차이가 있지만, 유아의 전인적 성장을 위하여 발달적 특성을 고려한 문학으로, 유아기의 양적 증가 과정과 질적 변화의 과정에 따른 동심을 충족시키고자 표현된다.

유아문학은 유아를 대상으로 쓰인 문학으로, 유아문학의 정의에 대한 공통된 특성을 요약하면 다음과 같다(김소양 외; 2006; 서정숙 외, 2020).

① 유아문학은 유아에게 즐거움과 호기심을 유발해야 한다.
② 유아문학은 보편적인 문학성을 지녀야 한다.
③ 유아문학은 예술성과 창의성이 있어야 한다.
④ 유아문학은 아동문학의 범주에 포함되어 있으며, 유아의 발달특성을 고려한 내용과 형식을 갖춘 문학이어야 한다.
⑤ 유아문학은 유아뿐만 아니라 동심의 세계를 그리워하는 성인을 위하여 쓴 특수한 책으로서 형식 면에서는 문학적이고 예술적인 기준이 충족되어야 한다.
⑥ 유아문학은 대상, 가치, 욕구, 교육성, 예술성을 유아들에게 알맞도록 해야 한다는 보편적인 특성을 지닌다.
유아문학은 이해할 수 있는 문장으로 묘사된 작품으로 성인문학과 구별하되 동심에 초점을 둔다. 이 시기에는 신체적 · 심리적 · 정서적 · 사회적 희로애락에 대한 감정을 말과 글로 표출하기 어렵기 때문이다.

2) 유아문학의 중요성 및 교육적 가치

인간은 문학을 통해서 문학적 지식을 접하고 다양한 인간의 삶을 경험하게 된다. 즉, 인간은 문학작품을 읽음으로써 이야기의 줄거리, 사건의 전개 과정, 원인과 결과, 사건의 절정 등과 같은 이야기의 구조를 이해하고, 문학작품 속 주인공의 삶을 통하여 주인공의 행동과 태도를 경험하며, 작가의 삶에 대한 태도와 사상을 경험한다. 유아들도 어린 시기부터 노래, 자장가, 부모가 들려주는 이야기나 동화를 들으면서 자연스럽게 문학적 경험을 하게 된다. 이러한 문학 경험은 나이가 들면서 유아들 스스로 동화책을 선택하는 경험을 통해서 또는, 인형극, 만화, 비디오 등과 같은 다양한 환경 자극에 의해서 더욱 심화되고 발전된다. 문학적 경험을 통해 유아들은 주인공이 살아가는 이야기를 접하게 되면서 다양하고 풍부한 삶을 경험하게 된다. 주인공의 삶에 함께 웃고 울며 주인공을 자신과 동일시하기도 하고, 다른 사람의 삶을 경험하기도 하면서 보다 전인적인 인간으로 성장 · 발달해 나가는 것이다.

이와 같이 유아에게 문학은 인간 삶의 역사와 미래, 기쁨과 슬픔, 아름다움과 추함을 알게 해주는 중요한 요인이다. 문학작품을 통해서 유아들은 즐거움을 함께 나누고, 삶의 의미를 깨닫고, 성장 과정에서 문학작품을 이해하고 감상하는 능력을 습득할 수 있다.

Matterson(1975)은 유아문학의 가치를 사고의 확장, 어휘의 확장, 언어적 기술의 확장, 지식의 확대, 즐거움 및 대화 기회와 육체적 휴식 제공 등에 두고 있다. 또한 문학은 유아의 언어발달 및 인지발달과 사회 · 도덕성 발달, 미적 발달, 창의성 발달을 돕는다. 그 밖에도 많은 학자들에 의해 문학이 유아에게 주는 의미와 중요성이 언급된바, 유아문학의 교육적 가치를 구체적으로 살펴보면 다음과 같다.

① 유아들은 문학작품을 통해 즐거움과 기쁨을 느낀다.

유아들은 즐기기 위하여 문학작품을 읽는다. 문학작품에서 즐거움을 경험한 유아들은 평생 동안 문학을 사랑하게 된다. 이러한 과정에서 문학작품을 감상하는 태도와 능력을 기른다.

② 유아들은 문학작품을 통해 여러 가지의 간접 경험을 한다.

유아들의 생활 경험은 성인에 비해 극히 제한적이다. 문학은 유아로 하여금 제한된 생활의 범위를 넘어서 미지의 세계를 이해하도록 한다.

③ 유아들은 문학작품을 통해 다양한 욕구를 충족한다.

인간은 정신적 · 물질적 안정 등의 기본적인 욕구뿐만 아니라 소속과 미지의 세계를 탐색하려는 지적 욕구, 안정의 욕구, 심미적인 만족감의 욕구 등을 가지고 있다. 유아들은 발달특성상 이러한 욕구를 문학작품을 통해 충족할 수 있다.

④ 유아들은 문학작품을 통해 일상생활에서 직면하는 문제에 대처할 능력을 기를 뿐만 아니라 다른 사람의 어려운 문제나 견해를 이해한다.

유아들은 타인에 대한 이해를 돕는 감정 이입과 탈중심화가 이루어질 뿐만 아니라 도덕성이 발달한다.

⑤ 유아들은 문학작품을 통해 자연스럽게 언어능력이 발달하고, 바른 언어습관을 기르고, 우리말의 아름다움을 알고 즐겨 쓰게 된다.

유아들은 책에 관심 가지기, 책을 바르게 읽는 태도, 책을 소중히 다루는 태도 등을 기를 수 있다.

⑥ 유아들은 문학작품을 통해 아름다움을 감상하고 자기의 생각과 느낌을 창의적으로 표현하는 능력을 기른다.

유아들은 문학작품에 나타난 우수한 문체와 훌륭한 삽화를 감상함으로써 미적인 감각이 발달하고 심미감을 기를 수 있다.

⑦ 유아들은 문학작품을 통해 여러 가지 개념과 지식을 학습할 기회를 가진다.

최근 유아교육에서 언어, 수학, 과학, 도덕교육 등이 문학적으로 접근하는 경향이 있다. 이때 문학작품은 교수매체로서의 의미보다는 문학에 대한 유아의 흥미를 중시하여 문학을 즐기는 가운데 자연스럽게 여러 개념과 지식이 학습된다.

⑧ 유아들은 문학작품을 통해 다양한 문화를 접할 기회를 갖는다.

유아들은 다양한 문화를 소재로 한 문학작품을 경험함으로써 타 문화와 개인을 틀에 박힌 방식으로 바라보지 않고 더욱 폭넓게 볼 수 있으며, 다문화 교육의 기회가 될 수 있다.

2. 유아문학교육에 대한 이해

1) 유아문학교육의 개념

유아문학교육은 문학작품에 대한 감상과 이해, 그와 연관된 표현 및 창작활동을 통해 언어발달 및 문학에 대한 관심과 긍정적 태도를 갖게 하며, 유아의 전인적이고 통합적인 발달을 이룬다.

2) 유아문학교육의 목적 및 목표

유아들은 문학작품을 통하여 사회가 공유하는 경험, 언어, 역사 가치와 지식을 접한다. 또한 문학작품에서 사건의 전개 과정, 사건의 절정, 원인과 결과를 통해 이야기 줄거리 구조를 이해하게 된다. 문학작품에 나타난 주인공의 삶에서 자신과 비슷하게 생각하고 갈등하고 행동하는 주인공을 만나고, 주인공을 통해 자신의 행동과 태도를 되돌아보게 된다. 유아문학은 유아의 발달특성, 장르의 특성, 표지 그림의 적절성, 그림과 내용의 조화, 전체와 부분의 조화, 그림과 실재의 일치성 등을 고려하는 예술성을 보여준다. 또한 유아들에게 문학작품을 통한 간접경험을 제공함과 동시에 자신의 세계를 확장하는 통찰력을 길러준다.

유아문학의 중요성을 살펴보면 다음과 같다(김경중, 2003; 황은순 외, 2017).

① 유아문학은 생의 초기 유아기에 대한 삶의 태도와 의미를 주는 결정적인 매체이다. 유아들은 문학작품을 통하여 자신을 둘러싼 세상을 파악하고 자신이 접하지 못한 사람들과 장소 및 다양한 세상을 이해한다. 그리하여 문학작품 속에서 간접경험을 하고 더불어 살아가기 위한 기본적인 규범을 익혀갈 수 있다.

② 유아문학은 유아기에 나타나는 상상과 공상력, 창의력을 길러준다. 문학작품을 통하여 눈에 보이지 않고 귀에 직접 들리지 않는 세계에 대한 다양한 경험을 할 수 있으며 그림과 내용으로 공상과 상상력을 체험할 수 있도록 한다.

③ 유아문학은 유아들이 물질과 물체의 현상과 생태학적인 환경을 이해할 수 있도록 한다. 사실동화와 정보동화는 실제 생활에 필요한 보편적인 지식을 전달하기 때문에 규범과 책임의식을 갖추도록 안내한다.

④ 유아문학은 유아들이 미적 감수성을 기르도록 한다. 글과 그림으로 구성된 그림책의 그림은 좋은 미술작품으로, 유아들은 이를 통해 미술을 감상할 수 있는 심미안을 기를 수 있다.

이에 따른 유아문학교육의 목적은 유아기 성장 과정과 함께 문학작품을 이해하는 지식(knowledge), 감상(appreciation)하는 능력과 태도(attitude)가 병행하여 성장하도록 도와주는 것이다. 유아기에 문학작품을 통해 작품세계를 경험하면서 사회에서 통용되는 가치와 삶에 대한 통찰력이 길러지는 것이다. 이러한 능력은 수동적으로 습득되는 것이 아니라 선택된 환경, 자료, 경험에 의하여 자연스럽게 발달한다.

문학은 사회제도나 관습, 자연에 대하여 사람들이 반응하거나 투쟁하는 적절한 상황을 보여줌으로써 영향을 미치는 자연의 강력한 힘을 보여준다. 또한 문학은 상상력으로 인간의 정서와 사상을 언어로 형상화한 예술이며, 인간의 삶의 세계가 실제로 존재하는 것처럼 느끼도록 표현하여 정서를 순화시켜 준다(노운서 외, 2015). 즉, 문학을 통하여 인간의 정서와 사상을 이해하고, 개개인의 무한한 가능성을 더욱 확장시켜 갈 수 있다. 이러한 개념으로 문학의 관점을 살펴보면 다음과 같다(심성경 외, 2013).

① 문학이란 언어적 표현으로 나타낸 작품이다.

문학은 문자를 통해서 인간과 자연, 인간과 사회, 인간과 인간의 여러 가지 갈등을 허구적으로 묘사한다. 독자를 감동시키기 위하여 '인간이란 무엇인가.' 또는 '삶을 어떻게 살아야 하는가.'라는 사회 · 문화적인 실제 상황이나 과학적 · 상상적 요소를 세밀하게 구성한다.

② 문학이란 창조적 예술작품이다.

인간의 사상과 감정을 글과 그림으로 만들어낸 예술적인 작품이다. 작가의 상상력으로 만들어낸 허구성과 창조성은 인간에게 다양하고 풍부한 간접경험을 제공함으로써 기쁨과 즐거움, 심미감을 길러준다.

③ 문학은 사회 · 문화적 요소의 산물이다.

인간의 삶의 역사를 통하여 사회생활에 필요한 여러 시대상과 삶의 모습에서 삶의 올바른 태도와 습관을 유지하도록 강조한다. 한 개인의 탄생에서 죽음에 이르기까지 사회 · 문화적 유산의 하나로 보기 위하여 삶의 역사와 미래, 기쁨과 슬픔, 아름다움과 추함 등은 문학을 통해 많은 욕구를 충족시키며 보편적인 윤리를 실천한다.

유아에게 문학교육의 의미는 '문학에 대한 교육', '문학을 통한 교육', '문학교육'으로 구분할 수 있다(서정숙 외, 2020). '문학에 대한 교육'은 문학을 하나의 학문영역으로 보고 지식을 가르치는 것이며, '문학을 통한 교육'은 문학의 효용성을 강조하면서 문학작품을 다양한 교과영역을 가르치기 위한 자료로 활용하는 데 초점을 두는 것이다. '문학교육'은 문학작품을 통한 내용과 형식을 경험함으로써 문학이라는 고유한 예술영역을 경험하게 되는 것이다. 이 세 가지 영역 모두 유아에게 병행하면서 접근할 수 있어야 한다. 즉, 유아의 일상생활 속에서 자연을 감상하고 느껴보는 활동, 소리에 관심을 가지고 음악적 요소에 접하기, 미적 요소를 발견할 수 있는 경험, 주변 사람들과의 감정을 공유하는 경험이 선행되도록 유아문학교육의 의도적인 경험도 중요한 부분이다.

이와 같이 유아문학은 유아들이 밝고 긍정적인 삶을 살아가는 데 원천적인 힘을 주며 다양한 간접경험을 통하여 타인 및 세계에 대한 이해의 폭을 한층 더 넓힐 수 있도록 해준다. 교육이 인간다운 가치 있는 삶을 영위하도록 돕는 것이라면 문학은 문학 속의 인물들을 통하여 인간다움에 대한 이해와 내면화를 통한 정신적 통찰력을 길러준다.

유아문학교육의 목적은 문학작품에 대한 유아의 태도나 이해능력뿐만 아니라 지식과 기능을 형성하는 것도 포함한다.

Williamson(1981)은 3세부터 7세까지의 유아를 위한 문학교육 활동의 목적을 다음과 같이 제안하였다.

① 유아들이 문학을 어느 정도 알고 즐길 수 있도록 하여 문학이 그들 속에 있음을 느끼도록 도와준다. 문학적 즐거움이 문학적 경험을 넓혀주는 주원인이기 때문이다.
② 유아들이 이야기를 통해 개념을 발달시킬 수 있는 기회를 주어야 한다.
③ 극화, 인형극 등 다양한 문학경험의 방법으로 창조적인 표현활동을 할 수 있게 도와준다.
④ 유아들이 말의 힘이나 신비함을 알고 감상할 수 있도록 도와준다.
⑤ 유아들이 작품 속 주인공의 생활과 경험을 동일시할 수 있는 기회를 제공한다.

유아문학은 유아들에게 책을 경험하는 일은 즐겁다는 것을 느끼도록 해야 한다. 책과의 경험이 즐거웠던 유아는 책을 좋아하게 되어 자주 경험하며 그 결과 책 속의 지식을 자연스럽게 습득하기 때문이다. 따라서 유아문학의 일차적인 교육목표는 다양한 문학을 경험함으로써 문학적 태도를 기르고 감상하는 방법을 알도록 하는 데 있다.

Whitehead(1994)는 문학교육의 구체적인 목표를 다음과 같이 제시하였다.

① 책을 읽는 빈도를 증가시킨다.

② 독서 자료의 수준을 성숙시킨다.

③ 어떤 작품의 주제와 구성, 등장인물의 차원에서 바람직한 작품과 그렇지 못한 작품을 구별할 수 있는 능력을 기른다.

④ 새로운 어휘 또는 문장을 학습하며 다른 교과 영역에서 응용한다.

⑤ 놀이하는 이야기나 동시 중의 일부를 토의하기와 독후감 쓰기를 통해 또래들과 함께 공유하려는 노력을 한다.

⑥ 창조적 표현을 통해 문학에 대하여 관심을 갖는다.

⑦ 책은 많은 정보를 자신에게 제공해 주는 것임을 알고 소중히 한다.

⑧ 지속적인 독서습관을 형성한다.

⑨ 다른 종교, 인종, 사회 · 경제적 배경을 가진 사람들에 대한 이해를 증진한다.

⑩ 자신에 대한 이해를 증진시킨다.

3) 유아문학교육의 가치

유아기는 성장과 발달이 가장 급속도로 이루어지는 시기이다. 유아문학의 가치는 유아들에게 상상력을 길러주고 경험을 풍부하게 해주며, 사고력 및 창의력을 길러주고 즐거움 속에서 세상을 잘 이해하도록 도와주고 자기를 잘 표현할 수 있도록 해주며 언어능력, 심미감, 감상력 등을 길러준다(이은영, 2008).

유아문학의 교육적 가치를 살펴보면 다음과 같다(고문숙 외, 2015; Jacobs, 1989).

① 유아문학은 즐거움을 제공한다.

② 이야기듣기, 읽기의 문학경험은 유아의 욕구를 충족해준다.

③ 유아문학은 마음의 위안을 주고 마음을 정화해준다.

④ 이야기 속의 주인공을 동일시하는 과정에서 카타르시스를 경험한다.

⑤ 유아문학을 통해 자신과 타인의 삶을 통찰하여 바람직한 행동을 하게 된다.

⑥ 유아문학을 통해 모국어의 아름다움과 풍부한 언어세계를 경험한다.

⑦ 유아문학은 상상과 환상의 세계를 경험함으로써 창조적인 활동을 격려해준다.

유아는 문학을 통하여 다양한 경험을 한다. 유아문학은 유아의 전인적 발달에 영향을 미치며, 유아의 발달과 문학의 관계를 살펴보면 다음과 같다(박화윤 외, 2010).

(1) 언어발달

유아문학교육은 유아의 의사소통능력 향상을 위하여 친숙하게 다루어져야 한다. 즉, 일상생활에서 유아에게 필요한 의사소통능력과 바른 언어사용 습관을 기르기 위하여 생활중심으로 듣기, 읽기, 말하기가 이루어져야 하며, 활동의 기본으로 쓰기에 관심을 가질 수 있도록 안내해야 한다. 이때 유아는 자신을 둘러싸고 있는 환경에서 동요, 동시, 동화 등 문학적 경험을 자연스럽게 접하게 된다. 그러므로 이 시기에 글자와 친숙해지는 경험을 할 수 있도록 다양한 글자 정보와 함께 환경을 제공해야 한다.

유아문학은 유아의 삶에 의미 있는 가치를 지니고 있을 뿐만 아니라 성장 이후의 삶에도 지속적으로 영향을 미친다는 점에서 매우 중요하다. 유아들은 문학교육을 통해 언어를 이해하고, 다양한 정서와 감정을 표현할 수 있다. 유아는 사고발달로 즐거움과 상상의 세계에 대한 꿈을 갖게 되며, 새로운 어휘를 쉽고 자연스럽게 배우면서 우리말의 재미를 느낀다. 유아문학은 이론적 학습이기보다는 작품의 이해를 돕거나 작품에 대한 느낌을 다양한 방법으로 표현하는 데 중점을 둔다. 그러므로 유아문학은 등장인물의 모습, 행동 및 표현 등 다양한 문학적 표상활동을 적극적으로 활용해야 한다. 이와 같이 유아는 문학작품 속에서 재미있는 말과 표현으로 의사소통능력을 기른다.

(2) 인지발달

감각운동기의 마지막 단계인 생후 18개월부터 24개월까지의 유아는 상징적인 활동으로써 상상놀이를 시작한다. 상징은 운동에서 언어로 발전하게 되는데 전조작기에 접어들면서 유아들은 상징적인 기능을 더 많이 사용하게 되고, 언어발달이 빨리 진행되면서 상상놀이로 발전하게 된다.

이 시기는 유아의 상상놀이가 유아의 실제 경험이나 이야기의 소재가 되어 진행되고 발전되기 때문에 문학적인 경험은 상상놀이의 내용을 풍부하게 하고 유아는 상상놀이의 경험을 통해서 더 많은 이야기를 보고 듣고 싶은 욕구를 가지게 된다. 또한 유아문학은 전조작기 유아의 특징인 자기중심적 사고, 즉 물활론, 인공론, 실재론적 사고를 충족시키는 요소를 갖추고 있어 문학적 경험을 통해 인지발달이 이루어진다.

유아기는 자기중심적 사고, 물활론적 사고를 한다. 일상생활 주변 사물에서 자신이 보고, 듣고, 느끼고 생각하는 모두가 실재하고 있다는 실재론적 사고와 모든 사물이나 현상이 존재한다는 인공론적 사고를 한다. 이 시기 문학작품 속에는 독특한 등장인물이 전개하는 형식과 환상의 세계를 창조하는 허구성, 창조성, 감동을 불러일으킨다(이대균 외, 2016). 유아들의 문학적 경험은 탈중심화를 통하여 인지발달을 돕는다. 등장인물의 삶을 이해하고 문제해결능력을 발달시키는 비판적인 사고기술과 논리적으로 추론할 수 있게 된다. 즉, 자기중심성에서 벗어나 점차 등장인물의 입장에서 사고하는 과정으로 발달하게 된다.

(3) 사회 · 정서발달

유아기는 인지발달과 더불어 조망수용능력이 형성된다. 사회 · 정서발달로 성장과 변화를 인식하면서 자신이 속한 사회뿐만 아니라 다양한 인종, 문화 등을 접할 기회를 가진다. 문학을 통하여 자신의 감성을 자극함으로써 정서적 발달로 이루어진다. 문학을 통한 유아의 체험과 상상력은 여러 가지 문제를 해결할 수 있는 타인조망능력을 길러준다. 문학작품에서 다양한 인종, 계층, 직업, 연령으로 나타난 등장인물을 통하여 기쁨, 슬픔, 아픔 등 정서에 동일시하며, 타 문화를 이해하고, 친사회적 사고를 기른다. 특히 편견이 아닌 개방적인 수용으로 윤리적 가치관과 도덕성을 발달시키고, 욕구를 충족시켜 갈 수 있다.

이러한 문학경험이 주는 역할은 다음과 같다(이상금 외, 2011).

① 다양한 경험을 하게 된다.

유아는 문학을 통하여 여러 가지 인간문제를 경험함으로써 자신의 감정이나 삶에 관련하여 현실생활에 대한 새로운 태도와 정신을 기르게 된다. 즉, 문학작품 속 주인공에 동화되어 의미 있고 감동적일수록 새롭고 창조적인 삶이 되도록 이끌어 주는 힘을 얻고 그 느낌이나 판단에 공감을 느끼면서 삶의 진실과 아름다움을 배우고 경험을 확대해 나간다.

② 상상력을 기른다.

유아는 소꿉놀이, 미장원놀이, 병원놀이 등 역할놀이를 통하여 상상력이 길러진다. 육체적 · 정신적 · 사회적으로 미성숙한 유아가 건전한 사회적 인간으로 성장하기 위한 교육적 측면을 강조한다. 따라서 유아문학은 다양한 장르의 문학적 총체로서 유아를 위한 문학, 유아에게 적합한 문학, 유아에게 필요한 문학 등 유아문학을 정의하는 데 있어서 인지적 발달 및 특수성을 고려한다.

(4) 도덕성발달

유아들은 성장함에 따라 선과 악, 진리와 거짓에 대한 차이를 배우게 된다. 옳고 그름의 개념을 내면화해 가면서 그들의 행동이 자신뿐만 아니라 타인에게도 영향을 미친다는 것을 인식하게 된다.

피아제(Piaget, 1952)는 유아의 도덕적 판단을 크게 타율적 도덕성 단계와 자율적 도덕성 단계로 구별하였고, 콜버그(Kohlberg)도 도덕성의 발달에서 3세까지는 규칙에 대해 복종하는 단계, 3세부터 5세까지는 규칙을 절대적으로 받아들이지 않고 한 가지 이상의 측면이 있음을 알게 되며 교환적인 사고를 할 수 있는 단계로 보았다. 이와 같이 도덕성은 단순한 외부적 자극에 의하여 주입식으로 가르쳐서 발달되는 것이 아니라 타인과의 상호작용을 통해 이루어지는 것이다.

문학은 유아들에게 타인의 사상이나 감정을 전달할 수 있으므로 유아는 이러한 문학 작품의 주인공과 동일시하여 그의 사고방식이나 감정에 공감하고, 때로는 비판하는 과정에서 도덕성이 발달된다.

유아문학교육이 중요시되는 이유는 일반 교육제도에 의한 교육보다 인간이나 사회를 순화시키고 이상을 높이려는 데 있다. 궁극적으로 유아문학교육을 통하여 유아들은 인간의 삶에 대한 이해와 내면화를 통한 통찰력을 갖게 된다. 유아문학은 유아들이 다양한 간접경험을 통하여 생태학적인 환경과 경험에 대한 폭을 넓혀가면서 밝고 긍정적인 삶을 살아가는 데 원천적인 능력을 기르게 한다. 이러한 문학의 교육성은 작품에서 예술적 감흥과 감동을 느낄 때 창의성과 상상력 발달, 다른 세계에 대한 감정이입과 문제해결능력 및 도덕성발달에 기여한다.

4) 유아문학교육의 내용

유아문학교육의 내용은 문학감상 영역, 문학구성 이해 영역, 등장인물 이해 영역, 문학양식 이해 영역, 문학평가 및 반응 영역으로 구분하여 구성할 수 있다(박화윤 외, 2010). 이러한 문학교육 내용은 유아들에게 소개되는 작품마다 개별적으로 모든 영역을 다루는 것이 아니라 작품의 특성에 따라 가장 적절한 내용들을 연결하여 지도하는 것이 바람직하다. 특히 유아문학교육은 문학작품 감상영역인 듣기와 읽기를 가장 비중 있게 다루어야 한다. 즉, 다양한 장르(동화, 동시, 동요, 동극 등)의 문학작품, 다양한 내용 및 주제의 문학작품, 세계 여러 나라 또는 세계 여러 문화의 문학작품, 다양한 시대의 문학작품인 전래동화, 전래동요, 창작동화, 창작동요 등의 듣기와 읽기에 비중을 두어야 한다.

유아문학교육의 내용을 구성하는 5개 영역을 구체적으로 살펴보면 다음과 같다(김영애, 2008; 박화윤 외, 2010).

(1) 문학감상

① 다양한 장르(동화, 동시, 동요, 동극 등)의 문학작품 듣기

② 다양한 내용 및 주제의 문학작품 듣기와 읽기

③ 세계 여러 나라 또는 여러 문화권의 문학작품 듣기와 읽기

④ 다양한 시대의 문학작품 듣기와 읽기(전래동화, 전래동요, 창작동화, 창작동요 등)

(2) 문학구성 이해

① 문학작품의 줄거리

② 사건의 전개 과정

③ 사건의 원인과 결과

④ 사건의 절정

⑤ 작가(그림책일 경우 삽화가 포함)

(3) 등장인물 이해

① 등장인물 또는 주인공의 특성, 태도, 가치, 행동, 동기

② 가장 좋아하는(싫어하는) 인물 선택과 그 이유

③ 등장인물의 묘사, 등장인물의 변화에 대한 묘사

(4) 문학양식 이해

① 동화, 동시, 동극의 차이

② 사실과 허구 파악

③ 문학작품 속의 특징 있는 단어나 어휘, 문장 이해

(5) 문학평가 및 반응

① 문학작품에 대한 자신의 생각이나 느낌을 말하기나 쓰기로 표현

② 문학작품에 대한 자신의 생각이나 느낌을 창의적인 방법으로 표현(신체표현, 미술, 동극 등)

5) 교수–학습방법

유아문학교육은 유아의 문학적 사고 발달을 위한 것으로, 유아문학교육의 방법 또한 유아의 문학적 사고 발달에 도움이 되는 모든 활동들이 포함된다. 유아의 문학적 사고 발달을 위하여, 유아들에게 다양한 문학작품들을 제공해야 하며 문학작품의 내용과 구성, 작품 속 인간의 삶의 태도나 가치에 대하여 유아들이 감상하고 이해하며 평가하는 반응을 적극적으로 유도하는 활동을 제공해야 한다.

Whitehead(1994)는 문학교육을 위한 교수전략을 다음과 같이 제시하였다.

① 자유 독서 활동

② 그룹 활동

③ 읽어주기 또는 이야기해 주기 활동

④ 말하기와 쓰기 활동

⑤ 미술을 통한 활동

⑥ 게임과 퀴즈

Cullinan(1989)은 문학교육을 위한 문학활동을 다음과 같이 제시하였다.

① 문학작품 소개: 소리 내어 읽어주기, 구연하기, 문학작품 소개하기, 문학작품 분석하기, 영상매체로 소개하기

② **문학에 대하여 배우기:** 배경, 줄거리 구조, 인물 묘사, 시점, 언어 스타일

③ **문학에 반응하기:** 쓰기, 말하기, 동극, 미술활동

유아가 문학적인 경험에서 즐거움을 얻을 수 있으려면 유아의 흥미를 먼저 고려해야 한다. 유아의 읽기에 대한 흥미는 개인차가 있으며 유아의 흥미를 자극하지 못하면 효과를 기대할 수 없다. 따라서 유아들에게 인지발달단계에 따른 문학작품을 경험시켜야 한다. 유아들은 그들의 인지구조에 의미를 줄 수 있는 이야기를 더 좋아하기 때문이다(박화윤 외, 2010).

유치원 연령의 유아들은 혼자서 책을 읽을 수 없는 문자해독 이전단계에 속한다. 따라서 다른 사람이나 다른 매체를 통해서 기초적인 문학적 경험을 얻을 수 있다. 그러므로 교사나 부모의 지도방법과 자료들은 유아가 문학적인 경험을 달성하기 위한 주요 요인이라고 할 수 있다.

유아는 교사가 관심을 가지는 것과 동일한 책을 좋아한다. 그리고 교사의 열성은 유아의 흥미 유발을 위한 주요 요인이므로 문학교육을 위한 교사의 능력이 길러져야 한다. 교사는 유아문학에 대하여 알아야 하고, 교사 자신의 생활에서 나타나는 기쁨과 경험의 바탕에서 이해되어야 한다.

또한, 교사는 유아를 위한 이야기나 시에 대하여 깊이 이해하여야 한다. 유아의 흥미를 인식해야 하며 문학교육이 연습이나 형식적인 일이 아니라 개별 유아의 즐거움을 위한 것이어야 한다는 점과 그룹 활동에 창조적으로 참여하도록 북돋아야 될 것임을 인식해야 한다(Russell, 1991). 이러한 인식과 더불어 유아기의 특수성 때문에 교사의 지도방법은 전문성이 요구된다.

즉, 교사는 유아문학 작품의 전문가가 되어야 하며, 문학작품을 활용하기 위하여 다양한 기법을 활용할 줄 알아야 한다. 유아를 문학에 초대하기 위하여 교사는 각각 다른 연령과 발달단계에 적합하고 흥미를 줄 수 있는 도서를 선정해야 한다. 문해력과 교육과정에서 얻는 문학적인 경험을 통합하게 하는 상호교류 작용의 의의를 이해하고 도서의 선정을 위하여 교사는 유아들이 어떻게 의미를 구성하는지에 대한 분명

한 개념을 알고 있어야 한다.

문학 프로그램을 운영할 때 교사는 유아들의 문학에 관한 지식과 관심을 북돋우고 키워주기 위하여 다양한 기술과 활동 자료, 장치 및 매체 등에 대하여 폭넓게 알고 있어야 하며, 유아를 위한 이야기나 시에 대하여 폭넓은 지식을 가지고 있어야 한다. 이처럼 교사의 역할과 자질은 유아문학교육에서 기본적인 중요 요소라 할 수 있다.

6) 유아문학교육의 평가

(1) 유아문학교육 내용의 평가

유아문학교육의 평가는 유아들이 문학교육에서 얼마나 큰 즐거움과 이해력을 얻었는가에 중점을 두어야 한다. 유아들이 문학활동을 통해 감수성을 기르고 문학에 대한 태도를 함양하며, 문학감상을 통해 내용을 충분히 이해하고 문학적 경험이 유아들에게 내면화되었는지를 알아보는 교육평가가 중요하다(이대균 외, 2016).

Cullianan 등(1998)을 참고한, 유아를 위한 문학교육의 평가는 다음과 같다(김영애, 2008a; 서정숙 외, 2007).

① 기록하기

그림책을 읽고 반응하는 것을 관찰하여 기록하고, 유아가 그림책에 대하여 반응한 결과물을 검토하여 기록해 둔다. 구체적으로 교사는 유아가 읽은 그림책의 장르, 작가를 기록하고, 유아가 읽은 책에 대하여 나눈 토의 내용(등장인물, 그림 등)도 기록한다. 또한 유아가, 오늘 읽어준 것과 이전에 읽어준 것을 얼마나 연관시키는지에 대하여도 기록한다. 그리고 유아의 책 선택 방식도 기록한다. 예를 들면, 너무 쉬운 책만 읽어달라고 하는가, 필요로 하는 정보를 제공하는 책을 선택하는가 등을 기록한다.

그림 1-1 기록하기의 예시

② 읽기행동 관찰

| 책 읽기 전 관찰 |

- 읽고 싶은 책을 선택하는가?
- 책을 읽어준다고 할 때 좋아하는가?

| 책 읽는 동안의 관찰 |

- 그림을 보면서 들은 이야기를 말할 수 있는가?
- 의미에 초점을 두는가 아니면 단어 하나하나에 집착하는가?
- 어디서 읽는 것을 좋아하는가, 누구와 읽기를 좋아하는가?

| 책 읽기 후 관찰 |

- 어떤 활동을 선택하기 좋아하는가?
- 자신이 읽은 책을 얼마나 잘 이해하고 있고, 얼마나 그 책을 좋아하고 있는가?

그림 1-2 읽기행동의 예시

③ 경청하기

유아들이 그림책에 대한 토론을 할 때 귀를 기울이는 것은 좋은 평가 방법이다. 이야기의 내용에도 귀를 기울이고, 유아가 다른 사람의 의견에 주의를 기울이는지, 다른 사람의 아이디어로 자신의 생각과 반응을 발전시키는지를 살피는 것이 중요하다.

그림책에 대하여 교사 자신이 유아들과 토의한 내용을 녹음하여 들어보는 것은 교사가 자신이 하는 질문의 종류를 평가하거나, 교사가 유아의 견해와 생각을 진심으로 묻는 개방된 질문을 하는지를 평가하는 데 유용하다. 또한 교사는 읽어주고 있는 그림책에 대하여 교사가 유아에게 더 많이 이해할 수 있도록 하는 질문을 하는지 살펴보아야 한다.

그림 1-3 경청하기의 예시

(2) 유아와 교사에 대한 평가

Glazer(1981)는 문학교육을 실시한 후 유아와 교사 각각에 대하여 평가할 수 있는 항목을 다음과 같이 제안하였다. 다음의 항목은 교사 자신과 유아들을 평가하는 기준이 될 수 있을 것이다(서정숙 외, 2020, 재인용).

① 유아에 대한 평가

- 유아는 다양한 장르의 책을 읽는가?
- 유아는 읽기활동을 선택하는가?
- 유아는 다른 유형의 읽기 자료를 구분하고, 그것들을 다른 목적을 갖고 읽는가?
- 유아는 문학과 자신의 생활을 관련지을 수 있는가?
- 유아는 서로 다른 책을 연결 지을 수 있는가?
- 유아는 문학에 대한 자신의 선택과 반응에 자신감을 갖는가?
- 유아는 문학에 대한 다른 사람의 반응을 존중할 줄 아는가?
- 유아는 평생 독자가 될 수 있는가?

② 교사의 자기 평가

- 유아에게 매일 그림책을 읽어주는가?
- 시를 포함하여 다양한 장르의 글을 읽어주는가?
- 유아가 자신이 선택한 그림책을 읽을 수 있는 시간을 제공하는가?
- 교실에 다양한 장르의 많은 그림책을 제공하는가?
- 문화적 · 인종적 다양성을 나타내는 그림책을 제공하는가?
- 유아가 장르별로 다른 그림책을 다른 목적을 갖고 읽을 수 있게 지도하는가?
- 유아가 그림책에 대한 다양한 방식의 반응을 서로 공유하도록 격려하는가?
- 특정 그림책에 대한 유아들의 견해의 차이를 존중하는가?
- 유아가 그림책 간에, 그리고 문학과 생활 간에 연결 지을 수 있게 격려하는가?
- 유아의 읽기 관심을 자극하기 위하여 부모와 교류하는가?

CHAPTER 02

유아발달과 유아문학

1. 욕구이론과 유아문학
2. 인지발달이론과 유아문학
3. 심리성적 발달이론과 유아문학
4. 심리사회적 발달이론과 유아문학
5. 유아의 연령별 특성과 그림책

유아발달이론 및 발달특성은 문학에 대한 유아의 반응에 영향을 미치는 중요한 요인이다. 따라서 유아의 발달단계 및 특성을 고려한 문학작품을 선정하여 적절한 방법으로 제시하는 것이 중요하다. 본 장에서는 매슬로우의 욕구이론, 피아제의 인지발달이론, 프로이트의 심리성적 발달이론, 에릭슨의 심리사회적 발달이론과 연령에 적합한 그림책에 대하여 살펴보고자 한다.

1. 욕구이론과 유아문학

1) 매슬로우 욕구이론의 의의

Maslow(1971)는 미래에 대한 인간관을 가진 인본주의 학자로 자기실현을 위하여 지속적인 연구를 하였다. 매슬로우가 심리학에 기여한 공헌은 가장 높은 욕구를 뜻하는 맨 위층에 자아실현의 욕구가 위치하는 피라미드로 표현한 그의 인간 욕구 단계설이다(이영 외, 2000).

매슬로우의 욕구위계는 1단계 생리적 욕구, 2단계 안전 · 안정의 욕구, 3단계 사회적 욕구, 4단계 존경의 욕구, 5단계 자기실현의 욕구로 연계된다. 각 단계마다 성취하려는 과업을 해내기 위하여 어려움을 이겨내고 자신이 원하는 것을 얻기 위한 도전이 해결되면, 자신에 대한 믿음과 긍정적인 자아가 형성된다. 하위욕구의 충족에 의해 상위욕구가 발전하고 행동에 긍정적 영향을 미치게 된다. 반면, 하위욕구에 불만족이 생겨 충족되지 못할 경우 인간의 행동은 하위욕구에 대한 충족을 위하여 퇴행하게 된다. 이와 같이 인간의 욕구 발달은 하위단계에서 상위단계까지의 안정된 충족을 필요로 하며 위계적인 관계를 지닌다.

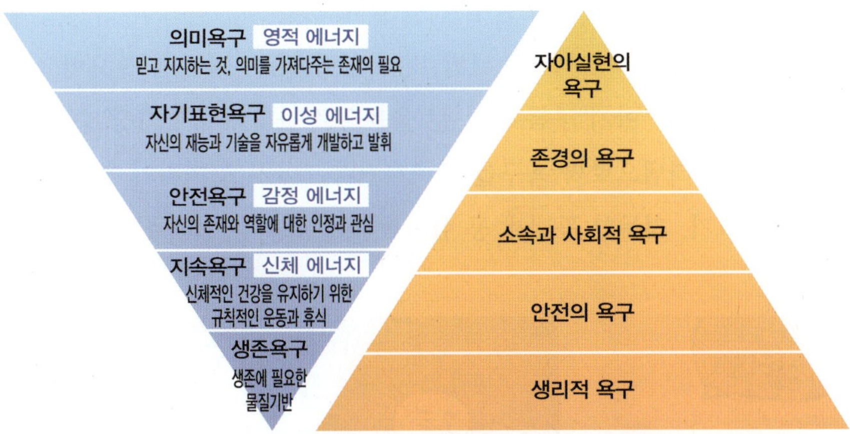

그림 2-1 매슬로우의 욕구 계층도

매슬로우의 욕구위계는 각자 분리된 것이 아니라 내면적 동기 유발이 된 후 하위단계의 생리적 욕구가 먼저 충족되면 다음 수준의 상위 욕구단계로 발전된다. 이러한 욕구는 높은 수준의 성장욕구와 가장 낮은 수준의 결핍욕구로 체계화되어 있다.

2) 욕구단계에 따른 유아문학

매슬로우 욕구이론의 생리적 욕구, 안전의 욕구, 소속과 사회적 욕구, 존경의 욕구, 자아실현의 욕구단계에 따른 유아문학은 다음과 같다.

(1) 생리적 욕구와 유아문학

생리적 욕구(physiological needs)는 인간의 가장 강한 욕구이며, 본능적이고 기본적인 요소이다. 생물학적 생존에 필요한 수면, 물, 배설, 음식, 성과 관련된 생리현상이다. 생존에 필요한 수면, 배고픔, 갈증, 통증, 성욕 등이 충족되지 않으면 불신감이 형성되며, 고착 현상으로 과식, 폭식이 발생할 수 있다.

생리적 욕구와 관련된 그림책으로, 『밥 먹기 싫어요!』는 생존에 필요한 음식의 소중함을 다룬 내용이며, 『아기 구름 울보』는 울음으로 나타내기가 가장 수월한 시기에 본능적인 소리를 드러냄으로써 욕구를 충족시킨다. 『아기 코끼리의 똥』은 동물의 단순한 똥 모양과 크기, 지독한 똥냄새 등 심리적 과정으로 유아의 호기심을 자극한다.

안나 카살리스,
『밥 먹기 싫어요!』,
키득키득

김세실,
『아기 구름 울보』,
사계절

가도노 에이코,
『아기 코끼리의 똥』,
지경사

(2) 안전의 욕구와 유아문학

안전의 욕구(safety needs)는 위험으로부터 보호와 안전하고 편안한 생활을 추구하는 욕구이다. 이 욕구는 위험, 위협, 박탈에서 자신을 보호하고 불안을 회피하기 위한 것과 생활도구나 전기도구에서 질병, 교통, 유괴, 자연현상 등에 이르기까지 다양하다. 이에 유아기는 다른 사람을 이해하고 물질적 · 정서적 안정감을 소중히 여길 수 있도록 일상생활에서 안전하게 생활할 수 있는 안전수칙을 가르쳐 주며, 위험 상황에 적절히 대처하는 방법을 알려주어야 한다.

안전의 욕구를 다룬 그림책으로, 『치과의사 드소트 선생님』은 치과 의사 생쥐가 늑대를 치료하는 과정에서 위협에 대처하는 지혜를 볼 수 있다. 『거인 사냥꾼을 조심하세요』에서 자연 상황은 안전한 곳이라는 믿음과 공감을 나타낸다. 『이럴 땐 어떻게?』는 친구들과 어울려 생활할 때 보다 안전하고 건강하게 지낼 수 있는 다양한 안전수칙이 포함되어 있다.

윌리엄 스타이크,
『치과의사 드소토 선생님』,
다산기획

콜린 맥노튼,
『거인 사냥꾼을 조심하세요』,
시공주니어

최미란,
『이럴 땐 어떻게?』,
키즈엠

(3) 애정 및 소속의 욕구와 유아문학

애정 및 소속의 욕구는 가족, 친구, 친척 등과 친하게 지내면서 인정받고 싶은 욕구이다. 애정관계는 점차 집단에 소속되어 친밀하고 밀접한 관계로 발전된다. 즉, 부모와의 애착형성, 형제자매 관계, 또래친구 관계 등 관계를 통해 욕구를 충족한다. 특히 유아기는 가족과 타인과의 친밀한 관계를 통해 자신의 행복을 느끼기 때문에 서로 이해하고 확인하는 경험을 통해 애정 및 소속의 욕구를 충족하게 된다.

소속과 애정을 다룬 그림책으로, 『엄마가 달려갈게!』는 가족의 일상과 마음을 때론 유쾌하게, 때론 섬세하고 사랑스럽게 나타낸 책이고, 『얄미운 내 동생』은 엄마가 동생만 예뻐한다고 생각하여 동생에 대한 질투로 고민하는 감정과 생각을 살펴보고,

가족의 소중함과 진정한 우애가 무엇인지 알게 한다. 『마들린느의 멋진 새 친구』는 자신의 감정을 숨김없이 표현하고 어디서든 자기만의 개성을 발산하는 꼬마 마들린느의 특별한 우정 이야기이다.

김영진,
『엄마가 달려갈게!』,
길벗어린이

김주영,
『얄미운 내 동생』,
잼에듀

루드비히 베멀먼즈,
『마들린느의 멋진 새 친구』,
보물창고

(4) 자아존중감의 욕구와 유아문학

자아존중감의 욕구는 자신이 다른 사람으로부터 존경과 가치 있는 존재로 인정받기를 원하는 것이다. 즉, 명예, 지위, 인정 등이 충족되면 자존감이 형성되어 자율감, 독립심이 길러지며 충족되지 못하면 열등감과 무력감에 빠지게 된다. 이 욕구는 자아개념 및 자신감 등 자기 긍지와 자기 만족을 위하여 자신을 발전시키고 새로운 것에 도전하도록 한다.

자아존중감의 욕구를 다룬 그림책으로, 『치치의 첫 심부름』에서는 심부름을 혼자 하고, 도움을 받더라도 목표한 일은 끝까지 마무리하는 경험을 통하여 자신에 대한 믿음을 표현한다. 『내 마음이 쑥쑥 자라요!』에서 자신을 놀리는 친구에게 화내지 않으려고 참아내고, 긍정적인 태도로 자신이 직면하는 힘든 상황에 도전하며 마음이 자라는 모습을 보여주고, 『헤엄이』는 작은 물고기들이 함께 힘을 합쳐 시련과 위기를 극복하고 더 넓은 세상으로 나아가는 자존감을 다룬다.

스에자키 시게키,
『치치의 첫 심부름』,
아름다운사람들

닐스 반 호브,
『내 마음이 쑥쑥 자라요!』,
갈락시아스

레오 리오니,
『헤엄이』,
시공주니어

(5) 자아실현의 욕구와 유아문학

자아실현의 욕구는 자신이 지니고 있는 잠재능력을 충분히 표현하고 발휘하는 최종 단계이다. 이 욕구는 자신이 중요하게 생각하는 능력이나 잠재력을 최대한으로 발전시키기 위하여 끊임없이 자기계발을 촉진한다. 자아실현의 욕구는 성장 욕구라고도 하며, 인지적 욕구나 심미적 욕구가 여기에 포함된다. 자아실현의 그림책을 통해, 유아는 지금 어려움을 느끼지만 계속 노력하면 자신의 목표를 성취할 수 있는 가능성을 찾아보고, 만족감을 갖게 된다.

자아실현의 욕구를 다룬 그림책으로, 『휘파람을 불어요』는 자신감이 낮은 피터가 휘파람을 불려고 무척 노력한 결과 휘파람을 잘 불게 되면서 자아존중감이 향상되는 과정을 나타냈고, 『너는 특별하단다』는 목수 아저씨가 만든 나무사람 웸믹들이 서로에게 특별한 관심을 갖고, 존중하는 소중한 존재임을 이야기하고, 『노래하는 볼돼지』는 가족들의 무관심에 주눅이 든 볼돼지가 환상 속 무대에서 자신의 노래 실력을 뽐내며 잠재능력을 발휘하는 기쁨을 얻게 되는 내용이다.

에즈러 잭 키츠,
『휘파람을 불어요』,
시공주니어

맥스 루카도,
『너는 특별하단다』,
고슴도치

김영진,
『노래하는 볼돼지』,
길벗어린이

2. 인지발달이론과 유아문학

유아의 인지발달은 정해진 순서대로 진행되고, 각 단계가 높아질수록 정교해진다. 피아제에 의하면 동화 · 조절 · 조직화의 과정은 전 생애에 걸쳐 일어나며 발달단계 전반에 걸쳐 지속적으로 반영된다. 인지발달은 동일한 발달단계를 나타내지만 개인의 능력과 질적 환경에 따라 개인차가 존재한다.

1) 피아제 인지발달이론의 의의

Piaget(1952)는 스위스의 철학자, 자연과학자이며 발달심리학자이다. 인지발달은 환경과 상호작용을 통한 지속적이고 확실한 계획(scheme)의 산물이다. 피아제(1995)는 유기체와 환경의 상호작용을 통해 문제해결의 기능이 형성된 것이 인지발달이라고 하였으며, 인지발달이론은 인간의 의식적 사고와 정신구조를 강조한다.

표 2-1 피아제의 인지발달 단계

단계	연령	특징
감각 운동기	0~2세	• 감각과 운동을 통해 외부환경을 이해하고 적응하는 시기 • 영아의 행동은 자극에 대한 반응이고, 자극은 감각이고 반응은 운동임 • 자신의 눈앞에 보이지 않는 장난감은 이 세상에 존재하지 않는다고 인식함
전조작기	2~7세	• 언어가 급격히 발달하고 상징적 사고능력이 증가하는 시기 • 사물에 대하여 감각과 운동보다는 상징, 상상, 모방 등을 사용하는 표상 능력이 증가 • 상징놀이, 자기중심적 사고, 물활론
구체적 조작기	7~12세	• 논리적 조작이 가능한 시기 • 자기중심적 사고에서 벗어나 사물 간 관계를 이해하는 능력 획득 • 보존개념의 획득, 유목 포함, 분류화, 서열화 가능
형식적 조작기	12세 이후	• 추상적이고 논리적인 사고가 가능한 시기 • 새로운 상황에 직면했을 때 현재의 경험뿐만 아니라 과거와 미래의 경험 이용 • 체계적인 과학적 사고 가능 • 이상주의적 사고 가능

이와 같이 피아제 인지발달의 각 단계는 계속적으로 발전하게 되는 연속형이다. 이것은 개인의 성숙도와 환경에 많은 영향을 받기 때문에 이전 단계를 통과해야 다음 단계의 순서대로 진행되며 단계를 뛰어넘어 발전할 수 없다는 사실을 시사해 주고 있다. 이에 인지발달 단계별 특성에 알맞은 그림책을 제시함으로써 인지구조 변화 능력을 질적으로 촉진할 수 있다.

2) 인지발달에 따른 유아문학

피아제의 인지발달 단계는 감각운동기, 전조작기, 구체적 조작기, 형식적 조작기의 4단계이며 각 단계별 유아기에 해당되는 유아문학은 다음과 같다.

(1) 감각운동기와 유아문학

감각운동기(sensorimotor stage, 0~2세)는 출생하면서 시작된 모든 지각의 방식이 감각과 행동으로 일어난다. 이 시기는 시각이나 청각, 촉각 등 감각이 환경과 상호작용한다. 환경과 감각경험과 운동적인 상호작용이 이루어지는 것은 중요하다. 오감각을 촉진시키는 소리, 촉감 등에 민감한 반응을 보이는 시기로, 눈으로 본 것을 잡고, 만지고, 입으로 탐색하면서 이해한다. 감각운동기에 알맞은 그림책은 크기도 작고, 두툼한 보드북으로 만들어져 한 장씩 넘길 때마다 다음 장이 따라 올라옴으로써 영아의 서툰 손 조작으로도 '책장 넘기는 맛'을 느낄 수 있어야 한다.

감각운동기를 다룬 그림책으로, 『잘 자요 달님』은 시간의 흐름 과정에서 주변 사물들의 존재를 인식하는 내용이며, 『알록달록 동물원』은 도형의 다양성을 알려주는 내용이다. 『두드려 보아요』는 그림책에 문이 구성되어 있어서 문을 똑똑 두드리듯이 손으로 직접 똑똑 하면서 탐색과 감각의 재미를 느낄 수 있도록 안내하는 내용이다.

마거릿 와이즈 브라운, 『잘 자요 달님』, 시공주니어

로이스 엘럿, 『알록달록 동물원』, 시공주니어

안나 클라라 티돌름, 『두드려 보아요』, 사계절

(2) 전조작기와 유아문학

전조작기(pre-operational stage, 2~6, 7세)는 감각운동기 동안 기능하던 인지행동 수준을 넘어 상징적인 단어들을 사용할 수 있다.

전조작기에 나타난 특징으로 상징적 사고와 자기중심적 사고(egocentrism), 물활론적 사고(animism), 인공론적 사고(artificialism), 실재론적 사고(realism)가 있다. 이러한 사고의 특성으로 전조작기 유아는 조망수용능력(perspective taking)을 가지고 있지 못하고, 보존개념을 획득하지 못한다. 이 시기는 감정이 세분화되어 있지 않으며, 주변의 사물들과 대화하고 소통하는 것이 문학적 경험이 될 수 있다. 또한, 어떤 사물을 볼 때 그 사물의 속성을 생각하지 못하고 직관적 사고(intuitive thinking)에 의존하기 때문에 전체와 부분, 보존개념, 유목화, 서열화 등 개념을 정확하게 판단하기 어렵다. 이 시기에 알맞은 유아문학은 발달특성에 따른 단순한 구조의 유머가 있는 이야기나 환상이 가미된 무한한 상상력에 바탕을 두기 때문에 창의성의 기초가 형성된다.

전조작기를 다룬 그림책으로, 『구리와 구라의 빵 만들기』는 숲속에서 빵을 굽는 과정에 숲속 친구들이 모여들고, 즐겁게 나누어 먹으면서 좋아하는 아이들의 조작능력과 공감력을 찾아보는 내용이며, 『깜깜해 깜깜해』는 어둠 속에 숨은 아기 동물들이 펼치는 까꿍놀이가 흥미롭게 구성되어 있다. 『여우가 내 인형을 훔쳤어』는 오랜 시간을 함께 보낸 소중한 애착 인형과 이별하는 아이의 용기 있는 모습과 함께 따뜻한 감정이 전달된 내용이다.

나카가와 리에코,
『구리와 구라의 빵 만들기』,
한림출판사

하세가와 세스코,
『깜깜해 깜깜해』,
비룡소

스테퍼니 그레긴,
『여우가 내 인형을 훔쳤어』,
위즈덤하우스

(3) 구체적 조작기와 유아문학

구체적 조작기(concrete operational stage, 7~11세)는 논리적 사고가 가능한 시기이다. 구체적인 사물과 경험에 대해서만 체계적으로 인지를 획득한다. 전조작기에 발달하기 시작한 인지능력(보존개념, 조망수용, 유목화, 서열화) 개념이 완전히 형성된다. 어떤 특정한 대상이나 경험을 통해서 자신의 신체, 주변의 사물, 자연세계를 매일 관찰하고 탐구하며, 끊임없는 호기심을 발휘하고자 한다. 유아는 책 속에 있는 사물이나 어떠한 현상을 관찰하고 사물의 공통점과 차이점, 유사점을 분류하며, 숨겨진 내용을 추리하거나 자연의 질서를 경험함으로써 과학적 사고를 형성한다. 이 시기는 또래친구들과의 관계에서 점차 자아중심성을 벗어나며, 언어의 발달로 의사결정능력이 형성된다. 이 시기에 책 읽기를 통해 지식의 재구성 과정을 거쳐 새로운 지식을 흥미롭게 채워주는 방법으로 중요한 가치를 전해준다.

구체적 조작기를 다룬 그림책으로, 『빨간 모자』는 주어진 조건 속에서 상대의 대답을 근거로 질문의 답을 찾도록 구성된 수학의 논리개념을 담고 있으며, 『사과는 분수를 좋아해』는 사과가 쪼개지는 과정을 통해 분수와 덧셈과 뺄셈을 흥미롭게 살펴보는 내용이다. 『비는 어디서 왔을까?』는 비가 만들어지고 내리는 과정을 통해 물의 순환원리를 파악할 수 있는 내용이다.

노자키 아키히로,
『빨간 모자』,
비룡소

제리 팰로타,
『사과는 분수를 좋아해』,
초록개구리

김순한,
『비는 어디서 왔을까』,
웅진주니어

(4) 형식적 조작기와 유아문학

형식적 조작기(formal operational stage, 12세 이후)는 유아기를 벗어난 초등학교 후반 아동기이다. 이 시기의 인지발달은 추상적 사고, 과학적 사고, 이상주의적 사고가 가능하며 지적과업을 효율적으로 성취한다. 형식적 조작기는 일반적 원리를 규명하기 위해 비판적이며, 귀납적 추론도 가능하다. 또한, 특수한 관찰도 가능하며, 가설적 상황을 고려한 연역적 추론도 체계성을 이룬다. 특히, 책 읽는 과정에서 줄거리의 객관적 전개와 사건의 갈등, 해결 과정, 원인과 결과의 인과관계, 예측과 상상하기, 저자의 입장과 의도를 다양하게 논리적으로 파악하고 자신에게 필요한 정보를 선택하고 통찰할 수 있다.

3. 심리성적 발달이론과 유아문학

1) 프로이트 심리성적 발달이론의 의의

정신분석학자 Freud(1961)는 인간의 성격발달과정은 지형학적 모형과 구조적 모형으로 구성된다고 하였다. 성격발달에서 id, ego, superego가 서로 상호작용하며 인간의 행동이 나타나고 의식, 전의식, 무의식으로 나누어 성격을 설명하였다. 프로이트는 '인간발달은 무의식적이며, 행동은 표면상 나타나는 특성'이라고 하였다.

프로이트는 인간의 본능적인 성적 에너지가 사고와 행동, 감정을 결정하며 부모와의 초기 경험이 중요하다고 주장하였다. 즉, 생의 초기 부모역할이 무의식 속에 잠재하여 있다가 어떤 갈등에 의해 행동하기 때문에 의식하지 못하는 것이다.

프로이트의 심리성적 발달단계와 유아문학에서 갈등과 긴장관계의 성립은 내적 감정을 전이함으로써 변화하게 된다는 과정을 강조한다. 정신분석이론에서는 0세부터 6세까지 경험에 따라 형성된 기본적 성격 구조가 성인기가 되어서도 변하지 않고 계속 이어진다고 보았다. 유아는 자신의 욕구를 실현하려는 과정에서 심리성적 발달과 관련된 문학작품을 통해 동일시하게 되며 무의식적 갈등을 해소하는 카타르시스를 경험한다.

2) 심리성적 발달에 따른 유아문학

프로이트의 심리성적 발달단계는 구강기, 항문기, 남근기, 잠복기, 성기기 5단계로 나뉘며 단계별 유아문학은 다음과 같다.

(1) 구강기와 유아문학

구강기(oral stage, 0~1세)는 리비도(libido)가 입에 집중이 되어 있는 시기이다. 모든 활동이 빨기, 깨물기, 삼키기 등과 같은 구강에 집중된다. 이 시기에 과잉 충족되거나 만족이 안 될 경우 구강 수용적 행동(oral receptive behavior)과 구강 공격적 행동(oral aggressive behavior)으로 나타난다. 적절하게 충족되면 자신감과 신뢰감을 갖는 성격 특성을 나타내지만 그렇지 못할 경우 의존적이고 자기중심적이며, 대인관계에서 불신, 소원한 관계가 된다. 표현이 섬세하고 세밀하며 사실적이고 생명력을 불어넣는 구강기 특성의 감성을 도와주는 작품이 해당된다.

구강기를 충족시킬 수 있는 그림책으로, 『악어는 배가 고파요』, 『뽀드득 뽀드득 튼튼한 이』는 통합적으로 사물을 익히도록 도와주는 내용이다. 『냠냠냠 쪽쪽쪽』은 과일의 전체 모습을 보여주고 다음 장면에는 그 과일을 자른 모습을 담아 사물의 본질적 특성인 전체와 부분을 알아가고 '냠냠냠, 쪽쪽쪽, 삭삭삭'과 같은 먹을 때 나는 소리가 더해져 시각과 청각 경험을 반복하며 사물인지능력을 기를 수 있도록 도와준다.

마츠 레텐,
『악어는 배가 고파요』,
현북스

에드워드 밀러,
『뽀드득 뽀드득 튼튼한 이』,
아이세움

문승연,
『냠냠냠 쪽쪽쪽』,
길벗어린이

(2) 항문기와 유아문학

항문기(anal stage, 2~3세)는 리비도가 항문에 집중되어 있는 시기이다. 대소변 훈련 과정에서 신체적 자율성을 통하여 성격이 형성된다. 이 시기에 적절하게 경험하면 자기조절, 독립심, 자율성, 자존감의 기초를 이룬다. 그러나 부모의 태도와 말 또는 표정에서 불안, 분노, 수치심을 경험하면 양가감정을 나타내고, 강박적 성격을 일으키는 자아와 원초아가 지배한다. 항문기는 유아의 행동에 따라 크게 항문 공격 성격(anal aggressive personality)과 항문 보유 성격(anal retentive personality)으로 나뉘게 된다. 배변훈련을 너무 일찍 시작하거나 엄격하게 하게 되면 고착 현상으로 항문기적 성격이 형성된다.

항문기를 충족시킬 수 있는 그림책으로, 『똥 속에 빠진 돼지』, 『나 혼자 쉬해요!』, 『뿡 뿌지직 쏴아!』는 의성어와 의태어를 넣어 배변의 쾌감과 사회적으로 습득해야 할 규범, 그리고 더럽다고 생각되었던 분비물이 우리 몸에 왜 필요한지를 호기심 있게 나타낸 작품이다.

백명식,
『똥 속에 빠진 돼지』,
내인생의책

캐런 카츠,
『나 혼자 쉬해요!』,
보물창고

이경혜,
『뿡 뿌지직 쏴아!』,
아람

(3) 남근기와 유아문학

남근기(phallic stage, 4~6세)는 리비도가 성기에 집중되어 있는 시기로 성기를 통해 쾌락을 얻는다. 이성의 부모에게 애정을 느끼고 동성의 부모에게는 질투와 경쟁적인 증오심을 느낀다. 남아는 심리적 갈등으로 나타나는 거세불안(castration anxiety)과 오이디푸스 콤플렉스(oedipus complex), 여아는 남근 선망(penis envy)과 엘렉트라 콤플렉스(electra complex)를 경험한다. 이를 극복함으로써 같은 성의 부모에게서 성역할, 규범과 도덕성, 자율감과 독립심을 습득한다. 즉, 동성의 부모와 동일시 과정을 통하여 초자아의 성 정체감이 형성된다.

남근기를 충족시킬 수 있는 그림책으로, 『돼지책』은 아빠와 두 아들이 엄마의 고마움과 수고에 무관심한 것을 조화롭게 구성하여 사랑과 배려에 대한 소중함을 나타냈고, 『도깨비를 빨아 버린 우리 엄마』에서 엄마가 빨아 숲에 넌 빨래를 통해 여러 가지 옷과 물건들을 아주 유쾌하고 상상력 있게 나타냈다. 『우리 아빠가 최고야』는 무엇이든지 척척 해내는 멋진 아빠의 모습을 단순한 그림으로 표현하며 말과 행동에 의한 무의식적 갈등을 간결한 방식으로 안내하는 작품이다.

앤서니 브라운,
『돼지책』,
웅진주니어

사토 와키코,
『도깨비를 빨아 버린 우리 엄마』,
한림 출판사

앤서니 브라운,
『우리 아빠가 최고야』,
킨더랜드

(4) 잠복기와 유아문학

잠복기(latent stage, 6~7세부터 12세)는 리비도를 학교생활, 대인관계, 취미생활 등으로 승화시키는 시기이다. 이 시기는 성적 에너지가 잠복되어 부모의 애정보다 동성친구와 유대감 형성, 운동이나 게임, 주위 환경의 탐색 및 기술의 습득에 호기심이 많고 매우 활동적이다. 유아의 성욕의 발달과정은 잠복기에 오이디푸스 콤플렉스를 억압하면서 끝이 난다. 남근과 관련된 성적 충동은 무의식 속에 억압하게 된다. 사회생활 속에서 힘든 순간을 경험하기 때문에 긍정적인 태도를 갖고 마음을 튼튼하게 하는 연습이 필요하다. 즉, 가족보다 교사나 또래친구와의 관계에서 충동조절을 하고 사회적으로 용납되는 행동에 에너지를 투여하게 된다. 반면, 좌절을 경험하면 열등감과 회피적인 성격을 나타낸다.

잠복기를 충족시킬 수 있는 그림책으로, 『그림자는 내 친구』는 그림자가 생기는 이유, 그림자를 숨기는 방법, 그림자가 생기는 방향 및 모양 등 그림자 친구를 재미있게 표현한 내용이며, 『우씨! 욱하고 화나는 걸 어떡해!』는 자기 내면에 일어나는 부정적인 감정 변화를 자연스럽게 표현할 수 있도록 도움을 주는 이야기이고, 『내 다리는 휠체어』는 장애인들과 더불어 살아가는 방법으로 필요할 때 당당하게 도움을 청하고, 필요 없는 동정은 과감하게 거부해야 한다는 것을 깨닫게 해준다.

박정선,
『그림자는 내 친구』,
길벗어린이

한현주,
『우씨! 욱하고 화나는 걸 어떡해!』,
팜파스

프란츠 요제프 후아이니크,
『내 다리는 휠체어』,
주니어 김영사

(5) 생식기

생식기(genital stage, 12~18세)는 12세 이후 사춘기로, 생식기관이 발달되어 성호르몬의 분비가 증가하고 신체가 급성장하게 된다. 이 단계는 호르몬의 영향으로 실질적인 성행위도 가능하기 때문에 성적 추동과 공격성 추동이 부활하고, 이성에 대한 의식과 관심이 증가되는 정서적 불안정, 이유 없는 반항, 부모로부터 의존-독립 등의 갈등이 증폭되어 나타난다.

이 시기는 마지막 단계로 사춘기부터 노년기까지 연장되며, 사랑과 일, 자유로부터 만족을 얻는 것이 매우 중요하다. 따라서 이 시기가 되면 자신과 외부세계의 갈등에서 자신의 느낌을 적절하게 탐색하는 것처럼, 그림책을 통해 도덕적 기준이나 사회적 가치를 내면화하여 해결방법을 경험하고 사회적 가치규범과 행동규칙을 배우게 된다.

4. 심리사회적 발달이론과 유아문학

1) 에릭슨 심리사회적 발달이론의 의의

Erikson의 심리사회적 발달이론(psycho-social development theory)은 모든 유기체는 특정한 목적을 가지고 태어났고, 성공적으로 발달하면 이 목적을 달성한다고 보는 후성설(後成說)을 기반으로 한다. 모든 사람들은 유전적 기질을 바탕으로 사회적 환경과 상호작용하고 미리 정해진 8개의 발달단계를 거친다. 각 단계를 성공적으로 달성하면 정상적이고 건강한 개인으로 발달해 나갈 수 있지만, 어느 단계에서 실패하면 그 단계와 관련한 정신적 결함을 갖게 된다. 가족 이외의 사람들과 맺는 인간관계의 경험들도 자아의 발달에 중요한 영향을 미친다.

에릭슨의 심리사회적 발달이론은 행동과 발달의 생물학적 · 본능적 근거를 제시하였으며, 인간의 존재는 결국 사회환경에 적응해 나가기 위한 개인의 노력이 정신발달과 건강한 자아를 만드는 데 중요한 역할을 한다고 주장하였다.

프로이트 이론과의 차이점을 살펴보면 프로이트의 심리성적이론은 유아기의 트라우마로 인한 발달의 결함에 초점을 두고 과거를 재탐색하고 재구성하는 데 중점을 둔 반면, 에릭슨의 심리사회적 발달이론은 현재 당면한 과제를 중심으로 앞으로 풀어야 할 숙제를 제시하였다.

이와 같이 에릭슨은 경험한 것들을 기반으로 미래지향적 정체성을 추구하는 독특하고 실용적인 이론을 제시하였으며, 에릭슨의 심리사회적 발달단계는 표 2-2와 같다.

표 2-2 에릭슨의 심리사회적 발달단계

단계	나이	기본갈등	중요한 사건	요약
구강기 (Oral-Sensory)	탄생부터 12~18개월	신뢰 대 불신	수유 (feeding)	영아는 돌보는 사람과의 관계에서 첫 번째 사람과 신뢰를 형성한다. 만약 그렇지 않으면 불신감이 발달한다.
항문기 (Muscular-Anal)	18개월~3세	자율성 대 수치심, 의심	배변훈련	유아의 에너지는 걷기, 쥐기, 항문 괄약근 조절 등 신체의 기술을 개발하는 데 집중되어 있다. 아이는 통제를 배운다. 그러나 만약 잘 조절이 안 되면 수치심과 의심이 발달한다.
운동기 (Locomotor)	3~6세	주도성 대 죄책감	독립	유아는 보다 고집스러워지고, 주도성을 갖는다. 그러나 너무 강제적이면 죄책감을 갖게 된다.
잠재기 (Latency)	6~12세	근면성 대 열등감	학교생활	아동은 새로운 기술을 배우려는 요구를 갖는다. 그렇지 않으면 열등감, 실패감, 무능감이 발달하게 된다.
사춘기 (Adolscence)	12~18세	자아정체감 대 역할혼돈	친구관계	10대는 직업과 성 역할과 정치와 종교에서 자아정체감을 성취한다.
청년기 (Young Adulthood)	19~40세	친밀감 대 고립감	사랑관계	청년기는 관계에서 친밀감을 형성한다. 그렇지 않으면 고립감으로 고통받는다.
중년기 (Middle Adulthood)	40~65세	생산성 대 침체	양육	성인은 후대의 자손에게서 만족하고 양육하는 방법을 찾는다.
성숙기 (Maturity)	65세~죽음까지	자아통합 대 절망	인생의 회고와 인정	한 사람으로서 충만한 감정으로의 자기감의 절정에 이른다.

*출처: 루이스 브레거 저, 홍강의 역(1998). 인간발달의 통합적 이해. 이화여자대학교출판부.

이와 같이 에릭슨은 태어나서부터 노년기에 이르기까지 8단계로 구분하였고 각 단계마다 일반적인 문제점과 여러 가지 갈등에 대하여 설명하였다. 각 단계는 고정된 순서로 전개되며, 각 단계에서 나타나는 문제나 갈등은 문화와는 상관없이 공통적으로 나타난다. 유아들은 사회적 경험을 자연스럽게 설득하는 기술, 타협, 양보, 나누기, 공유하기 등의 개념을 익힘으로써 대인관계능력을 기른다. 에릭슨의 발달단계는 어느 한 단계를 성공적으로 통과하지 못해도 다음 단계로 발전해 나간다.

2) 심리사회적 발달에 따른 유아문학

에릭슨의 심리사회적 발달단계는 8단계로 나뉘며, 단계별로 유아기에 해당되는 유아문학은 다음과 같다.

(1) 신뢰감 대 불신감과 유아문학

신뢰감 대 불신감(trust vs. mistrust, 출생~생후 1년) 단계는 생후 1년 사이에 경험하는 시기이며, 프로이트의 구강기에 해당한다. 부모나 주변 세계의 일관성 있는 지지를 받으면 신뢰감을 얻을 수 있지만, 주변의 보호가 부적절하면 불신감을 갖게 된다. 이 시기에는 자신이 원하는 것을 얻고, 안전한 곳에서 살고 있음을 경험하면서 세상을 신뢰하게 된다. 이 시기에 영아가 원하는 것을 일관되게 얻고 욕구를 만족스럽게 충족하게 된다.

1단계에 해당되는 그림책으로, 『우리는 언제나 다시 만나』는 엄마가 사라지면 아이가 울면서 불안함을 표현하는 것을 통해, 부모의 보살핌이 절대적으로 필요한 분리불안에 대하여 이야기하고, 『이상한 엄마』는 아이의 고통, 불안과 엄마의 동분서주하는 마음에 위로와 격려를 통해 마법처럼 해결하는 내용이며, 『요리요정 라쿠쿠와 오색비빔밥』은 색깔과 모양, 냄새와 촉감이 다른 재료에 의해서 만들어진 음식의 시각적인 만족감과 즐거움을 안겨주는 이야기이다.

윤여림,
『우리는 언제나 다시 만나』,
위즈덤하우스

백희나,
『이상한 엄마』,
책읽는곰

서영아,
『요리요정 라쿠쿠와 오색비빔밥』,
웅진주니어

(2) 자율성 대 수치심 및 의심과 유아문학

자율성 대 수치심과 의심(autonomy vs. shame & doubt, 2~3세) 단계는 걸음마를 시작하고 세상을 탐색해 나가는 시기이며, 프로이트의 항문기와 같다. 아이의 자율성에 대해 부모가 지나치게 통제하고 훈육하면 수치심과 의심을 갖게 된다. 반면 환경에 대해 자유롭게 탐색하고 충분히 경험하여 성취감을 느끼면 자율성이 생긴다. 특히 양육자의 분별력 있는 도움과 격려는 자율성을 갖게 하지만, 과잉보호나 부적절한 도움은 자신의 능력을 의심하게 된다.

2단계에 해당되는 그림책으로, 『내 멋대로 할 거야!』는 폴리의 부적응 행동을 통해 발생된 다양한 문제에 공감하면서 예의와 배려의 필요성을 안내한 이야기이고, 『누가 청소해?』는 주말 일상생활에서 일어나는 다양한 상황을 공감하면서 이해할 수 있는 말과 행동으로 분별할 수 있는 내용이다. 『이상한 손님』은 어느 비 오는 으스스해진 날에 남매에게 찾아온 이상한 손님이 일으킨 소동을 해결하고 무사히 돌려보내는 내용이다.

조지아나 도이치,
『내 멋대로 할 거야!』,
다림

스티나 비르센,
『누가 청소해?』,
문학과지성사

백희나,
『이상한 손님』,
책읽는곰

(3) 주도성 대 죄책감과 유아문학

주도성 대 죄책감(initiative vs. guilt, 4~5세) 단계는 프로이트 남근기의 오이디푸스기와 같은 시기이다. 또래들과 경쟁하고 자기가 원하는 것을 적극적으로 주장하는 동안 주도성이 성장한다. 이 시기에는 또래들과 경쟁하며 아이의 주도성이 길러진다. 주변세계를 탐색할 수 있는 기회와 자유는 어린이의 주도성을 발달시키지만, 그렇지 않으면 자신의 행동에 죄책감을 갖게 된다.

3단계에 해당되는 그림책으로, 『무궁화꽃이 피었습니다』는 다양한 우리나라의 전통 떡 그림과 이야기로 떡들이 하는 전래놀이가 흥미롭게 전개되고, 『집에서도 조심조심』은 가정에서 자주 겪을 수 있는 매우 구체적인 상황을 제시하고, 그 상황에 어떻게 대처해야 하는지 주도성을 인지시켜 주는 내용이다. 『투명 인간 에밀』은 마음대로 행동하고 싶을 때, 투명 인간이 되어 부모님의 잔소리를 피해서 마음대로 행동하면 어떤 일이 벌어질 것인지 생각할 수 있는 내용이다.

천미진,
『무궁화꽃이 피었습니다』,
키즈엠

클레어 레웰린,
『집에서도 조심조심』,
보물창고

뱅상 퀴브리에,
『투명 인간 에밀』,
스푼북

(4) 근면성 대 열등감과 유아문학

근면성 대 열등감(industry vs. inferiority 6~11세) 단계는 초등학교에 입학하는 학령기 연령대로 프로이트의 잠복기와 같다. 이 단계부터는 열심히 노력하는 것을 통해 성취감을 맛보기 시작한다. 반면 자기가 노력한 만큼의 결과를 얻지 못하거나 주변 비난이나 좌절감을 경험하게 되면 열등감을 갖게 된다.

4단계에 해당되는 그림책으로, 『여우지만 호랑이입니다』는 호랑이가 되고 싶어 스스로를 부정하던 여우와 친구들이 벌이는 해프닝을 그렸고, 『큰 소리로 하나-둘 하나-둘』은 주인공 조정 선수가 물결의 세기나 방향을 보고 큰 목소리로 알려 주고, 적절한 격려로 모두가 자신의 역할을 깨닫게 해주는 내용이다. 『틀리면 어떡해?』는 국기원 심사위원들 앞에서 보는 태권도 승품 시험을 준비하는 새로운 도전의 열정을 나타내는 내용이다.

코리 R 테이버,
『여우지만 호랑이입니다』,
꿈꾸는 달팽이

휘도 판헤네흐텐,
『큰 소리로 하나–둘 하나–둘』,
책 속 물고기

김영진,
『틀리면 어떡해?』,
길벗 어린이

(5) 자아정체감 대 역할혼미(청년기, 생식기)

자아정체감 대 역할혼미(identity vs. role confusion, 12~18세) 단계는 내가 누구인지, 또 사회에서 어떤 역할을 할 수 있는지에 대한 개념을 형성하면 건강한 정체성이 만들어지지만, 이를 해내지 못하면 혼돈의 심리 상태에 빠져서 모든 것을 부정하거나 정서적으로 큰 괴로움을 겪는다. 정서적 안정과 좋은 성역할의 모델이 있으면 자신에 대한 통찰과 자아정체감을 갖게 되지만, 그렇지 않으면 직업선택이나 성역할, 가치관의 확립에 있어 심한 갈등을 일으킨다.

(6) 친밀감 대 고립감(성인 전기)

친밀감 대 고립감(intimacy vs. isolation, 20~40세) 단계는 가족이 아닌 이성이나 친구와의 관계를 얼마나 친밀한 사회적 관계로 만들 수 있는지가 중요한 임무다. 초기 성인기에는 가족 외의 이성친구와 사회적 관계를 만드는 것이 중요하다. 적절한 친밀감을 형성할 수 있어야 결혼하여 가정을 이루거나 직업을 갖고 사회적 정체성을 확립할 수 있다. 이를 성취하지 못하면 자신의 삶이 고립되어 있다고 느끼며 강한 우울감에 빠질 수 있다. 부모, 배우자, 동료 등과 좋은 인간관계를 발전시키면 친밀감을 갖게 되지만, 그렇지 못하면 타인에 대한 두려움과 고립감이 생긴다.

(7) 생산성 대 침체감(성인 중기)

생산성 대 침체감(generativity vs. stagnation) 단계는 자기가 직접 성취하는 것보다 후배들에게 도움을 주면서 성취감을 느끼고, 이를 통해 후배들의 감사를 받는 것이 중요해지는 시기다. 이때 자기가 물려줄 만한 것이 하나도 없다고 느끼면 침체에 빠진다. 자신에게 몰두하기보다는 자녀와 직업을 통해 생산적인 활동에 참여하는데, 만일 그렇지 못하면 사회심리적으로 침체된다.

(8) 통합성 대 절망감(성인 후기 혹은 노년기)

자아통합 대 절망(ego integrity vs. despair) 단계는 인생을 정리하고 돌아보면서 삶의 의미에 대하여 음미하고 이해하려는 노년기이다. 이 단계는 삶의 통찰과 지혜를 얻는다. 노년기에는 인생을 정리하며 삶의 의미를 이해하려는 노력이 중요하다. 지금까지의 인생에 만족하면 생의 유한성도 수용하지만, 그렇지 않으면 공허함과 절망감을 느낀다.

5. 유아의 연령별 특성과 그림책

유아를 위한 그림책은 유아의 언어발달, 사회성발달, 지적발달, 도덕성발달 수준과 유아의 기본적 욕구를 함께 고려해야 한다. 좋은 그림책은 유아의 안전의 욕구, 소속의 욕구, 성취의 욕구, 사랑과 애정의 욕구, 이해의 욕구 등 기본적 욕구를 충족시켜 유아의 성장 · 발달을 도모할 수 있다.

좋은 그림책은 시대와 연령을 초월하여 어른들도 공감하고 감동하는 책이다. 이와 같이 그림책은 연령을 구분할 필요는 없지만, 그림책을 선정하는 데 유아들의 연령이 중요하다. 나이가 많은 유아들은 어린 연령의 책을 볼 수 있지만, 어린 연령의 영아, 걸음마기 아이들은 문장이 길거나 줄거리가 있는 그림책을 이해하지 못한다. 대부분

영아들은 밝은 그림이 있는 단단한 하드보드지 책이나 천으로 만든 책을 좋아한다. 유아들은 그림책을 읽어주는 소리를 들은 대로 소리 내어 말하는 경험들을 통하여 그림책의 줄거리를 말하게 되고, 개념도 더 정교하게 발달된다. 아주 어린 연령의 영아들은 환상적인 이야기를 이해하기 어렵고, 나이가 많은 유아들은 환상적인 이야기를 좋아하지만 그들의 일상생활과 관련 있는 생활동화 그림책을 더 선호한다(김영애, 2008; 김영애 외, 2016; 이대균 외, 2016).

| 발달단계와 그림책 |

유아에게 적합한 그림책을 선정하기 위하여, 교사와 부모는 유아의 발달단계별 특성과 흥미를 아는 것이 필수적이다.

감각운동기관을 통해서 세상에 대하여 알아가던 영아들은 2세 이후가 되면 언어발달이 급증하면서 상상력이 증가하고 상징놀이를 즐기게 된다. 자기중심적 · 물활론적 · 실재론적 사고를 하는 특성 때문에 전래동화와 환상동화를 좋아하지만 정보그림책과 동시도 포함하여 다양한 장르의 그림책을 접할 수 있게 해주어야 한다. 특히 2세를 전후해서 반복적 운율이 있으며 영유아의 실제 생활과 관련 있는 간단한 내용의 완성도가 뛰어난 그림책을 일찍부터 보여주는 것이 좋다. 그리하여 자연스러운 문해능력의 발달과 함께 풍부한 감성과 창의력 발달을 도울 수 있다.

그러나 유아들의 요구와 특징은 연령과 발달단계에 따라 다르기 때문에 유아의 개인차가 있음을 이해하고 교사와 부모는 각 유아에게 의미 있고 적절한 그림책을 제공해야 할 것이다(김영애, 2006). 여러 연구(고문숙 외, 2015; 김영애, 2008; 심성경 외, 2013; Jalongo, 1988)를 통해 영아기부터 아동 전기까지 발달적 특성과 관련된 그림책을 제시하면 다음과 같다.

1) 영아기(0~2세)

영아기는 청각, 시각, 촉각 등의 감각기관과 운동기관의 협응을 통해 정신적 표상

능력의 발달과 사고가 이루어지는 시기로 감각적인 놀이 요소가 포함된 그림책을 제공해 주어야 한다. 이 시기 영아들은 책 내용에 대하여 연상하며 책에 나오는 등장인물의 성격이나 상황들에 감정을 이입한다. 따라서 일상생활에서 친근하게 접하는 사물, 인물들을 소재로 한 그림만을 보고도 내용과 이야기를 추측할 수 있는 것으로, 글보다 그림이 많은 책을 선정해 주는 것이 좋다.

영아기는 보고, 맛보고, 냄새 맡고, 만지는 것 등의 모든 감각을 사용하여 주변세계를 탐색하고 개념을 형성한다. 이 시기의 영아들은 책을 눈으로 보고, 만져 보면서 책의 물리적 특성을 탐색하기 시작한다. 그러므로 헝겊 책, 촉감을 느낄 수 있는 책, 비닐 책, 소리 나는 책 등과 같은 다양한 형태의 책과 둥근 모양의 책, 크고 작은 책 등을 제공하여 오감을 통한 감각적인 경험을 즐길 수 있도록 해 주어야 한다. 영아기에 적합한 문학작품을 선정하기 위한 영아기의 발달특성, 그림책의 특성 및 그림책의 예시는 **표 2-3**과 같다.

표 2-3 영아기(0~2세) 발달 및 그림책의 특성과 예시

발달 구분	발달특성	그림책의 특성	그림책의 예
신체발달	• 책을 깨물거나 빠는 행동(4~6개월)	• 세탁할 수 있는 헝겊책, 부드러운 비닐책	• 『꼬물꼬물 애벌레』 • 『토끼야 뭐하니』 • 『삐약삐약 병아리』
	• 엄지와 검지로 물건을 잡을 수 있음(7개월~) – 두꺼운 책의 장을 넘길 수 있음	• 크기가 작고 두꺼운 합지 제본책	• 『세밀화로 그린 보리 아기 그림책』
	• 신체부위를 가리키는 책을 좋아함(12월~)	• 일상생활과 반복이 많은 단순한 이야기책	• 『구두구두 걸어라』 • 『손이 나왔네』 • 『싹싹싹』
	• 생리적 욕구		• 『잠이 안 오니 작은 곰아』 • 『아기코끼리의 똥』 • 『응가하자 끙끙』 • 『뭐야 뭐야』

발달 구분	발달특성	그림책의 특성	그림책의 예
인지발달	• 대조적인 색 패턴 선호 – 흰색 바탕에 검정 글씨	• 큰 그림이나 패턴이 있는 합지 제본책	• 『시각 훈련 그림책–패턴』 • 『모양』 • 『촉감 그림책』
	• 대상영속성 개념의 발달 (7~9개월) – 책의 겉모양보다 내용에 관심을 가짐	• 친숙한 물건이나 활동의 그림을 포함한 책 – 영아 자신이 특별히 좋아하는 내용의 책	• 『내 배꼽 보았니?』 • 『열 두띠 동물 까꿍 놀이』 • 『도리도리 짝짜꿍』
	• 오감을 통합 경험 – 직접 경험에 의한 학습	• 견고하고 두꺼운 합지 제본책	• 『재잘재잘 꼬마책』 • 『도리도리 동물책』 • 『엉금엉금 꼬마책』
언어발달	• 명명기의 시작(9~12개월) – 성인이 읽어주는 사물이 만드는 소리나 책에 있는 사물 이름 반복	• 명명하기 책 (의성어, 의태어가 많이 등장하는 간단한 그림책)	• 한 살배기 아기그림책』 • 『사과가 쿵』 • 『무엇 무엇이 똑같은가?』 • 『불러보아요』 • 『곰 사냥을 떠나자』 • 『동요 그림책』
	• 사물의 이름 습득 – 사물을 지적하여 말함	• 친숙한 사물의 그림이 있는 책	• 『세밀화로 그린 보리 아기 그림책』 • 『한 살배기 아기그림책』
	• 한 단어 말, 두 단어 말 시작(12~18개월) • 단순한 질문의 이해 • 익숙한 책에서 반복되는 단어 외우기	• 유아에게 친숙하거나 이해될 수 있는 내용이 있는 책 • 예측하기 쉬운 구성으로 되어 있는 책 • 그림이 매력적인 책 • 글보다 그림이 주가 되어, 그림만 보고도 그 이야기나 내용을 추측할 수 있는 책 • 글이 매우 짧고 단순한 책 • 유아에게 친숙한 어휘가 사용된 책 • 단어, 구, 문장이 반복되는 책	• 『둘이서 둘이서』 • 『누구나 눈다』 • 『누가 내 머리에 똥 쌌어?』 • 『무엇이 무엇이 똑같을까?』 • 『잘자요, 달님』
	• 질문을 통해 개념, 정보를 획득(18~24개월) • 그림책 안의 그림을 보는 시간 증가 –그림에 관한 질문을 많이 함 – 신체적 활동으로 인해 긴 이야기를 지루해함		

발달 구분	발달특성	그림책의 특성	그림책의 예
언어발달		• 설명문이나 간접화법보다 직접화법이 주로 사용된 책 • 직접화법에서, 등장인물의 위 · 아래 · 옆에 쓰여 있어 보기만 해도 누가 말했는지 유아가 알 수 있는 책 • 의성어, 의태어가 자주 사용된 책 • 전체 이야기가 짧은 책	
	• 운율, 리듬, 노래를 즐김 – 신체운동과 리듬결합을 좋아함	• 시와 동요책 • 전래동요와 동요 테이프	• 『도리도리 짝짜꿍』 • 『우리 아기 말 배울 때 들려주는 동시』 • 『자장자장 엄마 품에』 • 『빨주노초파남보』 • 『힘센 건 나야, 나』 • 『한국 전래동요의 통합적 활용을 위한 작은책, 큰책 Ⅰ, Ⅱ와 테이프』
사회성 발달	• 주 양육자인 부모와 애착과 기본적인 신뢰관계를 형성해 나가기 시작함 • 기본적인 생활습관이 형성됨	• 신뢰감을 형성할 수 있는 책 • 주변의 친근하고 일상적인 이야기가 담긴 책	• 『잘자요, 달님』 • 『모두 잠이 들어요』
정서발달	• 낯가림, 격리불안 등의 행동을 보임 • 자아개념이 나타나기 시작함 • 자기 스스로 하려는 행동을 보임	• 스스로 할 수 있다는 내용이 담긴 책 • 안정된 정서적 교감을 형성해 나가는 데 도움이 되는 책	• 『똥이 풍덩』 • 『난 할 수 있어』

2) 유아기(3~5세)

유아기는 주변 세계에 대한 호기심이 높아지면서 '왜'라는 질문이 증가하며, 언어와 상징을 사용하여 사고하기 시작한다. 또한 언어로 표현하고 상상할 수 있으며, 상상놀이와 가상놀이를 즐기게 된다. 이 시기 유아들은 정확하게 그림책에 인쇄된 글자에 관심을 가지기 시작하여 그림을 참조하지 않고도 인쇄된 글자를 알아가게 된다. 5세경이 되면 인쇄된 글자를 읽기 시작하고 다양한 주제를 소재로 한 그림책을 볼 수 있다. 따라서 이 시기 유아들은 인쇄된 글자에 대하여 관심 가지며 말과 문자의 상호 관련성에 대하여 이해할 수 있게 된다. 또한 3세경에는 자신과 같은 성을 알고 남아 여아를 각각 분류할 줄 알며 성에 대한 호기심을 갖게 된다. 그러므로 유아기는 다양한 소재를 다룬 문학적 경험이 필요한 시기이다. 유아기에 적합한 문학작품을 선정하기 위한 유아기의 발달특성, 그림책의 특성 및 그림책의 예시는 **표 2-4**와 같다.

표 2-4 유아기(3~5세) 발달 및 그림책의 특성과 예시

발달 구분	발달특성	그림책의 특성	그림책의 예
신체발달	• 주변 세계에 대한 호기심으로 매우 활동적임 • 상상놀이, 모험놀이를 즐김 • 대근육 활동과 소근육 활동이 영아기나 걸음마기보다 정확함 • 동작이나 신체표현 능력이 다양해지고 정교함	• 모험적인 내용을 다루고 있는 책 • 다양한 주제를 소재로 하면서 놀이를 제공해줄 수 있는 책	•『아기 세모의 세 번째 생일』 •『으악 도깨비다』 •『검피 아저씨의 뱃놀이』
인지발달	• 단순한 개념의 발달과 사물에 대한 호기심 증가	• 정보 전달과 개념 습득(색, 모양)의 책 • 시간의 경과를 담고 있는 그림책	•『세 살배기 아기그림책』 •『눈 오는 날』 •『배고픈 애벌레』 •『아기 세모의 세 번째 생일』

발달 구분	발달특성	그림책의 특성	그림책의 예
인지발달	• 실재론적 사고	• 환상그림책	• 『치과의사 드소토 선생님』 • 『괴물들이 사는 나라』 • 『무지개 물고기』 • 『강아지 똥』
	• 초보적 수세기, 글자 이해	• 수 세기 책, 글자 책	• 『10까지 셀 수 있는 아기 염소』 • 『함께 세어 보아요』 • 『장바구니』 • 『기차 ㄱㄴㄷ』
	• 상상력의 발달	• 환상 모험을 그린 책	• 『달사람』 • 『누가 내 머리에 똥쌌어?』 • 『크릭터』
사회성 발달	• 도덕성의 발달(4~5세) – 타율적 도덕성이 발달, 결과에 초점을 두고 명확한 도덕적 판단을 함	• 권선징악을 주제로 선과 악을 분명하게 다룬 책	• 『해와 달이 된 오누이』 • 『까막나라에서 온 삽사리』 • 『멋진 뼈다귀』 • 『꿀꿀돼지』 • 『까치와 호랑이와 토끼』
	• 약속과 규칙(4~5세)	• 시간과 공간적 배경이 다른 전래동화	• 『팥죽 할멈과 호랑이』 • 『수호의 하얀 말』 • 『이야기 이야기』 • 『마들린느와 쥬네비브』
정서발달	• 자아개념의 발달	• 자아개념을 다룬 책(능력, 자존감, 가치)	• 『휘파람을 불어요』 • 『강아지 똥』 • 『도대체 그동안 무슨 일이 일어났을까?』 • 『새앙쥐와 태엽쥐』 • 『으뜸 헤엄이』 • 『너를 사랑해 우리아기 꼬질이』 • 『통통 무슨 통』

발달 구분	발달특성	그림책의 특성	그림책의 예
정서발달	• 나와 타인과의 관계 발달	• 타인(부모, 형제, 조부모, 친구, 교사)과의 관계를 다룬 책	• 『고릴라』 • 『내가 아빠를 얼마나 사랑하는지 아세요?』 • 『나도 아프고 싶어』 • 『집 나가자 꿀꿀꿀』
	• 성교육(3세~) • 질투심, 소외감(3세~)	• 성개념을 다룬 책 • 정서반응을 다룬 책	• 『아가야 안녕』 • 『내 동생이 태어났어요』 • 『피터의 의자』 • 『순이와 어린 동생』

3) 아동 전기(6~8세)

아동 전기는 자신의 의사를 글로 표현할 수 있는 독립적인 읽기가 가능한 시기이다. 사회적인 관계를 형성해 가는 이 시기는 이타적인 행동이 증가하면서 아동 자신의 감정과 정서를 알게 되고 더불어 타인의 정서를 이해하기 시작하게 된다. 따라서 이 시기는 친구, 학교, 사회 등의 주변 세계에 대한 관심이 증가되어 사회적인 관계를 형성해 가는 과정에서 또래와 교사의 영향을 직·간접적으로 받게 된다. 또한 지적 호기심이 많아져서 지식정보책을 활용하여 폭넓고 다양한 지적 욕구를 추구하려는 경향을 보인다. 또한 시간의 흐름과 역사에 대하여 관심을 갖게 되어 간단한 전기, 위인전 등의 이야기도 읽게 된다. 아동 전기(6~8세)에 적합한 문학작품을 선정하기 위한 아동 전기의 발달특성, 그림책의 특성 및 그림책의 예시는 **표 2-5**와 같다.

표 2-5 아동 전기(6~8세) 발달 및 그림책의 특성과 예시

발달 구분	발달특성	그림책의 특성	그림책의 예
신체발달	• 신체 및 운동 능력이 발달하여 매우 활동적임 • 성차와 외모에 대한 호기심 증가	• 신체적 놀이가 다양하게 포함되어 있는 책 • 성에 대한 호기심을 해결해 줄 수 있는 책	• 『이상한 곳에 털이 났어요』 • 『파랑이와 노랑이』 • 『나는 여자, 내 동생은 남자』
인지발달	• 실제와 환상을 구별 • 지적 호기심이 많아지고 다양해짐 • 타인에 대한 이해의 발달	• 경험을 확장시키고 다양한 지식을 습득할 수 있는 책 • 다양한 주제를 다루고 있는 책	• 『네가 무당벌레니?』 • 『퉁명스러운 무당벌레』
언어발달	• 독립적 읽기의 시작	• 다양한 주제의 책 • 혼자서 읽을 수 있는 책	• 전래동화 • 환상그림책
	• 호기심이 다양함	• 환상과 실재를 구별할 수 있는 책	
사회성 발달	• 타인의 관점 이해	• 장애아에 대한 책	• 『민수야 힘내!』
		• 타인의 관점에 대해 이해할 수 있는 책	• 『프레드릭』
	• 학교, 사회, 자연현상에 대한 관심 증가 • 또래관계가 더욱 중요하게 됨	• 동료, 선생님, 지역사회의 인물을 다룬 책	• 『우리 선생님이 최고야』 • 『우리 친구하자』
		• 친구관계를 다룬 책	• 『까마귀 소년』
		• 자연현상에 관한 책 • 과학적인 활동과 실험	• 『야, 우리 기차에서 내려!』 • 『악어야 악어야』
정서발달	• 자아정체감 발달 • 정서가 쉽게 변함	• 자아의 중요성을 다룬 책	• 『새앙쥐와 태엽쥐』
	• 정상적인 두려움을 나타냄	• 정서적 안정과 위안을 주는 주제를 다룬 책	• 『어둠을 무서워하는 꼬마 박쥐』

CHAPTER 03

유아문학의 장르

- 1. 동시
- 2. 동요
- 3. 동화
- 4. 동극

유아문학의 장르는 일반적 형식과 예술적 형식의 특별한 매체로 장르의 경계가 모호하다는 점에서, 유아문학의 유형 및 분류는 학자마다 구분하는 기준이 다양하다. 본 장에서는 여러 학자들의 분류기준에 기초하여 유아교육현장에서 주로 활용하고 있는 동시, 동요, 동화, 동극에 대하여 살펴보고자 한다.

1. 동시

동시는 어린이다운 심리와 감정을 제재로 하여 성인이 어린이를 위하여 쓴 시로, 리듬감 있는 단어의 흐름으로 구성되어 있어 유아는 시 듣는 것을 좋아하며 시 읽기는 유아로 하여금 단어의 소리에 관심을 갖게 한다. 시를 소리 내어 낭송하면 운이 분명해지고 유아는 시의 운과 운이 발음될 때 혀의 느낌을 좋아한다. 교사는 손유희를 사용하여 시를 낭송해 줄 수도 있는데 이것은 문화적 가치를 제한하기는 하지만 유아에게 즐거움을 줄 수 있다.

동시는 다음과 같은 특징을 갖는다.(김현자 외, 2013; 박화윤 외, 2010)

① 유아들은 동시가 지니는 리듬과 운율에 의해 감각적인 즐거움을 느끼고 동시를 좋아하게 된다.

② 동시가 지니는 반복적인 요소는 유아의 언어발달에 도움을 준다.

③ 주제와 관련된 다양한 동시를 통하여 유아들의 감정세계를 풍부하게 할 수 있다.

④ 선택되고 정선된 시어를 통하여 우리말의 아름다움을 경험한다.

동시 선택의 여러 기준들을 기초로 유아들에게 소개해 주기에 적합한 좋은 동시의 기준을 제시해 보면 다음과 같다.

① 내용이 유아들에게 친숙하여 공감을 주는 동시
② 행마다 구체적 사물이나 사건이 떠오르는 동시
③ 리듬, 운율 또는 반복이 있어 읊조리거나 노래를 유발하는 동시
④ 전체가 하나의 이야기가 되는 동시
⑤ 짧은 시간에 암기하기 좋은 정도로 길지 않은 동시
⑥ 단어나 문장이 유아들의 발달 수준에 적합한 동시
⑦ 상상력을 발휘할 수 있도록 하는 동시
⑧ 정직하고 진실한 내용과 표현으로 되어 있는 동시
⑨ 은유법과 직유법, 의성어와 의태어를 사용하며 유아의 시각, 청각, 후각, 미각 등을 자극할 수 있는 아름답고 감각적인 언어로 표현된 동시
⑩ 아름다운 세계를 꿈꾸어 볼 수 있는 동시
⑪ 기쁨 또는 즐거움을 느낄 수 있는 동시

1) 형식상 분류

동시를 그 형식에 따라 분류하면 자유 동시, 산문 동시, 장 동시, 동화 동시 등으로 나눌 수 있다(강성화 외, 2014; 이대균 외, 2016).

① 자유 동시: 형식에 구애 없이 자유롭게 써진 시

② 산문 동시: 형식상으로 자유시에 속하면서 산문적 서술의 성격이 강한 시

③ 장 동시: 자유시처럼 함축성이 있고 상징 또는 비유적 방법으로 쓰이면서 시의 길이가 긴 시

④ 동화 동시: 시이면서도 형식 면에서 양적으로 길고 내용 면에서 동화처럼 어떤 사건의 전개나 이야기가 있는 줄거리를 갖는 시

2) 내용상 분류

동시를 내용에 따라 분류하면 서정 동시, 생활 동시, 이미지 동시 등으로 나뉜다.

① 서정 동시: 시의 소재나 내용이 자연과의 교감이나 감동을 주로 하여 형상화한 시

② 생활 동시: 시의 소재나 주제내용이 아동의 실제생활을 사실적으로 표현하여 쓴 시

③ 이미지 동시: 어떤 사물이나 그 사물을 통해 인식된 결과를 직접적으로 표현하기보다는 마음속에서 여과하고 다시 걸러진 이미지를 위주로 하여 형상화한 추상성이 강한 시

3) 동시 예시

봄

김영애*

똑똑똑, 누가 왔을까?
겨울 뒤에 숨어있던
봄이 왔어요

똑똑똑, 누가 왔을까?
초록빛 새싹이 자라나는
봄이 왔어요

똑똑똑, 누가 왔을까?
개구리가 겨울잠에서 깨어나는
봄이 왔어요

가을소풍

김영애**

툭툭 데구르르
데굴데굴 또르륵
도토리 친구들이 가을소풍 왔대요

조그마한 얼굴에
갈색모자 쓰고
도토리 친구들이 왔어요

솔방울 친구랑
속닥속닥
이야기 꽃 피우다

햇님 친구가
새근새근 잠잘 때
따뜻한 집으로 돌아왔대요

* 선운산문학 4호 게재 동시
** 선운산문학 6호 게재 동시

우리 가족

김영애*

빨주노초파남보
무지개 색종이 친구들이 모였어요

초록 색종이를
작은 손으로
꾸깃꾸깃 꼬깃꼬깃
접었더니
초록색 채소들을 좋아하는
튼튼한 우리 아빠 모습이 되었어요

빨간 색종이를
작은 손으로
꾸깃꾸깃 꼬깃꼬깃
접었더니
앵두 같은 입술 가진
예쁜 우리 엄마 모습이 되었어요

초록 아빠 색종이와
빨강 엄마 색종이를
꾸깃꾸깃 꼬깃꼬깃
함께 접었더니
병아리처럼 노란
귀여운 아기 모습이 되었어요

시끌벅적 시장

김영애*

시끌벅적 시끌벅적
우와! 사람이 너무 많아요
아주머니도 있고
아저씨도 있고
할머니도 있어요

시끌벅적 시끌벅적
우와! 바다인가봐요
물고기도 있고
꽃게도 있고
새우도 있어요

시끌벅적 시끌벅적
우와! 넓은 밭인가봐요
오이도 있고
고추도 있고
맛있는 사과도 있어요

시끌벅적 시끌벅적
시장은 정말 시끄러워요
하지만
시장에는 맛있는 것도 많고
좋은 사람들도 많아요

* 선운산문학 5호 게재 동시

4) 동시 지도 방법

동시를 지도하는 방법을 살펴보면 다음과 같다(박화윤 외, 2010).

(1) 다함께 낭송하기

유아들이 똑같은 음으로 시를 함께 큰 소리로 말하는 것이다. 교사는 시인의 말을 아름답게 다양한 방법으로 사용함으로써 유아의 문학적인 체험을 풍부하게 하며, 유아는 리듬 있게 표현해 보고 시의 아름다움을 알게 된다. 유아가 좋아하는 시부터 시작해서 시에 대한 분위기와 의미를 이해하도록 지도한다. 각 구절은 혼자 혹은 둘이 해볼 수 있고 남자 유아와 여자 유아가 서로 교대로 하거나 한 목소리로 할 수도 있다.

(2) 큰 책 활용하기

큰 책은 Holdaway가 제안한, 문어도 구어처럼 쉽게 학습할 수 있도록 사용하기 시작한 것으로 동요, 동시, 노래, 이야기를 '책을 함께 보는 경험'을 위한 방법으로 활용하고 있다.

(3) 시를 크게 읽어주기

시를 크게 읽어주기 위한 원리는 다음과 같다.

① 유아가 시를 친근하게 느끼고 편안함을 갖도록 여러 번 읽어준다.

② 시에 나타난 단어들의 발음을 탐색한다.

③ 시가 무엇을 말하고자 하는지 좀 더 이해하기 위하여 시인의 눈으로 시를 보도록 한다.

④ 시에 나타난 구두점을 주의해서 본다. 어디에서 쉬어야 할지 혹은 어디에서 목소리를 낮추고 높여야 할지를 주의해서 본다.

⑤ 편안한 속도로 시를 크게 읽어준다.

⑥ 목소리의 높낮이와 크기를 다르게 변화시킨다.

⑦ 교사가 시를 읽으면서 녹음을 하고 읽어준 것에 대하여 스스로 평가해본다.

⑧ 시인이나 전문적인 배우가 시를 낭송하는 것에 귀를 기울인다.

⑨ 시를 읽은 것에 대하여 유아가 반응할 시간을 준다.

⑩ 다양한 형태의 시를 위한 추후 활동(예: 다함께 낭송하기, 극화, 미술활동, 창의적 쓰기)들을 계획한다.

(4) 동시 새로 짓기

유아들의 흥미를 끌 수 있는 동시를 경험한 후에 동시와 같은 주제로 새롭게 동시를 창작해 보는 시간을 가질 수 있고, 산책 후나 새로운 경험을 한 후에 동시를 지어 볼 수 있는 기회를 줄 수 있다.

① 먼저 주제가 되는 경험을 미리 머릿속으로 상상해 보게 한다. 그리고 주제와 관련된 단어들을 생각나는 대로 말해 보도록 유도한다.

② 유아가 먼저 한 구절을 하도록 유도하지만 만일 반응이 없으면 먼저 교사가 시작한다.

③ 유아들과 함께 교사가 시작한 처음 시구(詩句)를 함께 낭송한 후 운율에 따라 유아들이 지어보도록 안내한다.

④ 위와 같은 과정을 반복하면서 동시를 지어나간다.

⑤ 동시가 완성되면 제목을 유아와 함께 지어본다.

⑥ 동시에 알맞은 그림이나 모자이크를 하여, 유아들이 글씨를 쓰거나 그림을 그린 다음 벽에 붙여 놓는다.

⑦ 기회가 있을 때마다 함께 동시를 낭송해 본다.

2. 동요

전래동요는 오랜 세월 동안 입에서 입으로 전해져 내려온 노래이며 글이 생기기 이전부터 있었던 형태이다. 영어문화권에서는 마더구스(mother goose) 또는 너서리라임(nursery rhyme)이라고 부르며 현재도 중요한 장르로 다루고 있다(김현희 외, 2016).

우리 전래동요의 교육적 가치는 다음과 같다.

① 자연스럽게 민족 정체감을 형성하는 것을 도와준다.
② 모국어의 특징을 알게 하고 언어발달을 돕는다.
③ 유아의 사회성발달을 돕는다.
④ 음악적 경험을 제공한다.

오랫동안 전해져 내려오는 동요 속에는 민족의 사상과 풍속 등이 들어 있고 모국어 중에서도 외우기 쉽고, 재미있는 구절이 많아서 어휘발달과 자연스러운 문해발달에 도움이 된다. 전래동요는 혼자서 하는 놀이보다는 집단놀이를 할 때 부르는 경우가 많고 민족 고유의 가락을 체험할 기회를 제공하는데 어려서부터 서양의 7음계와는 다른 음과 가락을 접함으로써 음악적 감수성의 폭이 넓어질 수 있다. 전래동요의 유형으로는 언어놀이 노래('나무타령', '성풀이'), 동작놀이 노래('꼬마야 꼬마야', '어디까지 왔나'), 대상놀이 노래('비야 비야 오지 마라') 등이 있다. 동요 그림책이 본격적으로 나오기 시작한 것은 1993년 류재수의 「자장자장 엄마 품에」 출간 이후, 「하늘이랑 바다랑 도리도리 짝짜꿍」, 「노래나라 동동」, 「노래 노래 부르며」 등 전래동요와 창작동요 그림책이 다수 나오고 있다.

유아를 위한 동요의 선택 기준을 살펴보면, 내용적으로는 동시의 경우와 유사하게 유아가 이해할 수 있고 흥미를 가질 만한 것인지, 유아의 생활 체험이 녹아 있는지 등이 중요하며 음악적으로는 리듬감이 잘 살아 있는지, 유아가 소화할 수 있는 것인지 유의해야 한다. 또한 동시 및 동요가 그림책으로 만들어질 때는 앞에서 본 문학적 기준 외에도 그림이 지닌 시각적 해석의 적절성 여부와 한 편의 시가 여러 쪽으로 나누어짐으로써 맥락이 끊기지 않는지가 중요하다.

3. 동화

동화는 산문 양식의 하나로 세 가지 유형이 있다. 첫째, 옛 이야기, 민담, 우화, 신화, 전설 속에서 추출된 전래동화를 기반으로 한 동화, 둘째, 전래동화와 같은 원시적인 형태를 개작하거나 재화한 서구적인 초현실적 짧은 이야기, 셋째, 유아를 위하여 새롭게 창작한 창작동화나 전래동화를 계승하여 유아에게 알맞게 개작한 동화가 있다.

동화의 특징을 살펴보면 다음과 같다(박화윤 외, 2010).

① 문학작품 중 동화는 특히 유아의 성장발달과 중요한 관계를 갖는다.

동화는 언어발달은 물론 유아의 정서발달, 가치관 형성, 인성발달, 성역할 개념의 발달, 기억과도 관련하여 중요한 의미를 갖는다. 동화 속에는 갈등 상황이 제기되는 경우가 많으며 유아는 이런 과정 속에서 자연스럽게 문제해결방법을 스스로 설정해 본다. 이야기 속의 주인공과 자신을 동일시하며 함께 새로운 해결방법을 탐색하는 과정을 갖게 된다.

류재수,
『자장자장 엄마품에』,
한림

주경호,
『우리 할아버지가 꼭 나만 했을 때』,
보림

김세희,
『하늘이랑 바다랑 도리도리 짝짜꿍』,
보림

② 유아문학의 대표적인 장르인 동화는 유아들이 확산적 사고를 할 수 있도록 유도하는 역할을 한다.

동화 내용에 포함되어 있는 문제에 대한 간접 경험과 사고는 유아들이 자신의 발달 과정에서 겪는 어려움을 스스로 극복할 수 있도록 도와주는 역할을 하기 때문이다.

③ 동화는 인간의 삶에 의미와 가치를 부여하는 중요한 기능을 담당한다.

유아들은 자신들이 접하는 동화의 주인공과 스스로를 동일시한다. 즉 유아들은 주인공의 사고방식이나 감정에 공감하며 때로는 비판하는 과정에서 그 주제에 포함되어 있는 문제 상황에 대하여 이해하게 되며, 이러한 과정에서 새로운 해결방법을 탐색하는 경험을 갖게 되는 것이다.

④ 동화의 가장 두드러진 특징은 판타지(fantasy)라고 한다.

동화 창조의 근원이며 원동력이 되는 판타지는 단순히 어떤 일을 해내는 재주를 말하는 것이 아니고, 상상의 세계에서 새로운 사고와 정서를 유발하는 힘을 의미한다. 그리고 이러한 힘은 다시 또 다른 상상력을 자극하고 심화시켜 주는 다원적인 구성력을 갖는다.

⑤ 유아의 개념 발달에 영향을 미친다.

동화는 선정된 주제와 관련된 어휘력을 향상시켜 개념 발달을 돕는다. 즉, 동화는 유아에게 새로운 단어를 접하고 활용할 기회를 제공해 새로운 어휘를 배울 수 있게 하며, 어휘력과 사고력 신장, 지식 확장을 통해 개념 형성을 돕는다. 평소에 접하지 못했던 말을 읽는 동안 접하게 되면 그 말의 뜻, 새로운 어휘 등을 알게 되고 직유법을 통해 그 사물의 개념을 명확히 인지하게 된다. 특히 동화는 유아에게 친숙한 매체이기 때문에 자연스러운 상황에서 개념학습이 일어날 수 있다는 장점이 있다. 또한 언어능력의 발달은 사물에 대한 관점이나 생각, 느낌을 풍부하게 해준다.

⑥ 유아의 가치관 형성에 영향을 미친다.

동화는 유아의 경험을 풍부하게 하며 현재 살고 있는 세계에 대한 새로운 시각을 갖게 함으로써 가치관 형성에 도움을 준다. 문학작품에 포함되는 동화의 주제는 신념과 가치관을 형성하는 데 기여하는 교훈적 가치와 심미적 가치가 있다. 특히 가치관 형성에 기여하는 주제가 중요한데 일반적으로 동화의 주제는 사회의 가치관을 반영할 뿐 아니라, 사회의 가치관을 바꾸기도 한다.

동화는 전래동화와 창작동화로 나뉘는데 전래동화는 옛날이야기(민담), 신화, 전설, 우화가 포함되며, 창작동화는 환상동화(공상과학동화 포함)와 생활동화(사실동화)로 나눌 수 있다(김영애, 2008; 박화윤 외, 2010).

1) 전래동화

전래동화란 입을 통하여 전해져 온 신화, 전설, 민담, 우화들 중 어린이를 대상으로 하여 옛 이야기를 재화한 것을 말한다. 우리나라 전래동화의 특징을 살펴보면 다음과 같다.

① 3회 반복의 법칙을 갖고 있다.

② 선과 악이 대결하며, 과제 부여와 과제 해결이 있고, 은혜 받은 주인공이 등장하며, 말한 대로 이루어지고, 결핍에서 시작하여 충족으로 끝난다.

③ 현실세계와 환상세계가 구분되어 있지 않고, 그 두 세계는 서로 자유롭게 드나들 수 있도록 열려 있다. 따라서 현실 세계와 초자연적인 세계의 인물이 자유롭게 만나고 관계를 맺는다.

④ 다양한 마력이 자유롭게 구사되긴 하지만 서양의 것에 비하여 마력의 이용이 부족하다.

⑤ 유교적 윤리관이 자주 개입된다. 이 때문에 동화는 현실적이 되며 마력적인 느낌이 제거되는 경우가 많다. 예를 들어, 어려운 처지에서 도움을 받는 경우의 대부분은 효성이 지극하거나 정성이 지극한 경우이다.

⑥ 악에 대해 적극적으로 싸우는 서양의 전래동화에 비하여 악에 대해 소극적으로 대처하며 악인의 처벌에는 관대한 양상을 보여준다.

⑦ 현실에 대한 관념은 비극적이고 염세적인 데 비하여 천상이나 지하 등 초현실의 세계는 화려하고 풍요로우며 살기 좋은 곳으로 묘사된다. 우리나라 전래동화 그림책이 본격적으로 만들어진 것은 1980년대 중반(한국전래동화 전집 20권, 웅진출판사)으로 볼 수 있으나 전집류로 대중성이 없었으며, 1990년대 후반부터 『팥죽 할멈과 호랑이』(보리) 등 전래동화 그림책이 여러 편 나왔다(예: 까치 호랑이 시리즈, 보림).

(1) 전래동화의 의의

전래동화는 예전부터 사람들의 입을 통해 전달된 이야기를 유아에게 적합하게 재구성한 것을 의미한다. 전승문학이며, 인류학적 관점에서 전래동화는 사회를 유지하고 발전시켜 나갈 수 있는 특정 사회집단이 존속할 수 있도록 사회의 종교, 관습, 역사, 가치관 등이 포함된 민담, 신화, 전설, 우화 등으로 구분한다(공인숙 외, 2001; 허정경, 2015). 심리학적 관점에서 전래동화는 사람들의 의식과 무의식 속에 있는 정서적 갈등이나 갈망을 상징적으로 표현한다.

전래동화는 자연물이 생겨난 유래, 익살이나 해학, 권선징악과 절대적 진리를 다룬다. 주제는 사회의 전통 의식, 규칙, 가치, 문화 등 의미 있는 강력한 메시지를 드러낸다. 전래동화는 시간과 공간을 초월하거나 거인, 도깨비, 난쟁이, 선녀, 마법사, 산신령 등 특별한 존재가 불가능한 일을 가능하게 하고, 악한 주인공에게 벌을 주고, 착한 주인공에게 복을 주기 때문에 현실 속에서 느낄 수 없는 매력과 감동을 준다(이대균 외, 2016). 전래동화의 구성은 도입, 전개, 결말의 일정한 형식을 갖추고, 이야기 속에는 문제, 갈등, 목적이 포함된다. 도입단계에서 시간과 장소를 초월하여 '옛날 옛날에~'라고 제시하지만 그 시기가 언제인지 정확하게 알 수 없다. 절정단계에서 선악, 남녀, 강약의 대립으로 나타낸다. 결말단계에서는 대부분 착하고 마음씨 좋은 주인공이 고통과 시련을 당하고 위기에 직면하면서 매력적으로 성공하거나 행복하게 마무리한다. 이처럼 전래동화는 여러 시대를 걸쳐 현실과 비현실, 시간과 공간적 제약을 받지 않는다. 궁극적으로 전래동화는 민족의 고유한 전통과 사상이 깃들어 있는 삶의 결정체를 재발견하여 계승 · 발전시켜가기 위한 것이다.

(2) 전래동화의 유형

① 신화

신화(myths)는 초월적인 능력을 가진 신과 영웅을 주인공으로 신성화된 이야기이다. 세상이 어떻게 생겨났는지 최초의 사람은 누구였으며 어떻게 살았는지와 같은 초월적 능력을 가진 신과 영웅이 주인공으로 등장한다. 천지 창조나 우주의 기원, 민족의 시조, 영웅에 대한 설화가 주된 내용이다. 이러한 신화는 사건이 일어난 시간과 공간에 대한 특성이 그 민족의 철학과 자존심, 문화적 감각을 전달해준다. 예를 들면, 히브리 신화는 자연과 우주 창조에서 인간 창조로 이어지는 내용과 구원의 역사를 다루고 있으며, 영국, 노르웨이, 아일랜드 신화에 나오는 신들은 거칠면서 웅장한 영웅으로 간결하고 극적으로 기술되어 있다.

신화를 잘 나타낸 그림책의 예로, 『세상이 처음 생겨난 이야기 창세가』와 그리스로마 신화의 『용이 된 카드모스 왕』, 우리나라 창조신화의 『단군 이야기』 등이 있다.

고승현,
『세상이 처음 생겨난 이야기 창세가』,
책읽는곰

토마스 불핀치,
『용이 된 카드모스 왕』,
한국톨스토이

푸른숲글방,
『단군 이야기』,
그린키즈

② 전설

전설(legends)은 옛날부터 민간에서 전해져 온 어떤 공동체의 내력이나 이상한 자연현상을 이해하기 쉽게 하기 위하여 의도적으로 만든 이야기이다. 전설은 어디까지가 사실이고 전설인지 불분명한 경우가 많다. 그렇지만 신화의 비범한 인물과 초자연적인 내용과 달리 지역적 · 시간적 · 역사적 사실이 구체적으로 언급되기 때문에 이야기의 내용을 믿도록 하는 힘을 가지고 있다. 즉, 사건의 3요소인 시간, 공간, 인물 중 하나를 뒷받침하는 소재와 실제 존재한 인물, 자연물의 유래, 지명에 따른 증거물이 현재까지 남아 있는 경우도 있다.

전설을 잘 나타낸 그림책의 예로, 『수호의 하얀 말』, 『여우누이』, 『장화홍련전』 등이 있다.

오츠카 유우조,
『수호의 하얀말』,
한림출판사

장경원,
『여우누이』,
한국톨스토이

쌈지글방,
『장화홍련전』,
오로라북스

③ 민담

민담은 시대와 공간을 초월하는 환상적 이야기이다. 민담에서는 현실에 존재하지 않는 초현실적 존재인 요정, 마법, 괴물의 이야기를 통해 오랜 염원을 만날 수 있다. 선하고 착하게 살면 언젠가는 복을 받고 어려움에 처하더라도 절대적인 힘의 도움으로 지혜와 정의가 승리한다. 현실에서 불가능한 일이나 극복할 수 없는 어려움을 이겨낼 수 있는 희망과 위안을 받게 된다. 이러한 민담에는 인간의 보편적 정서인 공포, 슬픔과의 관계, 사회의 관습과 문화, 사상 및 신앙 등 전통문화적인 요소가 많이 포함되어 있다. 민담의 주요 주제는 권선징악, 인과응보, 우애, 효 등 사회가 지향하는 올바른 가치관과 지혜로운 이야기를 통하여 보편적인 진리와 도덕을 배우게 된다.

민담을 잘 나타낸 그림책의 예로, 『금도끼 은도끼』, 인도네시아 민담의 『낮과 밤』, 『팥죽 할멈과 호랑이』 등이 있다.

김세실
『금도끼 은도끼』,
삼성출판사

무르티 부난타,
『낮과 밤』,
현북스

김영이,
『팥죽 할멈과 호랑이』,
한국가우스

④ 우화

우화(fables)는 삶에 필요한 교훈이나 처세술이 담긴 짧은 이야기이다. 주인공은 인간의 본성과 의인화된 동식물이나 사물의 행동 특성을 반영한다. 이야기에 나오는 동물들은 인간의 행동특성을 과장하여 어려움을 헤쳐 나가는 지혜를 발휘한다. 즉, 교활한 여우, 순진한 양, 느린 거북이, 재빠른 토끼, 힘이 센 사자 등은 엉뚱하면서도 우스꽝스러운 기발한 사건으로 교훈을 전달한다. 우화는 올바른 가치를 깨달을 수 있도록, 도덕적이고 윤리적인 문제와 문화 전승에 기여를 하였다.

우화를 잘 나타낸 그림책의 예로, 『개미와 베짱이』, 『양치기 소년의 거짓말』, 『도시쥐와 시골쥐』 등이 있다.

가꿈 편집부,
『개미와 베짱이』,
가꿈

해바라기창작동화연구회,
『양치기 소년의 거짓말』,
색채인

가꿈 편집부,
『도시쥐와 시골쥐』,
가꿈

2) 창작동화

창작동화란 작가가 유아를 대상으로 창작한 작품으로 전래동화에 비해 성격 묘사, 배경, 사건 등이 더욱 복잡하고 구체적이며, 주제가 다양하고, 자유로운 표현이 많다. 창작동화의 종류는 생활동화, 환상동화, 정보동화, 전기 등이 있다(김영애, 2008; 박화윤, 2010).

(1) 생활동화

① 생활동화의 의의

생활동화는 개인적 · 사회적으로 있는 그대로의 친숙한 일상생활을 담고 있어서 사실동화(realistic fiction)라고도 한다. 전래동화나 환상동화의 상상세계와 다른, 자신과 비슷한 등장인물, 주변에서 일어난 실제적인 경험으로 전개된다. 일상생활에서 직면하게 되는 문제나 경험은 등장인물을 통해서 위안을 얻고, 심리적 안정감과 가치관을 갖게 된다. 생활동화는 유아의 기본적 욕구에 초점을 맞추기도 하고, 등장인물이 심리적 불안에서 벗어나기도 하며, 발생된 문제를 해결하기도 한다. 또한 유아의 통찰력을 증진시키기 위하여 다양한 인물과 배경, 사건이 설정되어 있다(이송은, 2013). 유아는 탄생, 죽음, 기쁨, 슬픔, 고통을 통하여 자기 자신을 회상하고, 해결하는 방법을 찾는다. 이러한 생활동화는 일상적인 생활이나 환경에 의미를 부여하는 데 의의가 있다.

생활동화는 일상생활에서 경험하는 여러 가지 문제를 민감하게 다룬다. 주제는 일상생활에 영향을 미치는 부모관계, 형제관계, 친구관계, 환경문제 및 사건에서 희로애락의 감정을 느끼고 문제해결력을 갖도록 한다. 배경은 전래동화나 환상동화처럼 시공간을 초월하지 않는 일상생활의 친숙한 장소와 시간이다. 등장인물은 일상생활과 연계되어 있다. 플롯 면에서 실제적인 상황, 사건, 결말 과정으로 이루어지며 현실적인 사건과 장소에서 발생하는 다양한 문제가 해결되어 간다. 이에 생활동화 등장인물이 살고 있는 동네, 집, 물건, 문화 등은 실제 일상생활에서도 접할 수 있기 때문에 관심이 높고, 심리적 안정감도 느낄 수 있다.

② 생활동화의 유형

| 자아와 심리 |

유아기는 성장하는 과정에서 자신의 주도성과 자율성이 발달하는 시기이다. 생활동화는 유아가 신체적, 사회적, 정서적으로 자신을 둘러싼 생활에 적응하거나 해결하는 모습을 모방하며 자신감을 갖게 하는 이야기이다. 유아는 자신들이 좋아하는 것, 하고 싶은 것, 하고 싶지 않은 것 등 자신이 원하는 자신의 마음을 알려고 한다. 동화 속 등장인물에서 자신의 갈등, 불안, 두려움 등이 재현되는 과정을 통해 문제해결능력, 자아성취감을 의미 있게 형성해 간다. 유아는 자신이 처한 상황을 이해함으로써 사람과 사물과의 갈등을 해결해 가는 자아개념에 도움을 받는다.

자아와 심리를 잘 나타낸 그림책으로, 『파니야, 용기를 내!』는 아이들이 올바르게 성장할 수 있도록 용기와 자신감을 키워주는 내용이고, 『혼자 할 수 있어요!』는 자립심을 길러 나가기 시작하는 에밀리가 누군가의 도움 없이 자신의 일을 스스로 해내려는 당차고 발랄한 모습을 표현하고, 『나에게 작은 꿈이 있다면』은 아이의 눈에 비친 세상을 아름다운 그림과 언어로 표현하면서 잊어버렸던 꿈을 다시 불러일으키는 내용으로서 자신의 문제를 해결하는 긍정성을 보여준다.

애플트리,
『파니야, 용기를 내!』,
키움북스

다이앤 아담스,
『혼자 할 수 있어요!』,
어썸키즈

니나 레이든,
『나에게 작은 꿈이 있다면』,
소원나무

| 가족관계 |

가족은 유아가 처음으로 접하는 사회적 세계이고 인생이 시작되는 곳이며, 유아기에 형성된 인성형성의 최소 단위이다. 유아기는 신뢰감과 안정감을 기초로 사회적 존재로 발달하는 시기이다. 유아는 부모뿐만 아니라 형제 및 조부모와의 관계에서의 갈등과 불안을 경험하면서 유대감을 확장시켜 간다. 최근에 부모 관련 생활동화와 더불어 조부모 가족, 장애 가족 등 다양한 가족 형태를 보여주는 생활동화가 자연스럽게 창작되고 있다. 가족관계를 나타내는 그림책은 대부분 가족 간의 사소한 문제, 편안함과 사랑에 관한 이야기를 다루며 매우 감동적으로 잔잔한 울림을 주기도 한다.

가족관계를 이해할 수 있는 그림책으로 『엄마가 화났다』는 아이와 엄마 사이에서 일어나는 갈등을 이해하고 소통할 수 있는 방법을 알려주고, 『우리 아빠』는 생쥐 가족이 서로를 아끼고 사랑하는 소중한 마음을, 『나는 형이니까』는 집에 부모님이 안 계실 때 동생의 불안을 줄이기 위한 형의 책임감과 사랑을 표현하였다.

최숙희,
『엄마가 화났다』,
책읽는곰

박혜선,
『우리 아빠』,
키즈엠

울프 닐슨,
『나는 형이니까』,
크레용하우스

| 자연현상 |

자연현상에서 생태의 먹이사슬 관계는 흥미로운 대상이다. 동물과 식물, 눈, 비, 구름 등 자연의 사실적인 모습은 유아가 생활 속의 상호교류를 통하여 흥미와 관심을 갖게 한다. 유아는 자연에 새롭게 관심을 갖고 외롭고 심심할 때 자연이 친구가 될 수 있음을 깨달아 자연과 놀이하는 즐거움과 기쁨을 느낀다.

자연현상을 소재로 한 그림책으로, 『씨앗이 자라면』은 땅에 씨앗을 심고 싹이 트고 성장하는 과정과 계절에 따라 변하는 자연의 모습이 담겨 있고, 『뛰어라, 메뚜기야』는 풀숲에서 메뚜기가 맛있는 풀을 만났을 때, 무서운 적이 나타날 때 등 풀숲 여기저기를 자신 있게 힘차게 누비는 상황을 나타내며, 『찰랑찰랑 물이 있어요』는 주변 곳곳에 있는 물을 비롯하여 공기와 흙, 동식물의 몸 등 눈에 보이지 않는 곳에 있는 물에 대하여 알려주어 자연생태계 상황을 이해하고 더불어 생명을 소중하게 여길 수 있는 계기가 된다.

롭 램즈덴,
『씨앗이 자라면』,
키즈엠

양미진,
『뛰어라, 메뚜기야』,
한국톨스토이

곽영직,
『찰랑찰랑 물이 있어요』,
웅진주니어

| 사회관계 |

유아기는 유아가 가정을 떠나 교육기관에 다니며 선생님, 또래 및 친구에게 관심을 갖게 됨으로써, 사회적 관계가 확대되는 시기이다. 유아는 사회적 환경에 적응하는 과정에서 사과와 양보를 통해서 관계를 회복해 가는 가치를 배우게 된다. 사회화 과정에서 특별한 가치와 행동 양식은 밀접하고 친밀한 관계를 유지한다. 또래 및 친구에게 말을 건네면서 즐거움이나 설렘, 갈등과 초조함을 겪는다. 또한 관계를 지속적으로 유지하는 데 필요한 사과와 양보, 이해와 타협 등의 가치를 배워가기도 한다. 다른 사람과 더불어 사이좋게 지내기, 집단생활에 참여하기, 협동하여 문제해결하기 등을 경험하게 된다.

사회관계를 다룬 그림책으로, 『치치와 초초』에서 두려움이 많은 병아리 치치는 우연히 토끼 초초를 만나 놀이터에서 사이좋게 놀면서 용기가 나고 힘이 솟는 것을 느끼게 된다. 『약속 식당』은 사람과 사람 사이에 지켜야 할 규칙이 사회적 배려이며 약속이라는 점을 이해할 수 있는 내용이다. 『이제 숲은 완벽해!』는 숲돌이가 숲을 깨끗이 치우려다 숲을 몽땅 없애 버린 이야기를 통해 숲(환경)의 소중함을 알려준다.

인헤 미스그하르트,
『치치와 초초』,
키즈엠

송승주,
『약속 식당』,
통큰 세상

에밀리 그래빗,
『이제 숲은 완벽해!』,
주니어김영사

| 모험과 반편견 |

생활동화는 일상생활 문제에서 다양한 가족, 지역, 문화, 전쟁, 반편견 등 사회적 주제로 확대되고 있다. 주변세계에서 생태학적으로 영향을 미치는 사회적 · 문화적 다양성의 이해와 함께 사는 공동체이다. 또한 미지의 세계를 효과적으로 찾아가고자 여러 가지 신기한 경험을 탐구하는 그림책을 통해, 자신에 대한 긍정성과 세상에 대한 자신감을 가질 수 있게 된다.

모험과 반편견에 관련된 그림책으로, 『조금 다른 꽃눈이』는 큰 사고를 겪은 후 개구리는 엄청난 능력으로 자신을 위한 독특한 행동을 하게 되어, 친구들은 부담스러워 거리를 두지만, 개구리가 위험에 처한 친구들을 구하면서 함께 살아갈 필요성을 느끼게 된다. 『살색은 다 달라요』는 사람들은 서로 다른 살색이 지닌 저마다 아름다운 장점과 매력적인 빛깔을 발견하게 되는 의미 있는 내용이다. 『이상한 나라에 간 파울라』는 이상한 나라 속으로 떠나는 여행에서 어려움을 극복하고 다름을 받아들이며 배려와 양보를 경험하게 된다.

윤봉선,
『조금 다른 꽃눈이』,
책읽는곰

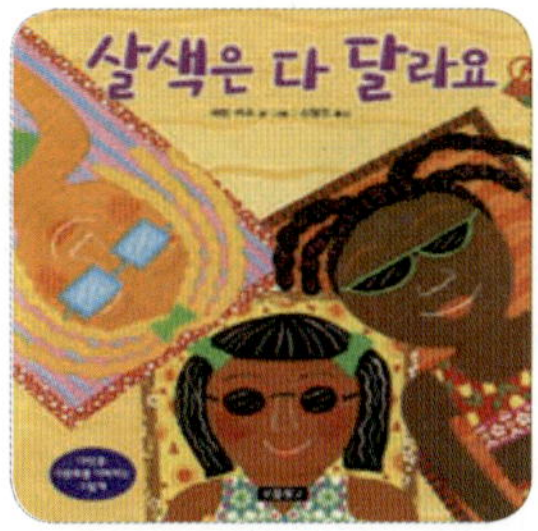

캐런 카츠,
『살색은 다 달라요』,
보물창고

파울 마르,
『이상한 나라에 간 파울라』,
시공주니어

(2) 환상동화

① 환상동화의 의의

환상동화(fantasy)는 현실에서 일어날 수 없는 환상적 요소와 초현실적 요소가 등장하는 이야기이다. 현실에 존재하지 않는 대상 및 사건이 풍자, 과장, 유머, 위트, 언어적 유희로 자연스럽게 진행된다. 즉, 현실과는 다른 초자연적인 소재나 대상, 혹은 사건이 중심이 되는 이야기이다. 환상동화는 마술적, 동물이야기, 시간여행, 초현실적, 이상한 세계, 기적적 요소가 포함된다(이재복, 2001). 이러한 환상동화는 현실세계에 기초하여 환상적 요소로 풍부하게 전개되기 때문에 대부분 실재성과 조화를 이룬다. 유아들이 경험하는 일상생활을 초월해서 무엇이든 가능한 상상력을 자극하고 창의적인 기초를 형성하게 된다. 환상세계는 우주선이나 타임머신, 외계인들의 세계가 등장하며 유아기의 물활론적 · 실재론적 · 인공론적 사고 때문에 의인화된 이야기는 자기중심적 사고에 매우 적합한 기법으로써 유아들에게 창의력을 증진시키고, 호소력을 갖게 한다.

전래동화와 환상동화의 차이점을 작가의 유무, 장르에 포함된 정서, 주제, 표현 스타일에 대하여 살펴보면 다음과 같다.

표 3-1 전래동화와 환상동화의 차이점

구조	전래동화	환상동화
작가의 유무	작가 미상으로 입에서 입으로 전해 내려오는 이야기	작가의 개인적 정서에 의해 꾸며진 이야기
장르에 포함된 정서	민족과 문화의 공통성을 포함	작가 개인의 정서와 관점 포함
주 제	권선징악과 인과응보	매우 다양한 주제
표현 스타일	매우 관용적인 표현 '옛날옛날~'로 시작하고, '오래오래 행복하게 살았다'로 끝맺음	해피엔딩, 열린 결말 등 결말이 정해져 있지 않고 자유롭게 표현

환상동화의 특징은 다양한 배경과 인물 설정, 플롯으로 다루어진다. 주제는 선과 악의 대결, 삶과 죽음, 유머, 사회 · 정치 및 경제 등 인간의 광범위한 생활 속에서 보편화된 선과 악 같은 갈등이 융합되어 자연스럽게 표현될수록 호기심을 자극한다. 주인공은 현실세계에서 직면하는 모든 문제와 만나고 내면의 잠재된 가능성을 추구한다. 배경은 시간적 · 공간적 배경으로 어떤 제약도 받지 않기 때문에 과거 · 현재 · 미래 모두 가능하고, 땅속, 하늘 구름 위, 물 속 어디든 이동하면서 사건을 전개한다. 이러한 배경은 이야기 전개에 영향을 미치기 때문에 시 · 공간의 연계 통로를 마술처럼 드나들 수 있도록 정교하게 묘사되어 있다. 등장인물은 초현실적인 존재, 동물, 식물, 장난감 등 무엇이든 단순하지 않고 섬세하게 나타낸다. 이러한 인물은 마법과 같은 초능력을 발휘하기도 하며, 과장된 크기 및 다면적인 존재로 영웅적인 행동을 나타낸다. 구성(plot)은 초자연적인 힘 사이에서 일어나거나 마술적인 힘에 의해 문

제가 해결되는 경우가 많다. 인물, 배경, 마법 등의 다양한 요소가 질서나 논리에 맞게 해결된다. 주인공이 환상의 세계로 갈 때나 되돌아올 때 적절한 상황과 합당한 이유가 제공된다. 현실과 환상의 두 세계가 논리적으로 진행되면서 대부분 행복(happy ending), 즐거움을 주고, 가끔 독자의 상상에 맡기는 열린 결말(open ending)도 있다.

어린이를 위해 최초로 창작된 환상동화는 19세기 안데르센(Hans Christian Andersen)에서부터 시작된다. 본격 환상동화는 루이스 캐럴(Lewis Carroll)의 『이상한 나라의 앨리스』이며 그림책으로는 베아트릭스 포터(Beatrix Potter)의 『피터 토끼 이야기』가 환상그림책의 전형을 제시했고, 모리스 샌닥(Maurice Sendak)의 『괴물들이 사는 나라』는 현대 환상동화의 시작으로 평가되고 있다(이대균 외, 2016; 이송은 외, 2013).

② 환상동화의 유형

등장인물에 따른 환상동화는 현실적 인물의 환상동화, 초현실적 등장인물의 환상동화, 의인화된 동식물, 무생물의 환상동화로 나뉜다. 배경을 기준으로 하는 환상동화는 신비한 배경의 환상동화, 과학적 환상동화로 구분되고, 사건을 기준으로 하는 환상동화는 비현실적 사건의 환상동화와 초현실적 환상동화로 나뉜다. 환상동화 분류 기준을 문학적 요소인 등장인물에 따른 환상동화, 배경에 따른 환상동화로 구분하면 다음과 같다.

| 등장인물에 따른 환상동화의 유형 |

- **의인화된 동식물의 환상동화** : 의인화된 동식물 환상동화는 지은이의 뛰어난 상상력으로 동물이 사람처럼 옷을 입고 말을 하고 행동을 하는 이야기이다. 현실에는 존재하지 않는 동물이나 식물이 의인화(擬人化: anthropomorphic)된 인간의 감정, 사고, 가치, 관계성이 현실과 상상으로 융합되는 것을 나타낸다. 유아기는 물활론적 특성을 갖고 있기 때문에 이런 이야기에 자연스럽게 몰입하고 매우 좋아한다. 이러한 의인화된 동식물 이야기는 유아들에게 즐거움을 제공함으로써 유아기의 정서적 발달에 기여한다. 동물이 의인화되어 등장하는 『왈왈이와 얄미』,

『으리으리한 개집』, 그림책과 식물이 의인화되어 등장하는 『잭과 콩 줄기』 등의 그림책이 있다.

방정화 지음,
『왈왈이와 얄미』,
베틀북

유설화,
『으리으리한 개집』,
책읽는곰

제이콥스
『잭과 콩 줄기』,
월드베스트

환상동화의 절대 다수를 차지하고 있는 유형의 동화이다. 동물의 특성을 가지고 있으나 사람처럼 말을 하거나 생각하고 사람의 옷을 입으며, 장난감 등 무생물이 의인화된 동화이다. 『도대체 그동안 무슨 일이 일어났을까?』, 『바위나리와 아기별』, 『강아지똥』, 『아씨방 일곱 동무』, 『누가 내 머리에 똥 쌌어?』 등은 유아들이 흥미 있게 읽는 환상동화로 그 예가 될 수 있다. 특히 동물이 의인화된 동화가 많은데 『피터 토끼 이야기』, 『곰돌이 푸우』, 『치과의사 드소토 선생님』 등이 대표적이다(이대균 외, 2016; 황은순 외, 2013).

- **의인화된 무생물의 환상동화 :** 의인화된 무생물의 환상동화는 소형 장난감이나 인형이 말을 하거나 움직이면서 순수한 즐거움을 준다. 현실과 상상의 세계를 잘 구분하지 못하는 물활론적 사고를 하는 유아는 자신과 비슷한 수준의 능력을 가지고 있다고 생각한다. 의인화된 무생물의 환상동화 『장난감 병정』, 『새앙쥐와 태엽쥐』, 『샬롯의 애완돌』 등의 환상성은 유아들의 대리만족과 창의적인 사고로 자연스럽게 연계된다.

한스 크리스티안 안데르센,
『장난감 병정』,
한국가우스

레오 리오니,
『새앙쥐와 태엽쥐』,
마루벌

스티븐 마틴,
『샬롯의 애완돌』,
상상박스

- **초현실적 인물의 환상동화** : 현실에 존재하지 않는 공간이나 마법의 세계 등 신기한 행동과 사건이 초현실적 성격을 나타낸다. 마법의 사용으로 신비의 세계로 들어갈 수 있는 융통성과 시간적 배경이 묘사되어 호기심을 유발한다. 인물들은 전래동화 속에 나타나는 난쟁이, 요정, 도깨비, 거인 등 현실에 없는 독특한 상상 인물이 은밀한 곳에 숨어서 마법으로 조정하기 때문에 많은 관심을 불러일으킨다. 환상동화의 조건은 내용, 장면, 인물, 관점이 논리적인 규칙과 사건으로 믿을 수 있어야 한다. 등장인물은 다차원적이며 확고한 이미지를 갖추고 삶에 대하여 생생하게 상상할 수 있도록 한다. 초현실적 등장인물의 환상동화의 예로, 『코가 늘어나는 임금님』은 키가 작고 뚱뚱한 임금님의 코를 주무르는 버릇이 쉽게 고쳐지지 않자 늘였다 줄였다 하는 마법을 사용한 다양한 묘기를 통해 백성들의 많은 관심과 사랑을 받게 된다는 내용이고, 『서커스단의 오르간』은 임금님이 서커스단의 마차를 타고 코 늘리기 묘기로 숫자, 모양, 고래 등을 만들며 세계 여러 나라 사람들과 즐거운 시간을 보내는 이야기이다. 『비눗방울을 탄 임금님』은 하트 모양을 좋아하는 임금님이 코를 힘껏 늘여 세상에서 제일 큰 비눗방울을 만들고 몸이 그 비눗방울에 실려 날아가게 된다는 이야기이다. 그림책에서 현실적 인물로 보이는 사람이지만 정상적인 능력 이상을 발휘하는 주인공으로 인해 이야기 속에 과장과 유머러스한 상황이 많아 환상동화의 매력을 느낄 수 있다. 현실에 존재하지 않는 공간이나 초현실적 인물과 흥미진진

한 세계를 요술로 보여주어 즐거움을 제공한다.

요코타 미노루,
『코가 늘어나는 임금님』,
한림출판사

요코타 미노루,
『서커스단의 오르간』,
한림출판사

요코타 미노루,
『비눗방울을 탄 임금님』,
한림출판사

- **현실적 인물의 환상동화 :** 현실적 인물의 환상동화는 현실적 인물이 현실에서 일어나기 힘든 과장된 사건을 만나는 환상동화이다. 어떤 동화에는 종의 속성에 맞게 행동하는 인물이 등장하기도 한다. 이러한 등장인물들은 사람은 사람처럼 동물은 동물처럼 행동하지만, 엉뚱하고 괴짜처럼 보이거나 바보스럽기까지 하다.
  현실적 인물이 등장하는 환상동화의 예로, 『아빠가 성큼성큼』, 『내 이름은 삐삐 롱스타킹』, 『지각대장 존』 등은 엉뚱하고 괴상한 행동으로 즐거움을 나타내고, 인물이 현실적 사건을 만나고 그 사건을 해결하는 과정에서 풍자, 과장, 유머, 위트, 언어적 유희 등을 사용하여 유머와 카타르시스를 제공해 준다.

나딘 브룅코슴,
『아빠가 성큼성큼』,
봄봄스쿨

아스트리드 린드그렌,
『내 이름은 삐삐 롱스타킹』,
시공주니어

존 버닝햄,
『지각대장 존』,
비룡소

| 배경에 따른 환상동화의 유형 |

- **신비한 배경의 환상동화 :** 신비한 배경의 환상동화는 실제의 시간과 공간적 배경을 배제함으로써 초현실적 세계를 만들어내는 환상동화이다. 이러한 환상동화는 미래와 과거를 자유롭게 넘나들며 현실적 시간 개념을 초월하는 시간여행을 하기도 한다. 이야기 속의 시간은 현실의 시간과 비교해 볼 때 너무 길거나 너무 짧아서 현실적 시간과의 단절을 초래한다. 이와 같이 환상동화작가가 현실의 시 · 공간과는 다른 방식의 배경을 사용하는 이유는, 독자를 모든 사람들이 경험하는 세계의 밖으로 안내함으로써 독자들이 우리가 살고 있는 세상과는 전혀 다른 세상에 대한 이야기를 믿을 수 있도록 만들어야 하기 때문이다. 이러한 이야기를 시간여행 환상동화(Time Slip Fantasy)라고 한다.

  신비한 배경의 환상동화의 예로, 『구름 나라』, 『깊은 밤 부엌에서』, 『아무도 모를 거야 내가 누군지』 등은 현실 세계와 환상 세계를 자연스럽게 드나들 수 있는 여러 가지 통로 및 장치와 같은 외적 현상을 재미있게 접할 수 있다.

존 버닝햄,
『구름 나라』,
비룡소

모리스 샌닥,
『깊은 밤 부엌에서』,
시공주니어

김향금,
『아무도 모를 거야 내가 누군지』,
보림

- **과학적 환상동화 :** 과학적 환상동화(Science Fantasy)는 기존의 공상과학동화(Science Fiction)와 혼용되어 사용된다. 과학환상동화는 일반 환상동화의 마술이나 초현실적인 것이 과학적 이론이나 원리와 결합된 환상동화로, 현실에서 예상하지 못한

복잡한 사건을 다루어 몰입하게 한다. 현실 세계에는 없는 인물이 등장하며, 현실 세계와 다른 시 · 공간을 사용하고, 지구 미래의 행복을 위하거나 개인의 책임을 강조한다. 과학환상동화는 다른 세계, 다른 시대의 삶이 어떠한 것인지를 추측하는 내용의 기술공학적 경이로움을 극화하고 실험 가능성이 있다는 점에서 차이가 있다.

과학환상동화의 예로, 『괴물이 나타났다』, 『내 물 어디 갔지?』, 『고양이 손을 빌려 드립니다』 등은 유아의 과학적 지식의 한계나 현실 세계에 대한 불안정한 사고를 습득하기 때문에 일반 환상동화에 비해 자세한 설명을 함으로써 신뢰감을 갖게 한다.

여기,
『괴물이 나타났다』,
월천상회

장지윤,
『내 물 어디 갔지?』,
월드베스트

김채완,
『고양이 손을 빌려 드립니다』,
웅진주니어

환상동화는 무엇이든 가능한 상상의 세계로 이끌기 때문에 현실에서 상상력을 자극하고 창조적인 발달의 원동력이 된다. 전래동화는 작가가 없지만 환상동화는 작가가 상상력을 바탕으로 시간과 공간, 마술로 창조해 낸 공상적인 세계를 중심으로 전개된다. 상상력은 작가가 창조한 시간과 공간의 제한을 초월하여 환상 세계를 모험한다. 그곳은 불가사의하고 색다른 세계로 동물이나 미생물과 친구가 되고, 바다나 달나라를 마음대로 다니고, 마술로 투명 인간이 될 수도 있다. 즉, 꿈의 세계, 환상의 세계로, 유아를 둘러싸고 있는 현실적인 사건, 과학적인 설명, 자연법칙이 철저히 배제된다. 유아들은 환상의 세계를 통해 자유로운 상상을 하고, 창의적인 사고를 하는 동시에 실재성을 경험하게 된다(Sutherland & Arbuthnot, 1991; 고문숙 2015, 재인용).

(3) 정보동화

① 정보동화의 의의

정보동화(informational books)는 주변세계에 대한 관심 확대와 지적인 호기심을 충족시키기 위한 사실과 정보를 담고 있는 책이다. 동식물의 생태와 한살이, 날씨와 계절의 변화, 숫자와 글자 등에 대한 정보를 그림이나 사진으로 사실에 근거하여 제공한다. 정보동화는 텍스트 이외에 사진, 도표, 지도, 연표, 그래프 등 다양한 시각적인 장치와 함께 체계적인 안내가 중요하다(김영희 외, 2011). 최근에는 뛰어난 사진과 일러스트레이션의 발달로 유아기에 활용하기 적절한 지식 정보동화의 출판이 양적 · 질적으로 증가하고 있다.

정보동화의 특징을 살펴보면, 정보동화는 시대의 흐름과 주제에 적합하게 객관적이고 정확한 사실로 구성되어야 한다. 전문적 지식의 책과 글자, 숫자의 기초를 다루는 내용, 자연현상이나 사물의 색이나 모양 등 단순한 개념을 전달한다. 그림책의 글과 그림은 일정한 형식과 순서가 체계적으로 잘 조직되어야 한다. 등장인물이 전달하는 언어와 함께 흥미롭게 전달하는 팝업(Pop-up), 들춰보기(Flap) 등 다양한 기능을 활용한다(장영희 외, 2015; 현은자 외, 2005). 정보동화는 학습적인 측면에서 객관적인 정보를 명확하게 제공하기 때문에 신뢰할 수 있어서 호기심 및 궁금증을 해결하는 교육적 기능이 강하다. 정보동화는 일상생활에 존재하는 교통기관, 안전, 직업, 환경오염 등과 관련된 정보를 개성 있는 일러스트로 구성한다. 특히 사진이나 그림, 글자의 배치, 연령에 적합한 사실적인 정보 전달과 지식 제공으로 구성된다.

② 정보동화의 유형

정보동화는 연령에 따라 글과 그림의 구성이 달라진다. 유아의 발달과정에서 필요한 지식 개념과 지식 및 흥미를 나타낸 모든 것을 다룰 수 있다. 정보동화는 주제에 따라 설명글과 그림을 통해 정보나 지식을 객관적으로 알 수 있다. 픽션 장르 그림책으로, 『지렁이 굴로 들어가 볼래?』, 『냠냠쩝쩝 속보이는 뱃속 탐험』이 있다. 또한 허구적인 이야기 글을 사용하여 정보나 지식을 전달하는 의인화된 주인공이 나오는 『갯벌이 좋아요』, 『깃털 없는 기러기 보르카』 등은 유아들이 좋아하는 정보동화이다.

| 자연현상 정보동화 |

자연현상은 인간의 개입 없이 스스로 발생하고 존재하는 모든 현상이며 감정이나 의지와 상관없이 시대와 공간을 초월하여 보편적으로 나타난다. 유아의 호기심은 활동을 형성하는 데 영향을 주어 미래에 대한 비전을 제시해 주기도 한다(고선옥 외, 2016). 유아는 비, 눈, 바람, 천둥, 물 등 자연현상에 호기심이 강하다. 이러한 실생활과 관련된 기초를 과학적 · 논리적으로 쉽게 이해하고 문제해결력, 추론과 사고능력을 다룬다.

자연현상 정보동화의 예로, 『물방울의 모험』(물의 순환과정에 대한 과학적 정보), 『하늘이 왜 파란지 아세요?』(다양한 사물과 자연현상에 대한 과학적 추론과 지식 습득), 『살아 있는 3D 기상과 우주』(천체에 대한 구체적인 자연현상을 다룬 지구과학) 등이 있다.

마리아 테를리코프스카,
『물방울의 모험』,
담푸스

셸리 그린들리,
『하늘이 왜 파란지 아세요?』,
크레용하우스

오버퀼(편집부),
『살아 있는 3D 기상과 우주』,
오버퀼

| 생물 · 인체 정보동화 |

동물, 식물, 사람의 몸은 유아교육에서 활용도가 가장 높은 주제이다. 유아들이 간접적으로 관찰하고 친밀감과 애정을 가질 수 있도록 생태 정보를 제공한다.

생물 · 인체 정보동화의 예로, 『개구리가 알을 낳았어』는 알–올챙이–개구리로 이어지는 개구리의 한살이 과정에 대한 내용이고, 『씨앗은 어떻게 자랄까? 강낭콩으로 배우는 식물의 한살이』는 식물이 자라는 데 무엇이 필요한지, 또 어떤 자연의 과학이 숨어 있는지 관찰할 수 있도록 세밀하고 풍성한 그림으로 소개하여 강낭콩 새싹을 보며 씨앗에서 움트는 생명력을 느끼고, 열매와 씨앗을 다시 내어 주는 신비로운 자연의 과학을 알아갈 수 있는 내용이다. 『보인다! 우리 몸』은 친근한 어휘와 그림을 통해 피부의 역할, 호흡과 폐의 작용원리, 뼈의 구성과 기능, 섭취와 소화, 피의 역할과 순환, 근육의 역할 등 인체의 기능을 설명한 내용이다.

이성실,
『개구리가 알을 낳았어』,
다섯수레

한영식,
『씨앗은 어떻게 자랄까? 강낭콩으로 배우는 식물의 한 살이』,
다섯수레

클레어 스몰맨,
『보인다! 우리 몸』,
밝은미래

| 언어 · 숫자 정보동화 |

언어 · 숫자에 대한 개념은 교육이나 경험을 통하여 얻게 되는 지식이다. 시각, 청각, 운동신경은 감각과 감정을 통합하고 조절한다. 예술적, 교육적인 그림과 글자를 연결시켜 학습에 필요한 언어 · 숫자를 생각하고 표현할 수 있다. 이를 위하여 반복되는 글자, 수수께끼, 기수와 서수 등을 제공하는 것이 바람직하다(김민진, 2016). 한글의 모양과 형태를 일상생활에 적용하여 숫자의 의미와, 규칙 상징과 그림의 결합을 통하여 새로운 사실을 발견한다.

언어 · 숫자 정보동화의 예로, 『딱 하나 고를게』는 생활에서 수학을 재미있게 적용할 수 있는 사실을 나타내고, 『움직이는 ㄱㄴㄷ』은 한글의 단순한 모양과 강렬한 색감을 동사 또는 형용사에 연결하여 글자 소리와 의미를 인지하는 내용이며, 『모자 쓰고 글자 쓰고』는 모험 정신을 자연스럽게 기르도록 안내하는 내용이다.

로렌 차일드,
『딱 하나 고를게』,
국민서관

이수지,
『움직이는 ㄱㄴㄷ』,
길벗어린이

이연희,
『모자 쓰고 글자 쓰고』,
한국헤밍웨이

| 사회문화 정보동화 |

유아들은 성장하는 과정에서 가족 이외에 또래 및 친구, 자신의 주변으로 관계가 확장된다. 교통통신과 전자매체의 발달은 우리나라 문화와 다른 나라 문화에 이르기까지 확장하여, 폭넓은 관점을 갖게 해준다.

사회문화 정보동화의 예로, 『단군 할아버지』는 우리나라가 처음 세워진 고조선의 단군 할아버지 이야기이고, 『우리 우리 설날은』은 설날을 맞아 할아버지 댁에 모인 가족, 설날의 전통과 풍습을 보여주는 내용이며, 『세상을 담은 그림 지도』는 빠른 길, 안전한 길을 찾을 때 가장 많이 사용하는 지도 이야기이다.

송언,
『단군 할아버지』,
봄봄출판사

임정진,
『우리 우리 설날은』,
푸른숲주니어

솔거나라 김향금,
『세상을 담은 그림 지도』,
보림

4. 동극

유아들은 다양한 방식으로 문학을 경험하고 있다. 그중에서도 동극은 유아들 자신이 직접 등장인물의 역할을 해봄으로써 이야기를 스스로 해석하고 표현할 수 있는 표현활동이다. 유아들은 동극을 통해 이야기 속의 인물을 재해석하고, 이야기의 순서를 논리적으로 재구성하는 경험을 갖게 된다.

동극활동이 갖는 교육적 가치는 다음과 같다(박화윤 외, 2010).

① 극화활동을 하는 동안 이야기의 문학적 요소에 대하여 이해한다.

극화활동을 통해 유아들은 자신의 목소리와 적절한 몸짓으로 이야기를 완결할 수 있다. 이야기의 플롯이나 등장인물을 해석하고 창조하며 주제에 알맞게 극을 이끌어 가는 능력을 기를 수 있다.

② 극화활동은 정서적 이완과 즐거움을 준다.

유아들은 동극을 통해 자신의 경험과 생각을 투사하며 정서적 긴장을 이완하는 경험을 갖는다.

③ 이야기의 극화에 필요한 기술을 습득한다.

목소리나 몸짓의 적절한 표현, 필요한 소품의 선택을 통해 이야기의 극적인 해석에 필요한 기술을 익힐 수 있다. 또한 이야기에 대한 해석, 인물의 해석이 필요할 경우 보충하며 표현하기, 대화를 보완할 수 있다.

동극에 적절한 이야기는 극화에 적당한 갈등 상황이 있고 사건이 풍부한 이야기가 적절하다. 또한 유아들이 이야기 속에서 다른 등장인물들과 구별할 수 있도록 성격 묘사가 잘 되어 있어야 하며, 유아들이 동극을 잘 이끌어 갈 수 있도록 대화가 풍부하여야 한다. 『아기돼지 삼형제』와 같은 전래동화는 유아들이 반복하여 동극을 하여도 흥미로운 장르이다.

유아주도 동극을 계획할 때, 다음과 같은 일반적 활동의 순서대로 진행하는 것이 바람직하다(김영애 외, 2016; 이정환, 1997).

① 동극소재인 이야기나 동시를 선택한다.

동극소재로 할 이야기나 동시를 선택한 후, 교사들은 이야기를 제시하기 전에 유아들이 자유롭고 쉽게 말할 수 있도록 이야기의 극화에 필요한 분위기를 만들어야 한다. 예를 들어, 등장인물이 동물인 경우, 교사가 동물의 행동을 무언극으로 하면 유아들이 알아맞힐 수 있을 것이다.

② 이야기를 읽어주거나 구연한다.

이야기를 제시할 때는 유아들이 이야기의 전체를 잘 이해할 수 있도록 플롯의 중요한 부분을 강조하면서 제시한다.

③ 이야기 속의 등장인물을 알아보고 극화에 필요한 장면을 생각해 본다.

이야기의 장면을 미리 분석해 놓을 수 있다.

④ 등장인물에 대하여 토론과 인물의 성격을 묘사하는 무언극을 할 수 있다.

극화의 첫 단계는 등장인물에 대한 토론부터 시작한다. 그들이 어떻게 보이는지, 어떻게 행동하였는지, 어떤 생각을 하였는지에 대하여 토론하고, 등장인물의 지원자를 정할 수 있다.

⑤ 등장인물과 무대에 대한 제작이 필요한 경우 시간을 제공한다.

유아들의 경우 미술영역에서 극화에 필요한 가면이나 소품, 배경 그림을 그려볼 수도 있을 것이다.

⑥ 각자 자신의 역할에 따라 연기한다. 해설자를 유아가 할 수 있다.

⑦ 시작과 끝의 경우, 교사가 종소리나 다른 음악으로 알릴 수 있으며 장면의 도입과 장면의 변화에 따라 설명할 수 있다.

⑧ 역할을 새롭게 선정하거나 팀을 나눌 경우 새 팀으로 바꾸어서 극화하도록 한다.

새로운 대화를 추가하거나 변경해 볼 수 있도록 격려한다.

⑨ 동극에 대하여 평가해 본다.

비평보다는 유아의 표현에 대하여 격려를 하는 것이 적절하다.

CHAPTER 04

그림책과 유아문학

- 1. 그림책의 의의
- 2. 그림책의 구성
- 3. 그림책의 형태
- 4. 그림책의 선정 기준

그림책은 인간의 다양한 삶이 반영되어 간접 경험을 통해 풍부한 삶의 체험을 가능하게 하며, 글과 동등하게 그림으로 내용이 표현되어 유아가 감각적 형태로 내용을 이해하도록 만들어진 시각적 형태의 책이다. 본 장에서는 그림책의 의의, 그림책의 구성요소, 그림책의 형태, 그림책의 선정 기준에 대하여 살펴보고자 한다.

1. 그림책의 의의

그림책(picture book)은 글(text)과 그림(illustration)을 통해 의미를 전달하는 문학책의 일부이다. 유아기는 글보다 그림에 시선을 두고 탐색한다. 이러한 탐색기능을 깊이 있게 할 수 있도록 글과 그림을 매우 밀접하게 결합시켜 자유롭게 상상하고 이해할 수 있도록 구성한다. 그림책은 대부분 내용이 단순하고 짧으며, 주제 또한 유아의 심리적 발달특성을 고려한 마음 세계를 표현한다. 그림책이라는 시각예술을 탐색하는 과정에서 느끼는 즐거움은 문자를 익히기 전에 청각적 · 정서적 교류를 갖게 하며, 시각적인 심미감을 느낄 수 있다. 즉, 그림책은 유아가 처음 접하는 문자언어이자 시각적 매체이다(이상금 외, 2011).

그림책은 글과 그림이 조화를 이루어 시각, 청각 등을 감각적으로 동시에 경험할 수 있다는 점이 고유한 특성으로 유아가 이야기를 쉽게 이해하고, 기억할 수 있다. 그림책은 반복적 · 누적적 구성 형태와 긴장감, 모험적인 문제해결이 있으며, 주제, 등장인물, 사건, 행위 등의 요소가 난센스, 우연성, 유머, 행복한 결말 등과 조화롭게 구성되어 있다. 그림책은 전래동화, 신화, 환상동화, 생활동화, 지식정보동화, 동요 및 동시 등 다양한 이야기들이 글과 그림으로 표현되어 있다, 그림책을 통하여 유아는 새로운 세계와 사건을 경험하고 흥미를 느끼며 기쁨과 슬픔, 희망과 용기 등 정서적 교류를 하고 꿈과 이상의 기초를 마련한다. 즉, 그림책을 통하여 삶의 역사와 미래, 기쁨과 슬픔, 아름다움과 추함을 알 수 있도록 표현된 그림 이야기책(picture storybook)을 접하게 된다.

오늘날 전자매체의 발달로 그림책 읽는 성인들의 커뮤니티가 형성되면서 그림책을 읽고 난 후 얻은 감동과 치유적인 경험 이야기를 인터넷 카페나 오프라인 모임을 통해 올려놓은 사이트도 쉽게 찾을 수 있다. 끊임없는 경쟁과 빠르게 변하는 사회 구조 속에서 살아가고 있는 성인들은 정신적 스트레스에 시달리며 심리적인 불안을 호소한다. 아름다운 그림과 그림책 속에 들어 있는 어린이의 심리, 성장과 발달에 관한 이야기는 어린 시절의 추억을 떠오르게 하며 이는 정서 안정과 스트레스 해소에 도움이 된다는 '키덜트 문화'의 긍정적인 면과 함께 그림책을 즐겨 읽는 성인들을 바라보는 시선을 바꿔 놓았다. 그림책이 유아들의 교육적 목적뿐만 아니라 자아에 대한 치료적 목적으로, 성인들이 그림책을 선호하는 인식의 변화를 보여주는 부분이다. 그림책이 남녀노소 누구나 즐길 수 있는 책으로 인식 변화가 이루어진 것은 심리적 측면이 강하다. 그림책의 가치는 다음과 같다.

① 그림책은 유아의 정서를 풍부하게 해준다.
② 그림책은 유아의 상상력과 창의성 발달을 촉진한다.
③ 그림책은 유아기에 알맞은 전인적 발달에 도움을 준다.
④ 그림책을 통한 간접 경험을 통해 정서적 안정감을 갖게 한다.
⑤ 그림책은 자신의 주변세계를 폭넓게 이해할 수 있게 한다.
⑥ 그림책은 바람직한 독서생활 습관을 형성하게 한다.

그림책에 있는 짧은 문장, 단어와 연결되는 그림의 이미지를 통한 경험은 더 강렬하게 기억되는 효과가 있다. 그림책을 이해하고 감상하는 단순한 수준에 머무는 것이 아니라 책 속의 색상, 선, 공간과 같은 요소와 문자를 접하면서 상상력을 기른다. 유아문학은 유아를 대상으로 하기 때문에 발달특성에 적절하며 감동을 주는 것이어야 한다. 그림책의 교육적 영향을 살펴보면, 다른 사람의 생각이나 모험을 통해 여러 가지 삶의 모습을 경험할 수 있으며 타인의 문제와 어려움을 이해하는 데 필요한 문제해결능력을 길러 정서적인 안정감을 갖게 해준다. 또한 책에 대한 관심과 흥미가 발달되어 자연스럽게 글자를 읽을 수 있도록 도와준다.

그림책의 교육적 가치는 다음과 같다(김영애 외, 2016).

① 그림을 통하여 더 많은 이해를 할 수 있다.
② 글자를 못 읽더라도 그림을 보고 말할 수 있다.
③ 주인공과 등장인물에 쉽게 빠져들고 동일시할 수 있다.
④ 이야기 스키마, 이야기의 감각을 발달시킬 수 있다.
⑤ 언어표현능력이 더욱 정교화된다.
⑥ 미술적 · 예술적 요소를 직간접적으로 경험한다.
⑦ 그림을 통해 구체적으로 관찰할 수 있는 기회가 된다.
⑧ 정서적 경험 및 반응을 유도한다.

2. 그림책의 구성

글과 그림으로 구성된 그림책 요소는 물리적 특성, 문학적 특성, 예술적 특성으로 구분된다.

1) 물리적 특성

(1) 표지

그림책 표지(covers)는 그림책을 보호하는 역할을 하는 앞뒤의 두꺼운 겉장이다. 그림책 표지는 눈과 마음을 단번에 확 끌어당길 수 있는 그림을 함축적으로 담고 있으며, 그림책 제목, 지은이, 출판사, 바코드 등의 정보가 포함되어 있다. 그림책 제목은 그림책에 누가 나오는지, 언제 일어난 일인지, 어디서 일어난 일인지, 어떤 일이 일어났는지, 이야기의 소재는 무엇인지 등에 대하여 직접 또는 간접적으로, 때로는 반어적으로 담아낸다(서정숙 외, 2020). 표지는 작가의 의도를 전달하는 것으로 시각적으로 가장 큰 영향을 미친다. 관찰력이 뛰어난 유아들은 그림책 표지 부분을 잘 포착하며, 그림책 앞과 뒤 표지에서 전체적인 주제와 특징을 그림으로 예측할 수 있다.

뒤표지는 앞표지와 연결되거나 마지막 페이지와 연결되는 그림이나 글로 마무리하는 경우가 대부분이다. 이야기가 끝났음을 알리기 위하여, 또는 책을 덮었을 때의 여운을 위하여 본 텍스트에 있던 장면이나 그림책 내용과 관련되는 작은 그림을 포함시키는 것이 일반적이다. 교사는 그림책을 읽어주기에 앞서 앞표지의 그림과 제목을 보여주면서 어떤 이야기가 담겨 있는지 유아가 예측해보게 하거나 관련 경험이 있는지 이야기해 보게 할 수 있다.

그림책 표지의 예로, 못 다한 이야기를 뒤표지에 담은 그림책 『알사탕』은 동동이네 아파트 입구에 나란히 놓인 동동이의 킥보드와 친구의 스케이트보드에서 서로 친구가 되었음을 보여준다. 앞뒤 표지가 하나의 그림으로 연결된 그림책 『메리』는 메리네 집 주변을 어슬렁대는 메리의 남자 친구를 만날 수 있도록 하여 유아들의 궁금증을 눈높이에 맞게 표현하였다.

〈못 다한 이야기를 뒤표지에 담은 그림책〉
백희나,
『알사탕』,
책읽는곰

〈앞뒤 표지가 하나의 그림으로 연결된 그림책〉
안녕달,
『메리』,
사계절

(2) 면지

그림책 면지(end papers)는 표지와 내용을 이어주는 물리적 장치이면서 이야기를 암시해 준다. 그림책 표지를 넘기면 가장 먼저 만나는 공간으로 전체적인 분위기를 나타낸다. 면지는 앞표지와 뒤표지의 안쪽에 있으며, 주제를 나타내는 배경, 주인공, 상징하는 문양을 나타내거나 빈 공간으로 제시하여 상징적 의미를 나타낸다. 면지는 대부분 색지나 문양으로 구성한다. 최근에는 일러스트, 그림책 내용 중의 캐릭터 등 다양한 방식으로 나타낸다. 이러한 디자인은 그림책에 대한 친근감을 높여 더욱 가치 있게 만들기 때문에 중요하다. 그림책 면지의 예로, 『비 오는 날에』 면지는 세로의 선을 그려 넣어 비가 내리고 있음을 상징하였고, 『세 강도』는 겉표지처럼 빨간 도끼는 들지 않았고, 검정 모자와 검정 옷을 걸친 세 명을 하단 부분에 의미 있게 나타냈으며, 『지각대장 존』에서 면지는 같은 문장을 반복해서 가득 채워 표현되었다.

최성옥,
『비 오는 날에』,
파란자전거

토미 웅거러,
『세 강도』,
시공주니어

존 버닝햄,
『지각대장 존』,
비룡소

(3) 속표지

그림책 속표지(inside title page)는 그림책 본문이 전개되기 전 페이지로, 표지에 있던 책제목이 쓰여 있는 부분이다. 속표지는 그림책의 내용이 본격적으로 시작되기 전 본문의 시작을 열어주는 도입부의 역할을 한다. 표지처럼 그림책 제목을 동일하게 제시하거나 본문 내용을 암시하도록 면지가 연결고리 역할을 하기 때문에 그림책과 소통하는 하나의 방법으로 제시된다. 그림책 속표지의 예로, 『가방 안에 든 게 뭐야?』는 속표지 앞부분에 가방이 닫혀진 상태로 있다가 개구리 두 마리 눈알이 나오면서 숨겨진 의미를 나타낸다. 『눈물바다』 속표지 좌우면에는 울고 있는 모습을 도안으로 나타낸 후 우측 하단부분에 점차 웃는 얼굴로 바뀐 모습이 보인다. 『누구랑 가?』는 앞면의 속표지에 여러 가지 동물들이 희미하게 그려져 있지만 뒷면 속표지는 앞면의 동물들이 칼라로 채색되어 있어서 학교 갈 때 마음 속 친구들과 친근하게 느낄 수 있었음을 알 수 있다.

김상근,
「가방 안에 든 게 뭐야?」,
한림출판사

서현,
「눈물바다」,
사계절

백미숙,
「누구랑 가?」,
리틀씨앤톡

2) 문학적 특성

이야기는 그 성격과 관계없이 이야기 구성요소를 포함하고 있다. 이야기를 창안하는 데 다음 요소들이 통합되어야 하며, 이는 유아를 위하여 좋은 이야기의 도서를 선정하기 위한 기준이 된다.

(1) 주제

주제(theme)는 그림책 전체를 아우르는 중심이 되는 개념이다. 작가가 메시지의 의미를 발견할 수 있어야 한다. 주제는 작가가 전하고자 하는 목적이 무엇인지 혹은 작가가 무엇을 말하고 싶은지 질문할 수 있다(Tomlinson & Lynch-Brown, 1996). 그림책의 주제는 성장과 발달의 가치에 의미를 부여하며 결과를 예측하고, 윤리적 · 교육적으로 바람직하게 구성해야 한다. 이러한 주제는 등장인물과 사건에 의한 새로운 태도나 통찰을 불러일으키기 위하여 보다 명확하고 생동감 있게 구성해야 한다. 그림책의 주제는 보편타당한 진리를 담고, 유아의 기본적인 욕구를 충족시키며, 유아의 발달수준에 적합하고 성, 인종, 연령에서 차별이 포함되어서는 안 된다. 그림책에는 유아의 생활, 생각, 느낌, 정서, 문제, 갈등, 상상, 소망 등을 소재로 하는 유아의 세계와 동심이 담긴다. 유아의 세계가 진실하게 담겨 있고 유아의 기본 욕구를 충족시킬 수 있으며, 보편적이고 유아가 이해할 만하고 유아에게 긍정적인 영향을 미칠 수 있는 주제의 그림책이 바람직하다. 주제에 알맞게 다룰 수 있는 그림책은 다음과 같다.

① 가족 이야기

가족 이야기는 부모와 자녀 간의 사랑, 재혼이나 이혼가정, 입양가정, 동생이 생겼을 때 느끼는 외로움과 질투심, 형제간의 갈등과 우애를 다룬다. 가족 주제를 다룬 그림책의 예로, 『엄마는 언제나 너를 사랑한단다』, 『형님이 되었어요』, 『달라도 괜찮아!』 등이 있다. 가족은 유아들의 첫 번째 사회적 환경이며 지적 · 사회적 · 정서적 발달에 영향을 미치는 소재로서 친근감을 느끼고 공감능력을 형성할 수 있다.

에이미 헤스트,
『엄마는 언제나 너를 사랑한단다』,
베틀북

사란,
『형님이 되었어요』,
브레멘플러스

모르간 다비드,
『달라도 괜찮아!』,
파랑새어린이

② 일상적인 경험 이야기

일상적인 경험 이야기는 생활 주제를 다룬 그림책이다. 이 시기의 또래관계는 자기중심성향이 높기 때문에 자신을 위하여 무엇을 해주는 것에 관심을 갖고, 자신이 다른 아이를 위해서 해줄 것은 생각하지 않는 특징이 있다. 그러므로 공감능력을 기르기 위하여 협동과 나눔 등 함께하는 즐거움을 갖게 해줄 필요가 있다. 또한 일상에서 병원에 대한 두려움을 없애고 성장기에 건강하게 자랄 수 있도록 하기 위한 내용이 좋다. 일상적인 경험을 다룬 그림책의 예로, 『내 친구 루이』, 『피터의 편지』, 『병원에 가기 싫어요!』 등이 있다. 일상생활에서 친구, 이사, 애완동물, 생일파티, 동식물 기르기에 대한 걱정과 조심스러움 등 호기심을 키워주는 그림책은 다양하다.

에즈라 잭 키츠,
『내 친구 루이』,
비룡소

에즈라 잭 키츠,
『피터의 편지』,
비룡소

안나 카살리스,
『병원에 가기 싫어요!』,
키득키득

③ 자연에 대한 이야기

자연에 대한 이야기는 자연의 특성과 봄 · 여름 · 가을 · 겨울의 변화에 대한 유아의 느낌과 호기심을 다룬 이야기이다. 자연에 대한 주제를 다룬 그림책의 예로, 『눈 오는 날』, 『강아지 복실이』, 『쏘옥, 싹이 났어요』 등이 있다. 자연 속에서 일어나는 눈, 비, 태풍, 나무, 꽃과 열매, 동물 등 다양한 소재를 활용할 수 있다.

이와무라 카즈오,
『눈 오는 날』,
웅진주니어

한미호,
『강아지 복실이』,
국민서관

홍용훈,
『쏘옥, 싹이 났어요』,
한국헤밍웨이

④ 유머와 환상적인 요소가 담긴 이야기

유아들에게 유머와 환상적인 요소가 어우러진 내용으로 의인화된 동식물이나 물건이 등장한다. 이러한 주제를 다룬 그림책의 예로, 『알라딘과 요술램프』, 『피터 팬』, 『브레멘 음악대』 등은 유아의 흥미와 상상력을 길러준다.

아리비아 민담,
『알라딘과 요술램프』,
한국가우스

제임스 매튜 배리,
『피터 팬』,
글송이

그림 형제,
『브레멘 음악대』,
글송이

⑤ 사회문제나 환경문제를 다룬 이야기

현대사회는 도시화, 정보화, 국제화 시대로 급속하게 변화하고 있다. 사회적으로 급속한 변화 속도는 풍요와 결핍의 이데올로기 현상을 나타낸다. 이러한 주제를 다룬 그림책의 예로, 『땅이 아파서 끄응 끙』, 『바다를 지킨 로빈』, 『사라진 마을』 등이 있다. 유아들은 일상생활에서 점차 생태체계적 관심으로 확장되어 지식과 정보를 얻게 된다.

조임생,
『땅이 아파서 끄응 끙』,
스푼북

안드레아 라이트마이어,
『바다를 지킨 로빈』,
키즈엠

앤 그리팔코니,
『사라진 마을』,
미래아이

⑥ 민담형식의 이야기

전통적인 이야기는 민간 생활과 관련된 신앙, 습관, 풍속처럼 역사에 대하여 관심을 갖게 한다. 민담형식 그림책의 예로, 『까막나라 불개』, 『콩쥐팥쥐』, 『줄줄이 꿴 호랑이』를 들 수 있다. 그림책은 초현실적인 존재(요정, 거인, 난쟁이 도깨비, 마녀, 용왕, 옥황상제, 신령 등), 요술적인 장소(하늘나라, 용궁 등), 신비한 물건(부적, 동아줄, 요술 반지, 요술 지팡이 등)뿐만 아니라 환상적 모티브인 마술, 의인화된 동물이나 무생물이 등장한다.

김태연.
『까막나라 불개』.
한국슈타이너

정차준.
『콩쥐팥쥐』.
보림

권문희.
『줄줄이 꿴 호랑이』.
사계절

⑦ 종교적인 이야기

종교적인 이야기는 그림책에서 자주 언급하는 주제는 아니지만 신앙과 종교는 생활의 여러 상황과 관련되어 있다. 다양한 종교 주제를 다룬 그림책의 예로, 『노아의 방주』, 『석가모니의 자비』, 『바느질 수녀님』은 독특한 신앙세계를 보여준다.

피터 스피어,
『노아의 방주』,
미래아이

류정병,
『석가모니의 자비』,
월드베스트

최지혜,
『바느질 수녀님』,
고래가숨쉬는도서관

(2) 구성

구성(plot)은 이야기가 전개되는 과정으로, 인과관계, 내·외적 관계 상황을 의미한다. 작가는 주제의 흐름과 관련하여 이야기를 어떻게 시작해서 마무리할 것인지를 결정한다. 구성은 대부분 발단, 전개, 절정, 결말 과정으로 진행된다. 일반적으로 그림책에 있어서 구성은 나열식 형식, 순환식 형식, 누적식 형식, 연쇄식 형식 네 가지로 구분한다.

① 나열식 형식

나열식(linear) 형식은 기-승-전-결의 흐름으로, 문제의 발단, 사건의 진행, 절정, 결말의 과정으로 전개된다. 내용이 되는 재료의 줄거리는 시간과 공간의 자연적인 순서와 관계없이 구성된다.

나열식과 관련된 그림책의 예로, 전래동화 『혹부리 영감』은 발달-전개-결말의 전형적인 형태이다. 즉, '옛날옛날에~'로 시작하는 발달과 사건이 여러 가지로 펼쳐지는 전개가 있고 결말에 '~오래오래 살았습니다'로 안정감을 준다. 창작동화 『우리 엄마 어디 있어요?』는 엄마를 찾는 아기물고기 하양이의 모험이 전개되고, 유아들의 심리적 욕구를 충족하기 위하여 안전하고 행복한 결말로 마무리된다.

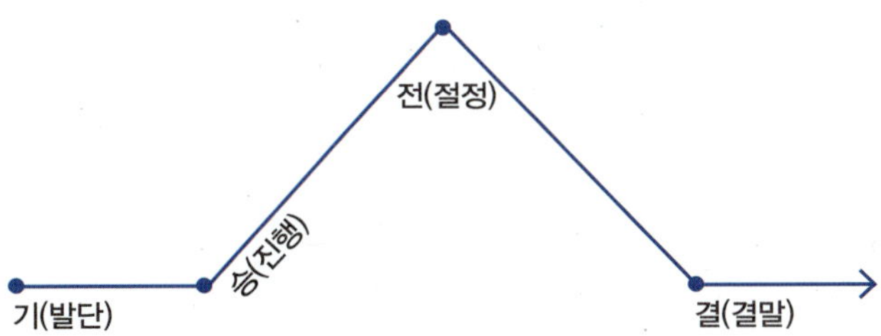

그림 4-1 나열식 형식 모형

푸른숲글방,
『혹부리 영감』,
그린키즈

하위도 판 헤네흐턴,
『우리 엄마 어디 있어요?』,
한울림

② 순환식 형식

순환식(circular) 형식은 이야기 속의 사건이 시간의 흐름에 따라 차례대로 진행되다가 다시 원점으로 돌아오는 것으로 구성되어 있다. 이야기의 어떤 사건이 전개되다가 다시 원점으로 돌아오는 과정으로 순환시킨 그림책으로, 『검피 아저씨의 뱃놀이』, 『나랑 같이 놀자』가 대표적이다.

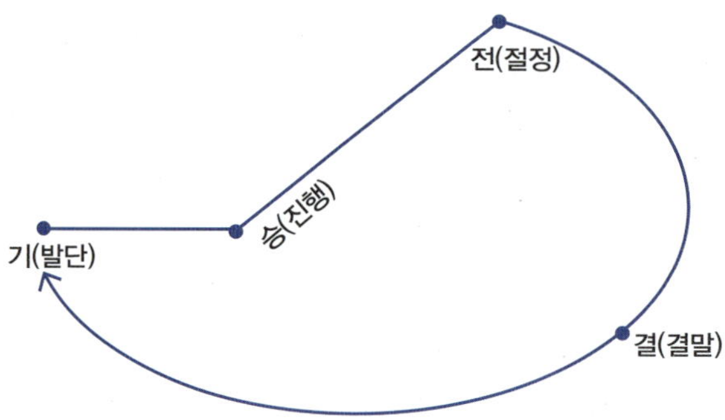

그림 4-2 순환식 형식 모형

존 버닝햄,
『검피 아저씨의 뱃놀이』,
시공주니어

마리 홀 에츠,
『나랑 같이 놀자』,
시공주니어

③ 누적식 형식

누적식(cumulative) 형식은 문장이나 사건이 반복되면서 시간의 흐름에 따라 점차 새로운 요소가 첨가된다. 이야기의 구성은 중간에 어느 사건 하나를 빼더라도 전체 이야기에 관계 없는 것이 특징이다. 반복과 첨가가 이루어지는 것으로 동심원적 구성이라고 한다.

누적식 형식의 그림책의 예로, 『커다란 순무』, 『야, 우리 기차에서 내려』, 『바람이 불었어』, 『장갑』 이 대표적이다. 등장인물들의 말과 행동에는 리듬과 반복의 요소가 첨가되고 연속적이면서 반복적이다.

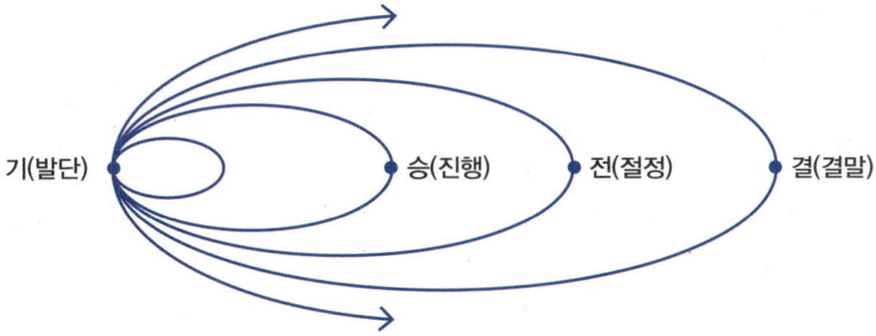

그림 4-3 누적식 형식 모형

에우게니 M. 라쵸프,
『장갑』,
한림

톨스토이,
『커다란 순무』,
한국뉴베리

④ 연쇄적 형식

연쇄적(chain) 형식은 하나의 사건과 행동이 원인이 되어 그 결과로 다음 사건과 행위가 생기는 방식으로 진행된다. 이처럼 반복적으로 연관된 이야기 그림책으로, 『팥죽 할멈과 호랑이』, 『곰돌이 푸우는 아무도 못말려』, 『아기돼지 삼형제』, 『심심해서 그랬어』, 『크리스마스 선물』이 대표적이다.

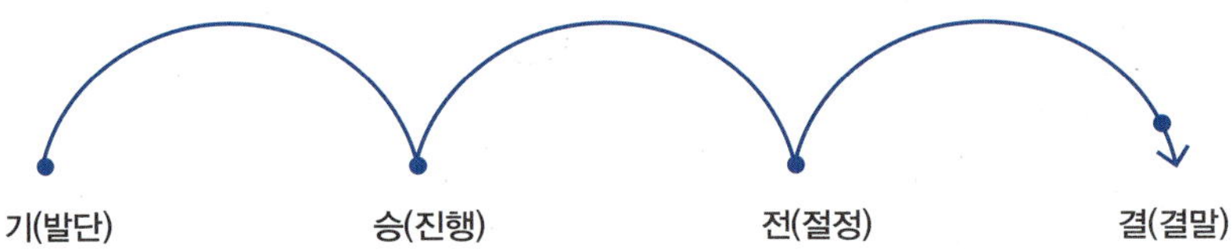

그림 4-4 연쇄적 형식 모형

윤구병,
『심심해서 그랬어』,
보리

존 버닝햄,
『크리스마스 선물』,
시공주니어

구성(plot) 형식에 따른 특성과 그림책을 정리하면 **표 4-1**과 같다.

표 4-1 구성 형식에 따른 특성과 그림책의 예

형 식	구성의 특성	그림책의 예
나열적(linear) 형식	• 기승전결의 흐름으로 사건의 발달, 진행, 절정(climax), 결말로 이어지는 형식	• 『혹부리 영감』 • 『우리 엄마 어디 있어요?』 • 『괴물들이 사는 나라』 • 『백설공주』
순환적(circular) 형식	• 이야기 속의 사건이 시간의 흐름에 따라 차례로 진행되다 다시 원점으로 돌아오는 형식	• 『검피 아저씨의 뱃놀이』 • 『나랑 같이 놀자』 • 『검피 아저씨의 드라이브』 • 『곰 사냥을 떠나자』
누적적(cumulative) 형식	• 문장이나 사건이 반복되며, 시간의 흐름에 따라 등장인물이나 새로운 요소가 첨가되는 연속적인 형식 • 이야기의 구성은 중간에 어느 사건 하나를 빼더라도 전체 이야기에 관계 없음	• 『장갑』 • 『커다란 순무』 • 『사과가 쿵』 • 『코끼리 형님의 나들이』
연쇄적(chain) 형식	• 하나의 사건이 원인이 되어 다른 상황으로 이어져 사건과 사건이 서로 영향을 미치면서 진행되는 형식	• 『크리스마스 선물』 • 『심심해서 그랬어』 • 『쌀 한 톨로 장가든 총각』 • 『팥죽 할멈과 호랑이』

(3) 등장인물

등장인물은 그림책에서 가장 매력적인 요소이다. 등장인물은 유아와 같은 감정과 행동을 잘 나타내고 쉽게 공감할 수 있어야 한다. 유아기는 물활론적이면서 자기중심적 사고특성이 있기 때문에 그 시대의 사회적 문제와 문화적인 요소를 적절하게 반영하도록 해야 한다. 즉 등장인물이 인간이 아닌 동물이나 무생물인 경우 성, 연령, 사회적 지위와 인종의 이슈를 쉽게 피해갈 수 있다.

등장인물과 관련된 그림책의 예로, 등장인물이 독특한 모습으로 표현된 『바바빠빠』, 다양한 계층의 사람이 등장한 『왕자와 거지』, 의인화로 동물을 등장시킨 『당나귀 덩키덩키』는 호기심과 집중력을 기르고 흥미를 끌 수 있도록 표현되었다.

아네트 티종 & 탈루스 테일러,
『바바빠빠』,
시공주니어

마크 트웨인,
『왕자와 거지』,
그린키즈

로저 뒤봐젱,
『당나귀 덩키덩키』,
웅진닷컴

(4) 문체

문체는 그림책에서 작가가 나타내고자 하는 것과 특별히 강조하고자 하는 표현방식으로 문장의 구성, 단어의 사용 및 상징과 관련이 있다. 그림책에 표현된 문장은 짧고, 반복적인 언어로 리듬감을 불러일으킨다.

문체와 관련된 그림책의 예로, 『코끼리왕 바바』, 『검피 아저씨의 드라이브』, 『누가 내 머리에 똥 쌌어?』는 간결하고 세련된 문장과 경쾌한 언어로 유아들의 호기심을 자극한다. 또한 의문문과 의성어와 의태어의 반복적인 사용은 음악과 같은 즐거움을 주며 모국어를 더욱 풍부하게 사용할 수 있게 해준다(채종옥 외, 2015).

장 드 브루노프,
『코끼리 왕 바바』,
시공주니어

존 버닝햄,
『검피 아저씨의 드라이브』,
시공주니어

베르너 홀츠바르트,
『누가 내 머리에 똥 쌌어?』,
사계절

3) 예술적 특성

그림책은 문학성과 미술적 요소가 결합된 예술적 특징을 갖는다. 그림책은 글과 그림이 연계되어 의미와 효과를 만들어내기 때문에 유아는 글텍스트뿐만 아니라 그림텍스트도 읽을 줄 알아야 한다. 그림책에 나타난 선, 공간, 모양, 색깔, 구도와 원근법을 통해 유아의 심상을 풍부하게 하고 상상력을 향상시켜 심미안을 기를 수 있다.

(1) 선

그림에 나타난 선(line)은 형태를 만드는 가장 기본적이고 결정적 · 예술적 요소로서, 사물의 형태, 방향, 분위기와 감정을 전달한다. 선의 움직임이나 길이 등을 통하여 이야기를 활용하고 정서적 반응을 암시해준다. 다른 것과의 경계를 지어주는 선은 표현하고자 하는 대상의 특성과 윤곽을 드러낸다.

선과 관련된 그림책의 예로, 『징징징 바이올린』, 『태양으로 날아간 화살』, 『벤의 트럼펫』은 직선과 곡선이 서로 어울려 잘 표현되었다. 그림책에서 선의 형태는 구체적인 물체나 인물을 표현하고 인물의 정서적인 반응을 표현하기도 한다. 이에 선은 특정한 방향을 강조할 뿐만 아니라 협응작용에 도움을 주기 때문에 주의집중력을 기를 수 있다.

선에 대한 예술적 특징은 다음과 같다.

① 곡선이나 원: 자유롭게 흐르는 듯함, 개방적, 아늑함, 따뜻함, 안정감
② 날카롭고 들쑥날쑥한 선: 흥분, 빠른 움직임, 역동성
③ 수평선: 시선이 천천히 움직임, 조용, 안정적, 균형, 침착함
④ 수직선: 시선이 상하로 움직임, 엄격함, 거리, 높이, 성취감
⑤ 사선과 대각선: 시선이 가로지름, 힘과 불균형, 긴장감, 움직임

로이드 모스, 『징징징 바이올린』, 킨더랜드

제럴드 맥더멋, 『태양으로 날아간 화살』, 시공주니어

레이첼 이사도라, 『벤의 트럼펫』, 비룡소

(2) 공간

공간(space)은 그림책의 빈 여백으로 글과 그림과의 조화를 이루는 중요한 요소이다. 공간은 주인공의 상황, 작가의 의도를 의미 있게 나타낸다. 표현하고자 하는 대상을 공간 속에 어떤 위치나 크기로 표현함으로써 관심과 집중력을 유도할 수 있다.

공간과 관련된 그림책의 예로, 『괴물들이 사는 나라』, 『곰 사냥을 떠나자』, 『빨간

끈』은 화면의 연속성을 나타내는 공간, 글, 그림보다 판타지 화면, 등장인물의 모습에 대해 심리적 측면과 예술성을 강조하였다. 그림책의 빈 공간이 한 면에 많을 경우, 유아들에게 여유로움이나 특별히 스스로 구성할 수 있는 여지로 작용할 수 있다. 반면, 빈 공간이 거의 없고 그림이 가득 채워져 있을수록 공간은 폐쇄적인 느낌을 주고 혼란스러움을 느끼게 한다. 그림책에서 공간은 빈 여백이나 크기뿐만 아니라 문자와 그림과의 조화까지 포함한다.

모리스 샌닥,
『괴물들이 사는 나라』,
시공주니어

마이클 로젠,
『곰 사냥을 떠나자』,
시공주니어

마곳 블레어,
『빨간 끈』,
케이유니버스

(3) 모양

모양(shape)은 그림책에서 이야기를 표현하는 가장 강한 힘을 가지는 요소이다. 모양은 평면적이고 이차원적이어서, 모양을 통해 윤곽을 가진 형태나 영역을 나타낼 수 있다. 모양은 그림, 선명한 정도, 단순함과 복잡함, 실제적 또는 추상적인 일, 자유로움과 고정됨의 조화를 이룬다.

삼각형, 사각형 등 각이 있는 모양을 묘사한 그림책의 예로, 『열대 우림』, 『그림자는 내 친구』는 흥분감을 불러일으키거나 정지된 모습으로 강렬한 반응을 이끌어낸다. 반면, 『눈사람 아저씨』는 휘어진 것과 둥근 모양이 운동감이나 움직임의 부드러움과 가벼움, 포근함과 안정감을 느끼게 해준다.

숀 캘러리,
『열대 우림』,
주니어랜덤

박정선,
『그림자는 내 친구』,
길벗어린이

레이먼드 브리그스 & 마루벌 편집부,
『눈사람 아저씨』,
마루벌

(4) 색

색(color)은 생활과 밀접하며, 유아들의 정서적인 반응을 즉각적으로 불러일으킬 수 있는 요소이다. 유아들은 눈을 뜨는 순간뿐만 아니라 눈을 감고 있어도 색깔의 분위기를 느낀다. 색은 사물을 인식하게 하고, 즐거움과 슬픔 등 감정이나 정서를 풍부하게 만든다. 색의 사용, 밝기 정도는 이야기의 분위기와 내용을 표현하는 중요한 요인이다. 그림책은 유아가 좋아하는 색으로 표현하기보다 작가가 표현하고자 하는 대상을 어떠한 색으로 독창적으로 표현했느냐가 더 중요하다.

색과 관련된 그림책의 예로, 다양한 색을 활용한 『다람쥐는 모를 거야』, 제한된 색만을 활용한 『아기 오리들한테 길을 비켜 주세요』, 흑백만 사용한 『태풍이 온다』는 가장 단순한 색부터 다양한 심미적 색의 연출을 통하여 시각적 경험을 이끌어 간다. 색은 강약감, 속도감을 느낄 수 있게 하고, 흥분과 동시에 진정작용을 한다. 즉 밝고 따뜻한 색(빨강 · 주황 · 노랑)은 애정과 열정의 느낌, 차가운 색(파랑 · 초록)은 평온한 느낌, 어두운 색이나 담갈색은 슬픔과 상실감을 준다. 또한 가벼운 정도와 어두운 정도(명도), 색의 맑은 정도는 화려한 색과 소박한 색(채도)에 따라 독특한 성질과 느낌을 나타낸다.

천미진,
『다람쥐는 모를 거야』,
키즈엠

로버트 맥클로스키,
『아기 오리들한테 길을 비켜 주세요』,
시공주니어

미야코시 아키코,
『태풍이 온다』,
베틀북

(5) 구도와 원근법

그림책의 구도(각도, 조망)는 세부묘사의 배경상태를 의미한다. 구도는 사물이나 사건을 효과적으로 표현하기 위하여 다양한 위치에서 시각적으로 표현하는 방법이다. 원근법은 사건과 사물을 효과적으로 나타내기 위한 표현방식이다.

구도와 원근법과 관련된 그림책의 예로, 다양한 구도와 원근법을 활용한 『작은 집 이야기』, 현실에 대한 호소로 감정이입을 요구하는 『아기 부엉이와 볼롱볼롱』, 물 속 물고기를 활용한 『무지개 물고기』는 구도와 원근을 효과적으로 나타내어 이야기를 전개한다. 이와 같이 어떤 대상을 크게 또는 작게 나타내기, 앞은 진하게 채색하고 뒤로 갈수록 연하게 보여지는 각도, 분위기에 따라 이해 정도가 달라진다. 또한 구도와 원근법에 따라 신선함과 특별한 느낌을 갖게 된다.

버지니아 리 버튼,
『작은 집 이야기』,
시공주니어

파울 프리스터,
『아기 부엉이와 볼롱볼롱』,
키즈엠

마르쿠스 피스터,
『무지개 물고기』,
시공주니어

3. 그림책의 형태

그림책을 분류하는 방식은 학자에 따라 다양하며, 그림책의 형태를 크기, 모양, 글의 비중에 따라 다음과 같이 구별할 수 있다.

1) 글 없는 그림책

글 없는 그림책(worldless picture book)은 글이 전혀 없거나 거의 없는 책(Bosch, 2014)으로 이야기 줄거리는 있으나 본문이 전혀 없고 그림을 통해서 메시지를 나타낸다(Glazer, 1981). 작가가 거의 글자를 사용하지 않고 이야기를 구성하기 때문에 그림만 보고 이야기 흐름을 통해 창의성을 기를 수 있다. 아직 글자를 읽고 쓰는 방법을 깨치지 못한 유아들에게 글자가 없어도 보여주는 것이 목적이고, 각 그림이 작용하는 의미를 시각적 · 심미적으로 다른 이야기로 이끌어낼 수 있다. 글 없는 그림책은 일반적 그림책에서는 글텍스트와 그림텍스트가 조화를 이루며 표현해야 할 일을 그림만으로 표현해야 한다(이경우, 2007; 서정숙 외, 2020).

글 없는 그림책의 예로, 『하늘을 나는 모자』, 『사과와 나비』, 『파도야 놀자』는 고정된 생각의 틀에서 벗어나 상상력을 풍부하게 기를 수 있다.

로트라우트 수잔네 베르너, 『하늘을 나는 모자』, 보림

옐라 마리 & 엔조 마리, 『사과와 나비』, 보림

이수지, 『파도야 놀자』, 비룡소

글 없는 그림책의 가치는 다음과 같다.

① 유아들의 창의성을 발전시키기 위한 매체가 된다.
② 다양한 이야기를 창의적인 언어로 표현할 수 있도록 이끈다.
③ 유아들의 심미적 능력, 시각적 호소를 강조한다.
④ 이야기에 대한 감각, 그림과의 상호작용을 통한 즐거움의 수단이 된다.

이와 같이 글 없는 그림책은 오직 그림을 통해서만 그림책의 메시지를 표출하기 때문에 그림이 중요한 역할을 하며, 그림으로 메시지를 다각적으로 전달하는 특징이 있다. 글 없는 그림책의 선정 기준은 다음과 같다.

① 주제(또는 내용)가 분명하게 나타나 있는가?
② 등장인물의 감정과 느낌, 행위 등의 인물 묘사가 분명하게 나타나 있는가?
③ 등장인물 간의 관계가 분명하게 나타나 있는가?
④ 사건 또는 갈등과 그것의 해결 과정이 분명하게 나타나 있는가?
⑤ 배경이 분명하게 나타나 있는가?
⑥ 작가의 독자적인 세계가 분명하게 나타나 있는가?
⑦ 유아가 이해할 수 있는 이야기인가?
⑧ 유아의 흥미를 끌 수 있는가?

2) 큰 그림책

큰 그림책은 일반 그림책보다 150~200% 크게 만들어진 커다란 그림책을 의미하며, 유아들에게 집단으로 함께 볼 수 있도록 크게 확대한 책(big book)이다. 큰 그림책은 출판사나 동화책에 따라 차이가 있지만 약 40cm×40cm 정도의 정사각형 형태와 약 40cm×50cm 정도의 직사각형 형태가 대표적이다. 큰 그림책은 큰 그림과 글자로 유아들의 시선을 집중시킬 수 있다. 책 크기가 커진 만큼 유아들이 더욱 흥미 있어 하고 책과 더 가까이 할 수 있어서, 유아교육기관 및 도서관에서 책 읽어주기 수업과 전시 목적으로 그 활용도가 매우 높다. 큰 그림책은 글과 그림이 상호작용하면서 펼쳐 나간다. 큰 그림책의 예로, 『슈퍼 거북』, 『나는 나의 주인』, 『꿀벌』은 긴 글을 읽는 데 부담을 느끼는 유아에게 즐거움을 준다. 큰 그림책을 읽어줄 때, 유아들은 앞면의 그림을 보고, 교사는 뒷면에 있는 이야기 내용을 들려준다. 이처럼 일반그림책을 큰 그림책으로 만드는 이유는 그림책을 교사가 읽어 주는 과정에서, 유아들의 집중력 향상과 정서적 공감 및 교류에 도움이 되기 때문이다.

유설화,
『슈퍼 거북(빅북)』,
책읽는곰

채인선,
『나는 나의 주인(빅북)』,
토토북

보이치에흐 그라이코브스키,
『꿀벌(빅북)』,
풀빛

3) 다양한 모양의 그림책

유아들이 책에 흥미를 느낄 수 있도록 여러 가지 놀이 요소들이 포함된 놀이를 위한 책을 말한다. 이 책은 유아들과 함께 상호작용하며 읽고 손으로 조작하며 읽을 수 있어서 조작책이라고도 한다. 다양한 모양의 그림책 종류는 다음과 같다.

① 미니북(mini book): 내용이나 페이지는 모두 하드커버와 같은 작은 책

② 팝업북(pop-up book): 책장을 펼치거나 그림을 당길 때 오감각을 충족시켜 주기 위한 3차원적인 책

③ **플랩북(flap book)**: 책에 있는 그림 중 특정 부분에 종이를 덧대어 문을 열 듯이 들여다 볼 수 있게 만든 책

④ **헝겊책**: 종이 대신 헝겊으로 만들어 가볍고, 입으로 물고 빨아서 더러워지면 세탁이 가능한 책

⑤ **촉감책(touch and feel book)**: 다양한 감촉을 느낄 수 있도록 페이지 위에 다양한 질감의 소재를 끼어 놓은 책

⑥ **사운드북(sound book)**: 버튼을 조작하면 그림책 내용이나 노래가 자연스럽게 연결되어 재생되는 책

⑦ **구멍책**: 책 안에 구멍이 뚫려 있어 즐거운 놀이 요소가 가미된 책

⑧ **슬라이딩책**: 옆으로 길게 밀어주는 책

⑨ **병풍책**: 병풍처럼 길게 펼쳐놓아 정보를 나열하여 보여주는 책

⑩ **전자책(e-book)**: 종이책이 아닌 스마트폰, 태블릿, 컴퓨터 등 기기 화면에서 읽고 보고 들을 수 있는 디지털 형태의 책

다양한 형태의 그림책은 유아들의 감각기관을 바르게 알고, 각 기관을 통해 다양한 자극을 경험할 수 있다. 다양한 그림책의 예로, 『꼭꼭 숨어라』는 팝업북이고, 『말랑말랑 물렁물렁』은 말놀이를 위한 책이다. 『매일 매일 같이 놀게: 아기 사자』는 촉감 자극을 통해 탐색하고 다양한 지식을 얻게 된다. 또한 색감이 발달하고 사물을 추적하고 다양한 특징을 변별하기 위한 모든 감각능력이 세분화된다. 이와 같은 그림책은 신체의 감각 자극, 호기심과 탐색을 유발하여 유아의 인지발달 및 두뇌발달에 도움을 준다.

예림당(편집부),
『꼭 꼭 숨어라』,
예림당

이송은,
『말랑말랑 물렁물렁』,
동심

헬미 페르바컬,
『매일 매일 같이 놀게: 아기 사자』,
웅진주니어

4. 그림책의 선정 기준

좋은 책을 선정하는 과정은 교사가 그림책을 직접 감상하면서 살펴보고, 그림책에 대하여 알고 있는 정보들을 적용해 보고, 교사가 유아에게 그림책을 읽어주면서 유아와 상호작용하는 가운데 그 그림책이 유아에게 갖는 의미가 무엇인지 주의 깊게 확인하는 것이 포함된다. 즉, 좋은 그림책을 선정하는 일은 교사가 그림책에 대하여 배운 이론과 새롭게 접하는 그림책 등 자신만의 '좋은 그림책 목록'을 만들어야 한다. 좋은 그림책은 대체로 장르별 또는 연령별로 선정되어 추천되는데, 이에 대한 평가는 그림책의 문학적 구성요소나 미술적 구성 요소, 교육적 요소 등으로 나뉘어 이루어진다(김세희, 2000; 김현희 외, 2016; Sutherland et al., 1991). 그림책을 선정할 때 고려해야 할 기준은 다음과 같다(서정숙 외, 2020; 심성경 외, 2013).

1) 작품성

작가의 개성 유무와 작품의 수월성이 반영되어야 한다.

① 내용과 형식이 참신하고 예술적인가?
② 작가가 표현하고자 하는 주제가 있는가?
③ 작가는 주제를 문학적 요소나 예술적 요소, 글과 그림의 조화를 통해 자연스럽게 표현했는가?

2) 대상성

그림책에서 가정하고 있는 독자의 수준과 실제 유아의 수준과의 적합성이 반영되어야 한다.

① 그림의 스타일과 복잡성이 유아의 발달과 경험 수준에 적합한가?(혼자 보기에 적합한가, 아니면 교사의 도움으로 도전할 만한 수준인가?)
② 유아의 동심을 반영하는가?
③ 유아의 흥미를 끌 만한가?(리듬감이나 재미있는 말, 반전이나 의외성, 상상력을 자극하는 이야기, 빠른 전개 등)

3) 교육성

교훈을 직접 전달하지 않고 유아의 발달과 훈육에 유익함이 반영되어야 한다.

① 문학의 본질에 충실하고, 유아의 감정정화(카타르시스)에 도움이 되는가?
② 유아의 사회적 관계나 경험에 도움이 되는가?
③ 유아의 언어발달, 창의성, 상상력 등에 도움이 되는가?
④ 유아의 훈육에 도움이 되는가?

CHAPTER 05

유아교육과정과 유아문학

1. 교육과정과의 연계
2. 표준보육과정과 유아문학
3. 개정 누리과정과 유아문학

유아문학 작품의 고유한 특성과 주제는 교육과정과 밀접하게 연결되어 있다. 유아문학을 교육과정에 적용하기 위하여 국가수준의 교육과정을 중심으로 효율적인 문학교육을 실행할 수 있다. 이에 본 장에서는 4차 표준보육과정과 2019 개정 누리과정 '의사소통영역'에 대하여 살펴보고자 한다.

1. 교육과정과의 연계

질 높은 문학작품을 접하는 가운데 유아는 심미감과 창의성이 발달한다. 또한 다양한 어휘와 문장을 익히게 되어 표현력이 향상된다(김영애 외, 2016). 따라서 유아기부터 다양한 형태의 문학작품을 접하도록 하여야 한다. 언어발달 특성상 유아는 글을 읽고 쓰는 능력이 매우 제한되어 있다. 따라서 유아언어교육에서 문학은 읽기나 쓰기보다 읽어주는 문학작품 듣기나 책과 이야기 즐기기가 적절하다. 이러한 유아문학의 중요성과 유아 언어발달의 특성을 고려하여 4차 표준보육과정과 2019 개정 누리과정 의사소통영역은 듣기와 말하기, 읽기와 쓰기에 관심 가지기, 책과 이야기 즐기기를 내용범주로 제시하였다.

2. 표준보육과정과 유아문학

1) 0~1세 표준보육과정 의사소통영역

0~1세 영아는 적극적 의사소통자로 비언어와 언어를 이용하여 자신의 생각, 느낌, 감정을 표현하고 상대방의 표현과 반응을 보고 들으며 소통한다. 또한 주변의 그림과 상징에 관심을 갖고, 자유롭게 끼적이기를 즐기며 책과 이야기에도 관심을 갖는다.

의사소통영역은 일상에서 영아가 자신의 의사를 상대방에게 전달하고, 상대방의 표현을 이해하는 과정에서 다른 사람과 소통하는 다양한 방식을 경험하면서 의사소통의 즐거움을 느끼며 의사소통 능력의 기초를 형성하는 것을 목표로 한다.

이를 위하여 교사는 0~1세 영아가 자유롭고 편안하게 자신의 의사를 표정, 몸짓, 옹알이, 말소리, 말, 끼적이기 등 다양한 방식으로 표현할 수 있도록 하고, 책과 이야기에 관심을 갖고 자유롭게 즐기는 것을 지원하도록 한다(보건복지부, 2019).

(1) 목표

의사소통 능력의 기초를 형성한다.

① 일상생활에서 듣기와 말하기를 즐긴다.
② 읽기와 쓰기에 관련된 관심을 가진다.
③ 책과 이야기에 관심을 가진다.

의사소통영역의 목표는 0~1세 영아가 의사소통 능력의 기초를 형성하는 경험을 하는 것이다. 0~1세 영아가 일상생활에서 다른 사람의 말이나 이야기를 듣고 말하기를 즐기며, 주변의 그림과 다양한 상징에 관심을 갖고 자유롭게 끼적이기에 관심을 갖는 것과 다양한 책과 이야기를 접하며 관심을 가지는 것을 목표로 한다.

(2) 내용

내용범주	내용
듣기와 말하기	• 표정, 몸짓, 말과 주변의 소리에 관심을 갖고 듣는다. • 상대방의 이야기를 들으면서 말소리를 낸다. • 표정, 몸짓, 말소리로 의사를 표현한다.
읽기와 쓰기에 관심 가지기	• 주변의 그림과 상징에 관심을 가진다. • 끼적이기에 관심을 가진다.
책과 이야기 즐기기	• 책에 관심을 가진다. • 이야기에 관심을 가진다.

① 내용범주: 듣기와 말하기

- 표정, 몸짓, 말과 주변의 소리에 관심을 갖고 듣는다.

0~1세 영아가 주변 사람의 표정과 몸짓에 관심을 가지고 반응하며, 주변에서 들리는 말소리와 소리에 관심을 보이면서 다양한 말과 소리에 주의를 기울여 들으며 소통하는 내용이다.

② 내용범주: 읽기와 쓰기에 관심 가지기

- 주변의 그림과 상징에 관심을 가진다.

0~1세 영아가 자신의 주변의 친숙한 그림이나 표지판, 상표와 같은 주변의 친숙한 상징에 관심을 가지는 내용이다.

• 끼적이기에 관심을 가진다.

0~1세 영아가 손에 무엇인가를 쥐고 벽이나 바닥 면에 끼적이기를 시도하며 의도적으로 움직여 어떤 결과가 나타나는 것에 관심을 가지는 내용이다.

③ 내용범주: 책과 이야기 즐기기

• 책에 관심을 가진다.

0~1세 영아가 다양한 형태의 책을 탐색하는 경험을 하며 책에 대한 관심을 가지고 책과 자신의 경험을 관련짓고 상징 행동을 하며 상상해보면서 책에 대한 선호가 생기는 내용이다.

• 이야기에 관심을 가진다.

0~1세 영아가 이야기를 자주 접하게 되면서 점차 자신이 좋아하는 이야기에 대한 선호가 생기게 되는 것과 관련되는 내용이다.

2) 2세 표준보육과정 의사소통영역

2세 영아는 의사소통 경험을 통해 일상의 기초적인 어휘를 습득하여 구어로 소통하는 능력이 향상되고 상징과 문자를 읽고 쓰며 문어로 소통하는 방식을 경험한다. 의사소통영역은 자신의 의사를 다른 사람에게 표현하여 전달하고, 상대방의 이야기를 듣고 말하며, 일상에서 읽기, 쓰기와 관련되는 경험에 관심을 가지며 책과 이야기를 즐기고 상상의 즐거움을 가질 수 있는 경험을 하는 것에 목표를 두고 있다. 교사는 2세 영아가 일상에서 자유롭고 편안하게 상대방에게 표정, 몸짓, 말로 의사를 표현하는 기회를 제공하고, 다른 사람과 소통하는 것을 격려하고, 영아가 읽고 쓰는 데 관심을 가질 수 있는 다양한 그림과 사물의 상징이 담긴 인쇄물 등을 충분히 제공하며, 책과 이야기에서 자유로운 상상을 즐길 수 있도록 지원한다.

(1) 목표

의사소통 능력과 상상력의 기초를 형성한다.

① 일상생활에서 듣기와 말하기를 즐긴다.

② 읽기와 쓰기에 관심을 가진다.

③ 책과 이야기에 재미를 느낀다.

(2) 내용

내용범주	내용
듣기와 말하기	• 표정, 몸짓, 말에 관심을 갖고 듣는다. • 상대방의 이야기를 듣고 말한다. • 표정, 몸짓, 단어로 의사를 표현한다. • 자신의 요구와 느낌을 말한다.
읽기와 쓰기에 관심 가지기	• 주변의 그림과 상징, 글자에 관심을 가진다. • 끼적이며 표현하기를 즐긴다.
책과 이야기 즐기기	• 책에 관심을 가지고 상상한다. • 말놀이와 이야기에 재미를 느낀다.

① 내용범주: 듣기와 말하기

• 표정, 몸짓, 말과 주변의 소리에 관심을 갖고 듣는다.

2세 영아가 상대방의 표정, 몸짓, 말에 관심을 갖고 적극적으로 들으며, 상대방의 생각과 의도를 파악하고, 다양한 말과 소리의 차이에 관심을 가지고 듣는 내용이다.

• 상대방의 이야기를 듣고 말한다.

2세 영아가 상대방의 말 혹은 이야기를 듣고 반응하며 자신의 느낌, 생각을 상대방에게 말하는 경험을 하는 내용이다.

• 표정, 몸짓, 단어로 의사를 표현한다.

2세 영아가 표정과 몸짓의 비언어를 포함하여 단어 혹은 말로 자신의 의사를 표현하여 상대방과 소통하는 경험을 하는 내용이다.

• 자신의 요구와 느낌을 말한다.

2세 영아가 상대방에게 자신의 요구와 느낌을 자유롭고 편안하게 말하는 경험을 하는 내용이다.

② 내용범주: 읽기와 쓰기에 관심 가지기

• 주변의 그림과 상징, 글자에 관심을 가진다.

2세 영아가 주변 인쇄물의 그림이나 표지판, 상표와 같은 상징, 자신의 이름과 같이 친숙한 글자에 관심을 가지며 상징 읽기를 시도하는 내용이다.

• 끼적이며 표현하기를 즐긴다.

2세 영아가 다양한 쓰기 도구를 이용하여 의도적으로 끼적이며 이를 상징화하며 표현하는 것에 관심을 갖고 즐기는 내용이다.

③ 내용범주: 책과 이야기 즐기기

• 책에 관심을 가지고 상상한다.

2세 영아가 주변의 다양한 책을 보는 것을 즐기며 책의 내용을 자유롭게 상상하는 내용이다. 영아는 선호하는 책이 생기고, 책을 만들기도 하며 책 보기를 즐기게 되는 내용이다.

- 말놀이와 이야기에 재미를 느낀다.

2세 영아가 다양한 표현의 말과 이야기 짓기를 즐기면서 말과 이야기의 변화에 재미를 느끼게 되는 내용이다.

3. 개정 누리과정과 유아문학

1) 개정 누리과정 의사소통영역

유아는 주변 사람들과 소통하며 관계를 맺는 능동적인 의사소통자이다. 유아는 다른 사람의 말을 주의 깊게 듣고 자신의 생각과 느낌을 다양한 방법으로 표현하며 소통하는 것을 즐기고, 책과 이야기에 관심을 갖는다. 의사소통영역은 유아가 다른 사람과 소통하며, 일상에서 만나는 글자나 상징에 관심을 가지고 책과 이야기를 즐기는 경험과 관련된 내용이다. 교사는 유아가 자신의 느낌과 생각을 적절하게 말하는 경험을 통해 바른 언어생활을 할 수 있도록 돕는다. 또한 유아가 아름다운 우리말이 담긴 이야기에 흥미를 가지고 언어가 주는 재미와 상상을 충분히 즐길 수 있도록 지원할 수 있다(교육부, 보건복지부, 2019).

(1) 목표

일상생활에 필요한 의사소통 능력과 상상력을 기른다.

① 일상생활에서 듣고 말하기를 즐긴다.

② 읽기와 쓰기에 관심을 가진다.

③ 책이나 이야기를 통해 상상하기를 즐긴다.

(2) 내용

내용범주	내용
듣기와 말하기	• 말이나 이야기를 관심 있게 듣는다. • 자신의 경험, 느낌, 생각을 말한다. • 상황에 적절한 단어를 사용하여 말한다. • 상대방이 하는 이야기를 듣고 관련해서 말한다. • 바른 태도로 듣고 말한다. • 고운 말을 사용한다.
읽기와 쓰기에 관심 가지기	• 말과 글의 관계에 관심을 가진다. • 주변의 상징, 글자 등의 읽기에 관심을 가진다. • 자신의 생각을 글자와 비슷한 형태로 표현한다.
책과 이야기 즐기기	• 책에 관심을 가지고 상상하기를 즐긴다. • 동화, 동시에서 말의 재미를 느낀다. • 말놀이와 이야기 짓기를 즐긴다.

① 내용범주: 듣기와 말하기

• 말이나 이야기를 관심 있게 듣는다.

유아가 다른 사람이 하는 말과 흥미로운 주제, 익숙한 경험이 담긴 이야기에 관심을 가지며 듣는 내용이다.

• 자신의 경험, 느낌, 생각을 말한다.

유아가 상대방에게 자신의 경험, 느낌, 생각을 자유롭게 말하는 내용이다.

• 상황에 적절한 단어를 사용하여 말한다.

유아가 때와 장소, 대상과 상황을 고려하여 적절한 단어와 문장을 선택하여 말하는 내용이다.

• 상대방이 하는 이야기를 듣고 관련해서 말한다.

유아가 다른 사람이 이야기하는 내용을 듣고 말하는 사람의 생각, 의도, 감정을 고려하여 말하는 내용이다.

• 바른 태도로 듣고 말한다.

유아가 말하는 사람에게 주의를 기울이며 듣는 내용이다. 말을 끝까지 듣고, 자신의 의견을 말하는 내용이다.

• 고운 말을 사용한다.

유아가 일상생활에서 자주 쓰는 유행어, 속어, 신조어, 상대방을 비난하는 말을 사용하지 않고, 우리말을 바르게 사용하는 내용이다.

② 내용범주: 읽기와 쓰기에 관심 가지기

• 말과 글의 관계에 관심을 가진다.

유아가 일상에서 말이 글로, 글이 말로 옮겨지는 것에 관심을 갖는 내용이다.

• 주변의 상징, 글자 등의 읽기에 관심을 가진다.

유아가 일상에서 자주 보는 상징(표지판, 그림문자 등)이나 글자 읽기에 관심을 가지는 내용이다. 유아가 상징이나 글자에는 사람들의 생각과 감정, 정보가 담겨 있다는 것을 이해하는 내용이다.

- 자신의 생각을 글자와 비슷한 형태로 표현한다.

유아가 자신의 생각이나 말을 끼적거리거나 글자와 비슷한 선이나 모양, 글자와 비슷한 형태로 표현하는 내용이다.

③ 내용범주: 책과 이야기 즐기기

- 책에 관심을 가지고 상상하기를 즐긴다.

유아가 책에 흥미를 가지며 책 보는 것을 즐기고 상상하는 즐거움을 경험하는 내용이다.

- 동화, 동시에서 말의 재미를 느낀다.

유아가 동화와 동시를 자주 들으며 우리말의 재미와 아름다움을 느끼는 내용이다.

- 말놀이와 이야기 짓기를 즐긴다.

유아가 끝말잇기, 수수께끼, 스무고개 등 다양한 말놀이를 즐기는 내용이다. 자신의 경험, 생각, 상상을 기초로 새로운 이야기를 만드는 과정을 즐기는 내용이다.

내용범주: 듣기와 말하기	
목표	일상생활에서 듣고 말하기를 즐긴다.
내용	• 말이나 이야기를 관심 있게 듣는다. • 자신의 경험, 느낌, 생각을 말한다. • 상황에 적절한 단어를 사용하여 말한다. • 상대방이 하는 이야기를 듣고 관련해서 말한다. • 바른 태도로 듣고 말한다. • 고운 말을 사용한다.

내용 이해	유아 경험의 실제 (예시)
말이나 이야기를 관심 있게 듣는다. 유아가 다른 사람이 하는 말과 흥미로운 주제, 익숙한 경험이 담긴 이야기에 관심을 가지며 듣는 내용이다. **자신의 경험, 느낌, 생각을 말한다.** 유아가 상대방에게 자신의 경험, 느낌, 생각을 자유롭게 말하는 내용이다. **상황에 적절한 단어를 사용하여 말한다.** 유아가 때와 장소, 대상과 상황을 고려하여 적절한 단어와 문장을 선택하여 말하는 내용이다. **상대방이 하는 이야기를 듣고 관련해서 말한다.** 유아가 다른 사람이 이야기하는 내용을 듣고 말하는 사람의 생각, 의도, 감정을 고려하여 말하는 내용이다. **바른 태도로 듣고 말한다.** 유아가 말하는 사람에게 주의를 기울이며 듣는 내용이다. 말을 끝까지 듣고, 자신의 의견을 말하는 내용이다. **고운 말을 사용한다.** 유아가 일상생활에서 자주 쓰는 유행어, 속어, 신조어, 상대방을 비난하는 말을 사용하지 않고, 우리말을 바르게 사용하는 내용이다.	유아가 친구들에게 동물원에 놀러 갔던 이야기를 신나고 재미있게 들려준다. 유아는 "나는 호랑이다. 어흥!" 하며 눈을 크게 뜨고, 목소리를 굵고 거칠게 한다. 이어 원숭이에 대한 이야기를 할 때는 가늘고 날카로운 음성으로 바꿔 말한다. 옆에서 이야기를 듣던 유아들이 원숭이 동작과 목소리를 흉내 내며 웃는다. 유아들이 병원놀이를 한다. 의사 역할을 하는 유아가 "어디가 아파서 오셨어요?"라고 묻자 환자 역할을 하는 유아가 "의사 선생님, 배가 너무 아파요."라고 말하며 배를 움켜쥔다. 의사가 진찰을 한 후 옆에 있던 간호사 역할을 하는 유아가 "이쪽으로 오세요. 주사 맞아야 합니다."라고 말한다.

내용범주: 읽기와 쓰기에 관심 가지기	
목표	읽기와 쓰기에 관심을 가진다.
내용	• 말과 글의 관계에 관심을 가진다. • 주변의 상징, 글자 등의 읽기에 관심을 가진다. • 자신의 생각을 글자와 비슷한 형태로 표현한다.

내용 이해	유아 경험의 실제 (예시)
말과 글의 관계에 관심을 가진다. 유아가 일상에서 말이 글로, 글이 말로 옮겨지는 것에 관심을 갖는 내용이다. **주변의 상징, 글자 등의 읽기에 관심을 가진다.** 유아가 일상에서 자주 보는 상징(표지판, 그림문자 등)이나 글자 읽기에 관심을 가지는 내용이다. 유아가 상징이나 글자에는 사람들의 생각과 감정, 정보가 담겨있다는 것을 이해하는 내용이다. **자신의 생각을 글자와 비슷한 형태로 표현한다.** 유아가 자신의 생각이나 말을 끼적거리거나 글자와 비슷한 선이나 모양, 글자와 비슷한 형태로 표현하는 내용이다.	유아들이 음식점놀이를 하고 있다. 유아가 "선생님, 우리 지금 가게 만들 건데 '김밥가게' 어떻게 적어요?" 하며 선생님에게 도움을 요청한다. 선생님은 유아가 잘 볼 수 있도록 보드판에 천천히 '김밥가게' 글자를 크게 적는다. 유아는 보드판의 글자를 보며 천천히 따라 적는다. 유아가 교실 입구의 비상구 표시등을 가리키며 "저것 봐! 사람이 초록 색깔이야. 이렇게 하고 있어." 하며 비상구 사람의 모습을 흉내 낸다. 함께 이야기를 나누던 유아는 "나 저거 알아. 저거는 불날 때 저쪽으로 빨리 피하라는 말이야."라고 말한다.

내용범주: 책과 이야기 즐기기	
목표	책과 이야기를 통해 상상하기를 즐긴다.
내용	• 책에 관심을 가지고 상상하기를 즐긴다. • 동화, 동시에서 말의 재미를 느낀다. • 말놀이와 이야기 짓기를 즐긴다.

내용 이해	유아 경험의 실제 (예시)
책에 관심을 가지고 상상하기를 즐긴다. 유아가 책에 흥미를 가지며 책 보는 것을 즐기고 상상하는 즐거움을 경험하는 내용이다. **동화, 동시에서 말의 재미를 느낀다.** 유아가 동화와 동시를 자주 들으며 우리말의 재미와 아름다움을 느끼는 내용이다.	유아가 여러 책을 한꺼번에 쌓아 두고 읽는다. 다른 유아가 와서 "내가 좋아하는 공룡책 여기 있어?" 하며 책을 찾는다. 유아가 책장을 넘기며 공룡 이름 맞추기를 하다가 브라키오사우루스가 나오자 "와! 정말 길다. 여기서 여기 끝까지 미끄럼 타면 진짜 재미있겠다.", "그런데 여기까지는 어떻게 올라가지?" 하며 낄낄낄 웃는다.

말놀이와 이야기 짓기를 즐긴다. 유아가 끝말잇기, 수수께끼, 스무고개 등 다양한 말놀이를 즐기는 내용이다. 자신의 경험, 생각, 상상을 기초로 새로운 이야기를 만드는 과정을 즐기는 내용이다.	서은이가 친구들에게 이야기를 한다. 서 은: 그 공주님이 사는 성에는 아~주 유명한 사다리가 있어. 그런데 그 사다리는 하늘까지 올라가고, 또 하늘을 넘어 가지고~ 하 영: 우주도 넘어? 서 은: 어. 우주에 우주까지도 넘는대. 유아들: 헤엑~ 3세 반에서 교사가 동시를 읽어 주자 유아들이 서로 "꼬불꼬불?"이라고 말하며 까르르 웃는다. 그리고 유아들은 리본 막대를 휘두르며 "꼬불꼬불" 하며 서로 까르르 웃는다.

표 5-1 표준보육과정과 개정 누리과정 의사소통영역

	0~1세	2세	3~5세
목표	의사소통 능력의 기초를 형성한다. 1) 일상생활에서 듣고 말하기를 즐긴다. 2) 읽기와 쓰기에 관련된 관심을 가진다. 3) 책과 이야기에 관심을 가진다.	의사소통 능력과 상상력의 기초를 형성한다. 1) 일상생활에서 듣기와 말하기를 즐긴다. 2) 읽기와 쓰기에 관심을 가진다. 3) 책과 이야기에 재미를 느낀다.	일상생활에 필요한 의사소통 능력과 상상력을 기른다. 1) 일상생활에서 듣고 말하기를 즐긴다. 2) 읽기와 쓰기에 관심을 가진다. 3) 책이나 이야기를 통해 상상하기를 즐긴다.

내용범주	내용		
듣기와 말하기	표정, 몸짓, 말과 주변의 소리에 관심을 갖고 듣는다.	표정, 몸짓, 말에 관심을 갖고 듣는다.	말이나 이야기를 관심 있게 듣는다.
	상대방의 이야기를 들으면서 말소리를 낸다.	상대방의 이야기를 듣고 말한다.	상대방이 하는 이야기를 듣고 관련해서 말한다.
	표정, 몸짓, 말소리로 의사를 표현한다.	표정, 몸짓, 단어로 의사를 표현한다.	상황에 적절한 단어를 사용하여 말한다.
		자신의 요구와 느낌을 말한다.	자신의 경험, 느낌, 생각을 말한다.
			바른 태도로 듣고 말한다.
			고운 말을 사용한다.
읽기와 쓰기에 관심 가지기	주변의 그림과 상징에 관심을 가진다.	주변의 그림과 상징, 글자에 관심을 가진다.	주변의 상징, 글자 등의 읽기에 관심을 가진다.
	끼적이기에 관심을 가진다.	끼적이며 표현하기를 즐긴다.	자신의 생각을 글자와 비슷한 형태로 표현한다.
			말과 글의 관계에 관심을 가진다.
책과 이야기 즐기기	책에 관심을 가진다.	책에 관심을 가지고 상상한다.	책에 관심을 가지고 상상하기를 즐긴다.
	이야기에 관심을 가진다.	말놀이와 이야기에 재미를 느낀다.	말놀이와 이야기 짓기를 즐긴다.
			동화, 동시에서 말의 재미를 느낀다.

PART 02

실제편

CHAPTER 06

동화구연

동화구연은 시각적인 매체 없이 구연자가 말로써 이야기를 실감 나게 들려주는 전달 방식이다. 이에 구연자는 어린이를 이해하고 사랑하는 마음을 바탕으로 동화 내용에 대한 이해, 음성의 변화, 표정, 제스처, 감정 표현 등을 충분히 준비해야 한다.

본 장에서는 동화구연의 이론과 기법에 기초하여 현장에서 활용되는 구연의 실제에 대하여 살펴보고자 한다.

1. 동화구연의 개념

구연(口演)이란 글에 의하지 않고 말로써 재미있고 실감 나게 이야기하는 방식이다.

동화구연의 정의를 살펴보면, 김원기(1998)는 '일정한 도구를 사용하지 않고 동화 구연자와 동화를 듣는 청자와의 대화에 의해서 이야기가 전개되며, 동화를 발표하는 구연자의 음성, 몸짓, 표정 등에 의해서 동화 내용이 더욱 흥미 있게 전달되는 것'이라고 하였으며, 장영주(1998)는 '구연이란 음성언어와 표현언어를 통하여 변화된 모습으로 청자에게 다가가는 입의 연기'라고 하였다. 즉, 동화구연이란 말하는 구연자가 음성언어와 표현언어로 듣는 청자에게 흥미 있고 재미있게 이야기를 들려주는 것으로, 구연자와 동화 내용 그리고 동화를 듣는 청자가 반드시 있어야 한다.

이와 같이 동화구연은 시각적인 매체를 사용하지 않기 때문에 더 풍부한 상상의 세계로 빠질 수 있고, 구연자와 청자가 서로 눈빛과 표정, 이야기 등을 교감하며 소통할 수 있는 정서적 활동이 가능하다. 우리나라에 동화구연이 대중적으로 알려지기 시작한 것은 1920년대 색동회를 중심으로 소파 방정환이 전국을 돌며 '동화회'를 열면서부터 시작되었다(석용원, 1993).

2. 동화구연의 교육적 가치

동화구연은 글자를 모르는 유아들이 동화를 만나는 가장 바람직한 방법인 동시에 글자를 아는 유아들도 듣는 동화의 즐거움을 알 수 있게 하는 방법이다. 동화의 주제와 정서에 공감하여 구연자의 동화로 만든 후 구연을 할 경우, 유아들은 즐겁게 동화를 들으며 들은 동화의 주제를 이해하고, 동화에 담겨 있는 정서에 공감하고 상상력과 창의력을 기르게 된다(김은심 외, 2015: Morrow, 1982).

어린 시절 동화에 대한 경험은 유아에게 문학에 대한 관심을 갖게 하고, 삶의 경험을 더 풍부하게 해주며 올바른 인격형성을 돕는다. 동화구연의 교육적 가치를 구체적으로 살펴보면 다음과 같다(권효순 외, 2014; 김영애 외, 2016; 김현희 외, 2016).

1) 언어발달

① 바른 말, 표준어를 사용하며 발음을 정확하게 한다.
② 비유, 은유적인 언어를 접하면서 어휘력을 풍부하게 한다.
③ 발표력과 언어표현력이 향상된다.
④ 청자의 수준에 맞는 언어를 구사할 수 있다.
⑤ 귀로 듣고, 눈으로 보며, 마음으로 상상하면서 경청능력이 발달된다.

2) 사회 · 정서발달

① 구연자와 청자 간의 정서적 공감대와 친밀감을 형성한다.

② 긍정적인 사고와 자존감을 높인다.

③ 자신과 타인의 감정을 이해하고 공감하게 된다.

④ 올바른 가치관과 심성을 기르게 되며 삶의 지혜를 얻게 된다.

⑤ 예술적인 감각을 경험하게 되어 감수성 발달과 정서 순화에 도움이 된다.

3) 인지발달

① 이야기를 마음속으로 생각함으로써 상상력이 풍부해진다.

② 다양한 간접 경험을 통해 문제해결능력을 길러준다.

③ 책에 관심을 가지며 아동문학의 예술성을 자연스럽게 접하게 된다.

④ 이야기를 통해 추론능력이 향상된다.

⑤ 기억력과 집중력이 증진된다.

⑥ 동화를 듣고 표현하는 과정에서 듣기, 말하기, 읽기, 쓰기를 자연스럽게 습득한다.

3. 동화구연의 기본 요소

동화구연의 기본 요소로는 구연자(들려주는 사람), 내용(들려줄 동화), 듣는 사람(청자)이 있다. 이 세 가지 기본 요소가 조화를 이루고 상호작용이 잘 이루어져야 한다(이은경, 2007).

1) 구연자

이야기를 들려주는 사람으로 누구나 구연자가 될 수 있지만, 구연자가 기본적으로 어린이에 대한 사랑과 순수한 동심을 가지고 있을 때 그 마음이 몸짓과 표정에 그대로 나타나게 된다. 구연자는 청자의 수준에 맞는 동화를 선택하고 내용이 잘 전달될 수 있도록 음성의 변화, 표정, 자세, 감정 등을 잘 살려서 표현해야 한다.

2) 내용

동화는 듣는 사람이 누구인지 연령과 발달 수준, 흥미 등을 고려하여 내용을 선택하여야 한다. 또한 듣는 사람의 수준을 고려하여 동화를 그대로 들려주지 않고 개작과정을 거쳐야 한다. 재미없거나 불필요한 부분은 삭제하고 필요할 경우 내용을 첨가하는 등의 작업이 필요하며 재미와 감동을 줄 수 있는 내용이어야 한다.

3) 청자

동화를 듣는 사람으로 구연자를 신뢰하고 바른 자세로 듣는 태도가 필요하다. 동화내용을 '귀로 듣는다'의 의미가 아니라 구연자의 자세, 표정, 감정까지도 듣고 읽을 수 있도록 집중하며 반응을 보인다.

4. 동화구연 내용의 선정

동화구연을 위하여 듣는 유아의 연령, 발달 수준, 흥미 등을 고려하여 발달과 경험에 적합한 내용을 선정한다(이규원, 2002). 동화구연에 적합한 동화의 특징은 다음과 같다.

① 구연자와 청자 모두의 흥미를 끌 수 있는 내용
② 상상력을 자극할 수 있는 환상적인 내용
③ 일상생활을 소재로 하거나 또래 유아나 동물이 등장하는 등 친밀감을 주는 내용
④ 이야기의 전개 과정이 직접적이고 대화체로 구성되어 있는 내용
⑤ 너무 길지 않고 단순하고 반복적인 내용
⑥ 기승전결의 구조로 되어 있고 만족할 만한 결말이 있는 내용
⑦ 성장에 도움을 주고 재미와 감동을 주는 내용

5. 개작의 원리 및 방법

1) 개작의 원리

개작(改作)은 이미 써 놓은 글이나 원작을 고치는 작업이다. 대부분의 문학작품이 문어체로 이루어져 있으므로 구연하기에 적합하도록 동화를 다듬고 수정하는 과정이 필요하다. 개작의 기본 원리는 세 가지로 보존, 삭제, 첨가가 있다(류혜원, 2008).

① 보존: 원작에서 작가가 말하고자 하는 중심 생각이나 가치는 보존한다.
② 삭제: 현시대에 맞지 않거나 비교육적인 부분, 불필요한 부분은 삭제한다.
③ 첨가: 청자의 이해 수준과 구연의 효과를 위하여 필요한 부분은 첨가한다.

2) 개작의 방법

다음은 『이슬이의 첫 심부름』(쓰쓰이 요리코, 한림출판사)을 중심으로 개작한 것이다.

① 문장의 어미를 문어체에서 구어체로 바꾼다.

예 약속을 했습니다. → 약속을 했어요. ~했지요, ~했거든요. ~했대요.

② 어린이의 연령에 맞는 쉬운 단어와 문장으로 고친다.

예 아주머니는 거스름돈을 주었어요. → 아주머니는 남은 동전을 주었어요.

③ 평면적인 언어를 입체적이고 활동적인 언어로 바꾼다.

예 동전이 굴러갔어요. → 동전이 떼구르르 굴러갔어요.

동전을 찾았어요. → 동전을 두리번 두리번 찾았어요.

④ 바탕글이 많은 부분은 대화체로 고친다. 바탕글과 대화체는 1:3 또는 2:3이 적당하다.

⑤ 구연 시 한 문장의 길이가 너무 길지 않게 불필요한 부분은 삭제한다.

예 "거스름돈이에요, 꼬마 아가씨. 자, 백 원짜리 한 개. 꼭 쥐고 가서 어머니께 드려요."→ "여기 백 원 한 개, 손에 꼭 쥐고 가렴."

⑥ 비교육적인 내용은 교육적으로 바꾼다.

예 "벙어리래요."→ "말을 하지 못했어요."

⑦ 등장인물의 수와 성(性)을 고려한다. 2~5명 이내의 목소리가 구연하기에 적당하며, 남성과 여성 목소리가 고루 들어가게 한다.

6. 동화구연의 기법

동화구연 시 자연스러운 표현을 위하여 동화 내용을 충분히 이해하고 다음과 같은 기법을 고려해야 한다(이대균 외, 2016; 이송은, 2009).

① 선택한 동화를 분석하여 구연 계획을 세워 충분히 연습한다.

② 충분한 연습으로 음성의 안정감과 자신감을 갖는다.

③ 일방적으로 들려주지 않고 청자와 시선을 마주치며 반응을 살핀다.

④ 들은 내용을 마음속에 그리고 상상할 수 있도록 여유를 가지고 들려준다.

⑤ 잘 알아들을 수 있도록 입 모양을 정확하게 벌려 발음한다.

⑥ 목소리의 변화와 음성의 고저 · 장단 · 완급 등을 조절하여 이야기 속으로 몰입시킨다.

⑦ 시작 부분과 끝나는 부분은 약간 천천히 읽어주어 시작과 끝을 알린다.

7. 동화구연의 유의점

동화를 구연할 때 유의할 점을 구체적으로 살펴보면 다음과 같다(석용원, 1993).

① 도입과정을 잘 살려야 한다.

날씨, 동화 속의 주인공 성격, 동화와 관련된 노래 부르기, 주인공을 그린 그림이나 사진을 미리 보여주기, 주인공의 언어 및 태도 등의 암시, 동화와 관련된 율동 등을 통해 주의를 집중시킨 이후에 구연을 시작한다.

② 유아들의 반응을 살펴야 한다.

유아로부터 지루한 반응이 나타나면 빨리 이야기를 마무리해야 하고, 흥미를 잃은 듯한 반응을 나타내면 상황을 새롭게 환기시킬 필요가 있다.

③ 아름다운 수식어가 필요 없다.

동화 재료가 너무 세밀하거나 수식어가 많이 있을 경우에는 과감하게 삭제한 후 앞으로 전진해 나아가는 구연법을 사용해야 한다.

④ 직접화법을 써야 한다.

문장동화는 눈으로 읽는 동화이기 때문에 간접화법이 많으나 구연동화에서는 직접화법으로 고쳐야 한다. '~하고 말했어요'라든가 '~라고 말했어요'를 직접 말하는 투로 바꾸는 것이 좋다. 설명보다 등장인물 스스로가 이야기할 수 있도록 해야 한다.

⑤ 자기 수정이나 환기는 피해야 한다.

이야기 도중에 구연자가 자기 수정하는 것은 분위기를 흐리게 한다. "선생님이 한 가지 빼먹었어요"라든지 "선생님이 잘못 말했어요"라는 말을 한다면 유아들이 우선 그 이야기에 대하여 신뢰하지 않게 된다.

⑥ 마지막 부분에 훈화를 생략해야 한다.

동화구연은 순수하게 동화구연으로 끝나야 한다. "여러분! 누가 착한 사람이지요? 네, 맞아요. 여러분도 순이처럼 착한 어린이가 되세요." 등의 훈화적인 말은 생략해야 한다.

8. 원고를 활용한 화술 연습

1) 『다섯 손가락』 (작가 미상)

옛날 옛날에 다섯 손가락이 옹기종기 살고 있었어요.

그러던 어느 날, 첫째 손가락이 말했어요.

"난 세상에서 최고야. 최고라고 할 때 나를 사용하잖아!"

"무슨 말씀! 높은 곳이나 여기저기를 가리킬 때 저를 사용하잖아요. 그러니 제가 최고죠."

둘째 손가락이 말했어요.

"잠깐! 모두 일어나 보세요. 제 키가 제일 크죠. 그러니 제가 최고예요."

셋째 손가락이 말했어요.

"무슨 말씀! 예쁜 보석 반지는 어디에 끼지요? 바로 제 손가락에 끼잖아요?"

넷째 손가락이 말했어요.

옆에 있던 작은 다섯째 손가락도 지지 않고 말했어요.

"중요한 약속을 할 때, 귀가 간지럽거나 코가 간지러울 때 제가 없으면 되나요?"

다섯 손가락은 모두 자기가 잘났다고 자랑을 하며 서로 싸웠어요.

그때였어요.

"이 녀석들아. 너희들이 아무리 잘난 척해도 내가 없으면 서 있을 수 있겠니?"

조용히 듣고 있던 손바닥이 점잖게 말했어요.

이 말을 들은 손가락들은 자신의 잘못을 깨닫고 부끄러워 고개를 푹 숙였대요.

그 뒤로 손가락은 앞으로만 구부러지고 뒤로는 구부러지지 않는대요.

* 『다섯 손가락』은 동화구연 현장에서 활용되는 구연원고임

2) 『바람과 해님』 (이솝우화)

어느 날 바람과 해님이 만났어요.

둘이는 서로 자기가 힘이 세다고 우겼지요.

"누가 뭐래도 내가 힘이 세."

"정말 그럴까?"

"그럼, 당연히 내가 더 세지."

그때 마침 한 나그네가 지나가는 게 보였어요.

"그럼, 우리 저 나그네의 옷을 누가 먼저 벗기나 내기해 볼까?"

"좋아, 그런 내기라면 문제없어."

해님은 환히 웃고만 있었어요.

"똑똑히 봐. 저 외투를 휙 날려버리고 말 테니."

바람은 온 힘을 다해 입김을 세게 내뿜었어요.

땅 위엔 갑자기 거센 바람이 휘몰아쳤지요.

"아이코, 갑자기 웬 바람이람? 날려갈 것 같구먼."

나그네는 옷깃을 꼭꼭 여미는 것이었어요.

"잘 봐, 이번에 내 차례야."

해님은 싱글벙글 웃으며 뜨거운 볕을 비추었어요.

그러자 이게 웬일인가요?

"아이고, 이젠 또 더워지기 시작하네."

나그네는 글쎄 옷을 하나 둘, 훌렁훌렁 벗어던지지 않겠어요?

바람은 붉으락푸르락 잔뜩 찌푸린 얼굴이 되었대요.

* 『바람과 해님』(이솝우화, 보림)을 구연 연습용으로 개작한 원고임

3) 『내가 잘할 수 있는 일』 (작가 미상)

오늘은 숲속 동물 유치원에서 친구들이 발표하는 날이에요.

기린 선생님이 말씀하셨어요.

"자신이 잘할 수 있는 일이 무엇인지 생각하고 말해 볼까요?"

쥐가 먼저 손을 들며 말했어요.

"저는요. 동생과 사이좋게 잘 놀 수 있어요."

"그렇구나. 이번엔 토끼가 말해 볼까요?"

"저는요. 엄마 심부름을 잘할 수 있어요."

"그렇구나. 이번에 여우가 말해줄래요?"

"저는요. 정리 정돈을 잘할 수 있어요."

"우와, 우리 친구들은 잘하는 일들이 많구나. 이번엔 돼지가 말해볼까요?"

"저는요. 간식을 1등으로 먹을 수 있어요."

돼지의 말에 친구들은 깔깔거리며 웃었대요.

* 『내가 잘할 수 있는 일』은 동화구연 현장에서 활용되는 구연원고임

4) 『강아지 똥』 (권정생 글)

꼬부랑 시골길에 강아지 똥이 있었어요.

어느 날 참새 한 마리가 포르르 날아왔어요.

"아니 이게 뭐야? 맛있게 생겼네. 콕 콕! 에이 더러워. 똥이잖아."

"뭐? 나보고 똥이라고. 더럽다고?"

강아지 똥이 투덜거렸어요.

잠시 후 삐악삐악 병아리들이 강아지 똥 가까이 다가왔어요.

"얘들아, 그 더러운 걸 먹으면 안 돼!"

아빠 닭은 이렇게 말하고 병아리들을 데리고 가버렸어요.

강아지 똥은 너무너무 슬프고 외로웠지요.

그러던 어느 날, 봄비가 촉촉이 내리자 강아지 똥은 땅속으로 스며들었어요.

"넌 누구니?"

"난 예쁜 꽃을 피우는 민들레란다. 네가 나를 꼭 안아 준다면 예쁜 꽃을 피울 수가 있어."

"뭐? 내가 필요하다고?"

강아지 똥은 민들레 뿌리를 꼭 껴안았어요.

얼마 후 노란색의 민들레가 활짝 피어났지요.

노란 민들레 꽃잎엔 강아지 똥의 아름다운 사랑이 고여 있지요.

* 『강아지 똥』(권정생, 길벗어린이)을 구연 연습용으로 개작한 원고임

5) 『헤엄이와 빨간 물고기들』 (레오 리오니 글)

깊은 바닷속에 여러 마리의 빨간 물고기들이 살고 있었어요.

그중에 한 마리만이 까만색 물고기였지요.

"내 이름은 헤엄이, 누구보다도 헤엄을 잘 치죠."

헤엄이는 빨간 물고기들과 함께 신나게 헤엄치며 놀았어요.

그러던 어느 날, 커다란 물고기가 나타났어요.

“맛있게 생긴 빨간 물고기들이 많이도 있구나. 모두 다 잡아먹어야겠다. 흐흐흐.”

“으악, 커다란 물고기다. 어서 도망가자” 빨간 물고기들은 멀리멀리 도망가 버렸어요.

커다란 물고기가 사라졌지만 빨간 물고기들은 다시 나타나지 않았어요.

“빨간 물고기들이 보고 싶어. 친구들을 찾으러 가야겠다.”

헤엄이는 빨간 물고기들을 찾아다녔어요.

“해파리야, 내 빨간 물고기 친구들을 보았니?”

해파리는 흐느적흐느적 춤만 추었어요.

“바닷가재야, 내 빨간 물고기 친구들을 보았니?”

바닷가재는 엉금엉금 기어가기만 했어요.

한참 헤엄쳐 가다 보니 커다란 동굴이 보였지요.

헤엄이는 동굴 안을 들여다보았어요.

“빨간 물고기다! 여기 있었구나. 어서 나와서 같이 놀자?”

“안 돼, 동굴 밖으로 나가면 커다란 물고기에게 잡아먹힌다고”

“그렇다고 언제까지 거기 숨어만 있을 거니? 무슨 수를 생각해 봐야지.”

헤엄이는 생각하고 생각하고 또 생각했어요.

“얘들아, 모두 나와서 커다란 물고기 모양을 만드는 거야.”

“와, 정말 멋진 생각이다.”

빨간 물고기들은 아주 큰 물고기 모양을 만들었어요.

“헤엄아, 너는 까만색이잖아.”

“그럼, 난 까만 눈이 될게.”

그때, 커다란 물고기가 헤엄치며 다가오고 있었어요.

“얘들아, 겁내지 말고 힘차게 헤엄을 치자.”

모두들 자기 자리에서 헤엄을 쳤지요.

“아니, 나보다 더 큰 물고기잖아, 잡아먹히겠는 걸”

커다란 물고기는 무서워서 도망을 가버렸어요.

“하하, 우리를 보고 도망을 간다.”

헤엄이와 빨간 물고기들은 바닷속을 헤엄치며 행복한 시간을 보냈대요.

* 『으뜸 헤엄이』(레오 리오니, 마루벌)를 구연 연습용으로 개작한 원고임

6) 『똥벼락』 (김회경 글)

김 부자는 돌쇠 아버지를 30년 동안 일을 시키고 풀 한 포기 자라지 않는 돌밭을 주었어요. "처음부터 좋은 밭이 있나? 밭에 똥을 뿌리면 곡식들이 잘 자라겠지." 하며 돌쇠네는 열심히 똥을 모았어요.

친구들이랑 놀던 돌쇠도 똥이 마려우면 "참아야 해. 집에서 눠야 하는데." 하며 집으로 달려갔지요.

길에 굴러다니는 개똥만 봐도 "와! 똥이다. 똥" 하며 보물처럼 귀하게 들고 왔어요.

그러던 어느 날, 돌쇠 아버지가 산 넘어 잔칫집에 갔어요. 모처럼 맛있는 음식을 배불리 먹는데 갑자기 똥이 마렵지 뭐예요. '귀한 똥을 밖에서 눌 수는 없지.'

"난 집에 가야겠네."

"아니, 벌써 가려고?"

"응, 그게 바쁜 일이 있어서." 돌쇠 아버지는 벌떡 일어나 똥구멍을 오므린 채 집을 향해 달렸어요.

산 중턱에 이르자 배에서는 '꾸르륵 꾸르르륵'

"아이고 배야! 싸서라도 가져가자."

"커다란 나뭇잎을 깔고, 응."

뿌지지직 돌쇠 아버지는 참았던 똥을 누었어요. 그러자 오줌도 폭포처럼 세차게 나왔지요. "웬 놈이냐? 누가 내 얼굴에 오줌을 싸느냐?" 잠을 자고 있던 도깨비가 놀라 소리쳤어요.

도깨비를 보고 깜짝 놀란 돌쇠 아버지는 그만 똥덩이 위에 털썩 주저앉았어요.

"아이쿠! 아까운 내 똥 다 뭉개지네!"

"그깟 더러운 똥이 뭐가 아깝다고."

"뭐, 돌밭에 뿌릴 귀한 똥인데."

돌쇠 아버지는 눈물까지 글썽거렸어요.

"걱정 마. 내가 잔뜩 주지."

"수리수리 수 수리! 김 부자네 똥아, 돌쇠네로 날아가라. 얍!"

돌쇠 아버지가 집에 와 보니 똥이 수북하게 쌓여 있었어요. 돌쇠 아버지는 푹푹 잘 썩은 똥거름을 돌밭에 뿌리자 조, 수수, 고구마가 잘 자랐지요.

"돌쇠야, 어서 잘 자란 고구마를 캐자."

"네, 아버지. 어라, 웬 금반지!"

"아버지, 고구마를 캐는데 금반지가 있어요."

"아니 이건, 김 부자님 금반지인데."

돌쇠 아버지는 곧장 김 부자네로 달려갔어요.

"혹시 이게……" 금반지를 보고 김 부자는 눈알을 뒤룩뒤룩 굴렸어요.

'저건 지난 봄에 손자 놈이 똥간에 빠뜨린 건데.'

"그걸 왜 네놈이 가지고 있느냐?"

돌쇠 아버지가 그동안 있었던 일을 말했어요. 그러자 김 부자가 버럭 소리를 질렀어요.

"뭣이? 그럼 네 놈이 똥 도둑놈이렸다. 여봐라! 저 도둑놈을 매우 쳐라!"

김 부자는 실컷 매를 때리고도 모자라서 "훔쳐 간 똥을 모두 갚든지, 아니면 그 똥을 먹고 자란 곡식들을 내놓아라."

돌쇠 아버지는 하도 걱정이 되어 산도깨비를 찾아갔어요.

"김 부자 그놈, 욕심이 끝이 없구나. 뭐, 걱정할 거 있냐. 가져온 똥을 백배로 갚아주지."

산도깨비는 산이 쩌렁쩌렁 울리게 주문을 외웠어요.

"수리수리 수 수리! 온 세상 똥아 김 부자네로 날아가라. 얍!"

산도깨비가 주문을 외우자 많은 똥들이 김 부자네로 날아갔어요.

김 부자는 그것도 모르고 돌쇠 아버지를 기다렸지요.

'설마, 제깟 놈이 똥을 가져올 수야 없겠지.'

그러던 차에 무언가 마당에 '퍽' 하고 떨어졌어요.

"옳거니, 곡식이 왔구나!"

하지만 곡식은 무슨 곡식? 많은 똥들이 김 부자 머리 위로 쏟아졌어요.

굵직한 개똥, 소똥, 닭똥, 말똥, 돼지 똥, 토끼 똥, 염소 똥까지 후드득후드득 쏟아져 내려 커다란 똥산을 만들었지요.

온 동네 사람들이 똥을 가져다 농사를 지었더니, 다음 해 흥겨운 풍년 노래가 오래오래 울려 퍼졌다지요.

* 『똥벼락』(김회경, 사계절)을 구연 연습용으로 개작한 원고임

CHAPTER 07

인형극과 동극

1. 인형극
2. 동극

유아에게 인형은 친숙하고 매력적인 매체이고, 동극은 동화 내용을 극화하여 연기하는 활동으로, 인형을 활용한 인형극과 동극은 유아교육현장에서 활용되고 있는 문학활동이다. 본 장에서는 인형극의 이론과 인형제작 및 지도 방법, 동극의 이론과 동극 공연의 실제에 대하여 살펴보고자 한다.

1. 인형극

1) 인형극의 개념

인형극은 인형을 가지고 연극을 하는 것을 뜻한다. 사전적 의미로는 '사람 대신 인형을 배우로 하는 연극' 또는 '인형을 움직여서 하는 연극을 통틀어 이르는 말'이다. 즉, 무대에 배우가 아닌 인형이나 인형의 탈을 쓴 사람이 등장하여 연기하는 극예술이다(김삼성, 1998). 인형극은 연극의 한 형식으로 포함되지만 사람이 직접 나와 관객과 소통하는 연극과 다른 점이 있다. 인형극은 사람 또는 동물, 사물을 형상화한 인형이 등장하여 신비감과 극적인 효과를 이끌어낼 수 있다.

인형극은 하나의 물체에 지나지 않는 인형에 생명을 불어넣어 앞 · 뒤, 좌 · 우, 위 · 아래로 조정하는데 특히 전조작기 유아의 경우, 인형이 살아 있다고 믿는 물활론적 사고를 하는 시기로 유아들에게 매력적인 매체이다.

유아들에게 친근한 대상인 인형극은 유아교육현장에서 활용되고 있으며, 교사 위주의 '공연 중심' 인형극과 유아 위주의 '놀이 중심' 인형극으로 구분된다. '공연 중심' 인형극은 교사에 의해 인형극이 공연되면 유아는 관객의 입장에서 이를 보며 소통하는 것이고, '놀이 중심' 인형극은 유아들이 중심이 되어 관객과 배우의 역할을 동시에 하면서 즉흥적으로 이루어지는 인형극 놀이를 의미한다(김경미, 1997).

2) 인형극의 교육적 가치

인형극 공연을 감상하면서 얻을 수 있는 교육적 가치는 다음과 같다(김영애 외, 2016).

① 인형극은 창의적 사고와 상상력을 키워준다.

인형을 만드는 과정에서 여러 가지 재료를 활용하고, 만든 인형에게 생명을 부여하는 과정을 통해 자신의 생각과 느낌을 창의적으로 표현하고 상상적인 사고를 하게 된다.

② 인형극은 언어표현력을 길러준다.

유아들은 인형을 편안한 대화 친구로 생각하기 때문에 자신의 생각과 느낌을 표현하게 되고, 다양한 상황에서 적합한 언어표현과 의사소통 능력을 기른다.

③ 인형극은 정서발달을 돕는다.

인형이라는 무생물에 자신을 투사해 봄으로써 유아 내면의 불안이나 긴장감, 부정적인 감정 등을 표현하면서 정서가 안정되도록 돕는다.

④ 인형극은 문제해결능력을 길러준다.

유아들이 겪을 수 있는 갈등 상황의 문제를 생각해 봄으로써 문제해결의 기회를 가지며, 또한 자신의 행동을 반성하고 해결하려는 기회도 갖게 된다.

⑤ 인형극은 집중력을 높여준다.

인형이라는 흥미 있는 매체로 동기유발을 시키고, 기승전결이 있는 시나리오의 빠른 진행은 유아들을 집중시킨다.

⑥ 다양한 주제와 다양한 종류의 인형극을 접함으로써 문학적인 경험의 폭이 넓어지고, 문학을 즐기는 기초가 형성된다.

⑦ 인형극을 통한 문학활동은 의사소통, 사회관계, 예술경험, 신체활동 등 다양한 영역이 통합된 것으로 자유로운 표현, 독립적인 사고활동을 자극한다.

⑧ 유아들이 직접 경험할 수 없는 여러 상황을 간접 경험함으로써 바람직한 행동이나 습관을 형성시키며 생활지도에 도움이 된다.

예를 들어, 양치질을 하지 않으면 세균이 이에 들어와 구멍을 뚫는 충치에 대한 인형극을 본 유아는 이를 잘 닦아야 함을 깨닫게 된다.

⑨ 인형극은 잠재된 재능을 발견하게 한다.

인형을 만들고 직접 공연에 참여하는 과정을 통해 다양한 즐거움과 함께 예술적 표현력, 자신감, 리더십 능력을 기른다.

3) 인형극의 종류 및 특성

인형극의 종류는 관점에 따라 다양하게 분류되고 있다. 입체적인가/ 평면적인가, 위에서 조정하는가/ 아래에서 조정하는가/ 그림자를 이용하는가/ 사람이 탈을 쓰고 등장하는가 등 관점에 따라 다양하게 분류될 수 있다. 보편적으로 손 인형극, 막대 인형극, 줄 인형극, 그림자 인형극, 탈 인형극으로 나누며, 한 가지 종류의 인형극을 공연하기도 하고 다른 종류의 인형을 함께 사용하여 공연하기도 한다(김영애 외, 2016;

조윤진, 2005; 조윤진, 2016; 주명실, 2016).

(1) 손 인형극(Hand Puppets)

① 손 인형극은 인형 속에 손을 넣어 손가락이나 손목을 움직이는 인형의 형태로 유아들이 매우 친숙해하고 흥미를 갖는다.

② 한손 인형은 한 손을 사용하여 움직이게 하는 인형극으로 유아도 쉽게 조정이 가능하다. 기본적으로 가운데 손가락은 인형의 머리에, 엄지와 새끼손가락은 인형의 양손에 넣어 움직이게 하는 방법과 한 손을 인형의 머리에 넣어 머리와 입을 움직이게 하고 팔과 다리는 자연스럽게 흔들리게 하는 방법이 있다. 인형의 크기가 작고 귀여운 것이 특징이다.

③ 양손 인형은 양손을 다 사용하는 인형극으로 한 손은 인형의 머리에 넣어서 입과 머리를 움직이게 하고 한 손은 인형의 양손에 철사를 연결하여 손의 움직임을 표현하는 방법이다. 인형의 크기가 한손 인형에 비하여 더 크고 주로 공연을 목적으로 많이 사용된다.

④ 손 인형은 입이 큰 것이 특징이며, 입 모양과 팔의 움직임이 대사와 자연스럽도록 충분히 연습해야 한다.

(2) 막대 인형극(Rod Puppets)

① 가장 단순한 형태의 인형으로 입체 또는 평면으로 된 인형에 막대를 연결하여

막대를 잡고 조정하는 방법이다.

② 막대를 잡고 조정하므로 이야기의 전개에 따라 앞 · 뒤 · 좌 · 우 등 자유롭게 움직이는 것이 가능하며 유아도 쉽게 조작할 수 있다.

③ 인형의 몸통에 막대를 달아 전체적으로 움직이게 하거나 또는 인형의 양손에 철사를 달아 움직이면 팔의 동작까지도 표현할 수 있어 더욱 생동감이 있다.

④ 막대 인형에서 입의 움직임을 주기 위해서는 입을 옆으로 크게 만들고, 아래 입술에 낚싯줄을 연결하여 잡아당기면 입의 움직임을 표현할 수 있다.

(3) 줄 인형극(Marionettes)

① 줄 인형극은 인형의 각 부분을 줄로 연결하여 위에서 조작하는 특징이 있다. 가장 발달된 형태로 다양한 동작과 섬세한 움직임을 표현할 수 있다.

② 줄 인형극은 위에서 조작하므로 하늘을 나는 장면이나 나무에 오르는 장면 등을 연출할 때 손 인형이나 막대 인형보다 더 실감 나게 할 수 있다.

③ 유아들은 한 줄 또는 두 줄 인형으로 간단하게 만들어 사용할 수 있으며, 줄의 연결이 많을수록 더 세부적인 움직임을 표현할 수 있지만 제작과 조작에 전문적 기술이 필요하다.

④ 줄 인형은 다리 밑에 점토나 자석 등을 매달아서 안정감 있게 움직이도록 한다.

(4) 그림자 인형극(Shadow Puppets)

① 실루엣(silhouette)이라고도 하며, 빛을 뒤로부터 받아 막 뒤에 있는 인형을 조정하여 그 그림자를 스크린으로 보는 평면 인형극이다.

② 스크린은 빛이 통과할 수 있는 광목이나 무명을 사용하는데 천이 접히거나 구겨지지 않도록 팽팽하게 잡아 고정시키고 스크린 뒤에서 조명기구를 비춘다. 조명의 위치에 따라 그림자의 크기나 위치 등을 변화시킬 수 있다.

③ 그림자 인형은 두꺼운 종이로 인형을 만들어 제작하며 빛을 투과시키고자 하는 부분을 도려낸다. 흑백만으로도 극의 연출이 가능하며, 셀로판지 등으로 색을 더하면 더 환상적으로 연출할 수 있다.

④ 인형은 손으로 들 수 있도록 아크릴 막대나 철사를 부착한다. 밑에서 들고 조작하거나 뒤에 서서 조작하는 방법이 있다. 인형은 스크린에 밀착시켜야 더 선명하게 표현된다.

⑤ 그림자를 통해 극이 연출되기 때문에 다른 인형극보다 감성적이고 환상적인 효

과를 낼 수 있으며, 상상력을 기를 수 있다.

(5) 탈 인형극(Mask Puppets)

① 탈 인형극은 다른 인형극과는 달리 등장인물이 무대 앞에 나와 동작을 하므로 조정 배우가 따로 없다.

② 사람이 등장하여 연기하므로 동작과 움직임의 표현이 자유롭다. 관객에게 직접 다가갈 수 있으므로 즉석에서 상호작용이 가능하고 친근감을 준다.

③ 탈은 스펀지, 종이죽, 부직포 등 다양한 재료를 활용하며 의상은 등장인물과 잘 어울리게 제작한다. 배우가 직접 탈과 의상을 착용하므로 여유 있게 제작하고 바느질도 더 꼼꼼하게 한다.

4) 인형극의 제작 및 지도 방법

(1) 동화 선택

① 유아 대상 명작동화, 전래동화, 창작동화 내용 또는 TV 만화 캐릭터를 소재로 한 작품이나 순수창작 동화 등 동심을 바탕으로 한 이야기가 적절하다.

예 『피노키오』, 『혹부리 영감』, 『달 샤베트』, 『뽀로로』, 『아이쿠』 등

② 유아들의 발달특성상 익숙하거나 접해본 동화책을 소재로 한 작품이 흥미와 몰입을 쉽게 이끌어 낼 수 있다.

③ 올바른 생활습관을 갖기 위한 내용이나 우정, 나눔, 협동, 화해, 소망 등 사회적 관계를 다루는 내용이 적절하다.

예 『칫솔맨 도와줘요』, 『으뜸 헤엄이』, 『애벌레의 꿈』 등

④ 유아의 성장에 도움을 주는 내용으로 도덕적이고 교훈을 주는 이야기가 적절하다. 인형극의 궁극적 목적이 교육적인 측면을 강조한다 해도 재미와 즐거움이 포함되어야 한다.

⑤ 너무 복잡하지 않고 반복적인 내용이 적절하다. 유아는 논리적 사고 능력이 부족하므로 다음 상황을 예측할 수 있도록 반복적이고 단순한 내용이 좋다. 복잡한 내용의 동화라면 상황을 줄여주는 것도 방법이다.

⑥ 기승전결(起承轉結)의 형식을 갖춘 이야기로 주인공이 갈등을 해결해 나가는 내용이 적절하다. 보편적으로 가장 쉬운 갈등은 권선징악적인 내용으로 선악을 다루는 이야기이다.

⑦ 상상력을 자극할 수 있는 환상적인 이야기도 적절하다. 예를 들면, 『칫솔맨 도와줘요』에서 자두라는 TV 만화 속 주인공이 입속 나라로 들어가서 세균맨, 칫솔맨 등을 만나는 이야기는 상상력을 자극한다.

(2) 극본 구성

극본은 극을 만들기 위하여 배우의 대사나 동작, 장면 순서, 무대장치 등을 구체적으로 적어놓은 글로서 해설, 대사, 시문으로 구성되어 있다.

① 해설

해설은 시간이나 장소, 또는 등장인물의 성격이나 감정, 상황 등을 간결하게 관객에게 알려주는 역할을 한다.

| 해설을 사용한 예 |

해설 (막이 열리고) 옛날 옛날에 한 마을에 돈이 많지만 성격이 못된 김 부자가 살았어요. 김 부자는 착하고 성실한 돌쇠 아버지를 30년 동안이나 일을 시켰어요.

해설 그리고 밤새도록 똥 벼락이 내리치더니 김 부자의 집엔 큼지막한 똥 산이 생겼어요. 이 똥 저 똥 잘 섞인 좋은 거름 산 말이지요. 온 동네 사람들은 산을 헐어서 똥거름을 가져다 농사를 지었고, 이듬해 흥겨운 풍년 노래가 오래오래 울려 퍼졌다지요.

해설이 많으면 극의 흐름이 끊어지므로 되도록 대사를 통해 전달하는 것이 좋으며 꼭 필요한 경우에만 사용하는 것이 좋다. 해설은 목소리만 전달하는 방법과 해설자(인형)가 등장하여 내용을 전달하는 방법, 또는 해설은 목소리로 전달하면서 시각적으로 등장인물이 상황을 표현하는 방법 등이 있다.

| 해설을 대사로 바꾼 예 |

해설 바닷속 한 구석에 작은 물고기들이 떼를 지어 행복하게 살고 있었습니다. 모두 빨간색 물고기들이었죠. 그 가운데 한 마리만 홍합 껍질처럼 새까만

색이었습니다. 이름은 '으뜸 헤엄이'였어요. 다른 친구들보다 헤엄을 잘 쳤기 때문이지요.

대사 빨간 물고기 1: (음악에 맞춰 춤추며) 헤엄아, 으뜸 헤엄아?

빨간 물고기 2: 어, 어디 갔지?

으뜸 헤엄이: 나 여기 있지. 안녕하세요? 제 이름은 으뜸 헤엄이에요. 제가 헤엄을 잘 친다고 우리 할아버지가 으뜸 헤엄이라고 지어주셨어요.

장소나 등장인물의 모습은 말로 설명하지 않더라도 무대나 인형을 보면 알 수 있다.

② 대사

대사는 배우들이 하는 말이다. 대사를 통해 각 배우들의 심리나 성격, 상황을 전달함으로써 이야기를 이끌고 발전시켜 나간다. 대사는 대화, 독백, 방백 세 종류로 구분된다.

대화는 둘 이상의 극중 배우들이 무대 위에서 서로 주고받는 말을 뜻한다. 대사 중에서 대화가 거의 대부분을 차지하고 있다. 독백은 한 명의 등장인물이 상대자가 없이 혼자 하는 말로 극중 인물의 갈등이나 심적 상황 등 내면적인 것을 나타낼 때 한다. 혼자 하는 말이지만 관객이 들을 수 있다. 방백은 관객에게는 들리지만 상대 배우에게는 들리지 않는 것으로 하고 혼자 하는 대사이다.

| 대사 사용의 예 |

독백 호랑이: 춤추느라 깊은 구덩이를 못 봤네. (발버둥을 치며) 어이쿠, 너무 높아서 혼자 힘으로는 도저히 못 올라가겠어. 어흥.

대화 나무꾼: (걸어 나오며) 어휴, 힘이 드네. 여기서 잠시 쉬어가야지.

호랑이: 어흥, 호랑이 살려.

나무꾼: (구덩이에 빠진 호랑이를 발견하고) 아니, 너는 사람을 잡아먹는 호랑이가 아니냐!

호랑이: (애원하듯이) 나무꾼님, 저 좀 꺼내주세요.

나무꾼: 꺼내달라니! 내가 널 구해주면 나를 잡아먹을 게 아니냐! 안됐지만 꺼내줄 수가 없다(그냥 지나치려 한다).

호랑이: (울면서) 나무꾼님, 제발 좀 구해주세요. 절대 잡아먹지 않을게요.

방백 나무꾼: (가려고 하다 돌아서며) 약속을 지킨다고 하니 도와줘야겠다.

대화 나무꾼: 좋다. 꺼내 줄 테니 약속은 꼭 지켜라.

호랑이: 네, 고맙습니다.

나무꾼: 어디 보자. 저기 긴 통나무가 있구나.

방백 호랑이: 히히, 구덩이에서 나가기만 하면 저 나무꾼을 꿀꺽 잡아먹어야지.

③ 지문

지문은 해설과 대사를 뺀 나머지 부분의 글로서 두 종류가 있다. 하나는 인물의 대화 속에 괄호로 표시하여 인물의 표정이나 몸짓, 기분, 말투 등을 나타내고, 다른 하나는 괄호 바깥에 있는 것으로 장면 변화, 장소, 분위기, 음악 효과 등을 나타낸다.

| 지문 사용의 예 |

제1막 초록 이파리 속

효과음: 당신을 위한 왈츠

애벌레: (초록 이파리를 아삭아삭 깨물어 먹으며) 정말 맛있다.

꿀　벌: (하늘을 멋지게 날며 애벌레 옆에 내려앉는다.)

애벌레: (신기한 듯) 우와! 너는 여기에 어떻게 왔니?

꿀　벌: (우쭐대며) 간단해! 날아서 온 거야. 나는 날개가 있거든.

극본을 쓸 때, 다음 세 가지를 고려해야 한다.

① 무엇을 관객에게 전달하고 싶은지 주제를 정한다.

② 어떠한 이야기로 전개할 것인지 줄거리를 정한다.

③ 등장인물들의 성격과 모습을 정한다.

유아가 이해할 수 있는 쉬운 문장을 사용하고, 긴 대사를 넣으면 지루하고 이해하기 어려우므로 짧은 대사를 넣는다. 꼭 긴 대사를 넣어야 할 경우는 상대 배역이 중간중간에 맞장구를 치게 하거나 되묻는 등의 방법을 사용한다.

이야기의 전개는 기 · 승 · 전 · 결의 구조로 '기'는 이야기의 발단, '승'은 사건이 전개되는 과정, '전'은 사건의 긴장이나 갈등이 최고조로 이루어지는 부분이며, '결'은 마무리로 갈등이나 긴장이 해소되는 부분이다(정진수, 2000).

5) 인형제작 시 고려 사항

인형극의 배우는 인형으로 인형의 완성도와 활용이 매우 중요하다. 인형제작 시 다음과 같은 점을 고려해야 한다(김애옥 외, 2000).

① 등장인물의 성격, 나이, 크기, 의상 등을 잘 파악하여 전체적으로 어울리게 만들어야 한다. 등장인물의 살갗의 조화, 눈, 코, 입 등 이목구비를 뚜렷하게 하고 의상도 밝고 선명한 것이 좋다. 김 부자와 돌쇠 아버지의 모습을 통해 성격과 신분이 드러난다.

② 인형이 연기하기 때문에 인형이 움직일 수 있고, 조작하기 쉽도록 만들어야 한다. 인형의 움직임을 표현하기 위하여 관절과 관절 사이를 가볍게 연결하고, 철사나 막대의 길이도 조종하는 데 불편하지 않도록 한다.

③ 인형을 바느질할 때 되도록 바느질 선이 보이지 않도록 한다. 천의 안쪽을 바느질하여 뒤집어 안에 스펀지나 천을 넣고 바깥 부분을 바느질할 때는 바느질 선이 잘 보이지 않도록 가장자리로 마무리한다. 바느질은 주로 박음질과 감침질을 사용한다.

6) 무대장치 및 배경

인형극의 무대는 공연 환경에 맞게 제작된 것을 사용하기도 하고, 판과 천 등으로 간단하게 제작하여 사용할 수도 있다. 무대장치에는 무대틀이 있고, 무대틀을 가려주는 천과 공연할 때 열고 닫을 수 있는 무대막이 필요하다.

배경은 전체적인 느낌과 장면마다의 변화를 고려하여 제작한다. 인형극 무대 뒤에 배경을 설치할 수도 있고, 무대 앞쪽에 장면의 변화를 줄 수 있는 배경이나 소품을 만들어 사용할 수도 있다. 실사출력을 하여 완성된 배경을 사용할 수 있고, 직접 부직포나 광목천 등으로 꾸미거나 그려서 사용할 수 있다. 간이 배경으로 중간에 장면의 변화를 줄 때 간단하게 제작하여 사용할 수 있다.

7) 조명

조명의 첫 번째 역할은 관객에게 잘 보이게 하는 것이다. 무대가 어둡고 등장인물이 잘 보이지 않으면 대사도 잘 들리지 않는다고 느낀다. 보여주어야 할 부분은 잘 보이게 하고 보여주어서는 안 될 부분은 보이지 않도록 주의한다. 두 번째 역할은 연출로서의 조명으로 극의 분위기와 상황 등을 설명해주고 환상적이고 신비감을 주는 장면을 만들어 낼 수 있다.

LED 등

전구

블랙라이트 등

8) 소품

인형극의 소품은 일반적으로 실물을 그대로 사용하지 않고, 공연용으로 가볍고, 다루기 쉽도록 제작한다. 『똥벼락』에서 방망이를 실물로 된 나무 방망이로 때린다면 관객에게 무거운 느낌을 줄 것이다. 스펀지로 가볍게 만들어서 다루기 쉽고 다른 인형들과 조화를 이룰 수 있도록 한다. 소품은 관객에게 보이도록 실제보다 크게 만들어 사용한다. 실제 방망이가 사람보다 작아도 공연에서는 사람과 비슷한 크기로 제작하고, 반지처럼 작은 소품도 공연에서는 크게 제작하여 사용한다.

9) 녹음하기

직접 공연을 하면 관객과의 소통이 잘 되고 실수를 하였을 때 즉흥적으로 상황에 맞는 대사를 넣을 수가 있지만 녹음하여 공연할 경우에는 충분한 연습으로 극의 완성도를 높여야 한다. 대사의 연결, 음악, 인형의 움직임, 배경이나 막의 전환, 등·퇴장 시 시간 등을 고려하여 녹음을 한다. 녹음할 때, 관객이 생각하고 소통할 수 있는 여유까지 고려하고 불필요한 잡음이 들어가지 않도록 주의한다.

10) 인형 연출법

생명이 없는 인형에게 생명을 불어넣어 살아 숨을 쉬게 하기 위하여 인형의 조정이 중요하다. 인형 조정자도 극본을 충분히 숙지할 수 있어야 등장인물의 성격과 행동을 잘 표현할 수 있다(노명희 외, 2004).

① 인형의 등·퇴장 시 인형이 가운데에서 불쑥 나왔다 들어가지 않도록 무대 끝까지 간 이후 등·퇴장을 한다.

② 인형의 시선은 말을 시작할 때와 말을 마칠 때는 상대를 보고, 중간의 대사는 주로 관객을 보고 말한다.

③ 인형의 얼굴 표정은 움직이지 않으므로 동작을 과장되게 표현해야 한다. 과장된 모습을 표현하고자 할 때 원하는 동작을 하기 전에 반대 동작을 먼저 하면 된다. 앞으로 걸어갈 때에는 뒤로 한 번 몸을 젖힌 후 앞으로 걸어가고, 넘어지는 장면에서는 바로 '쿵' 하고 넘어지지 않고 한두 바퀴를 돈 후 넘어지면 더 실감이 난다.

④ 말하는 인형은 움직임을 더 크게 하고, 듣는 인형은 가볍게 흔들거나 고개를 끄덕이는 등 행동을 작게 표현한다.

앉아서 조정하기

서서 조정하기

11) 화술법

화술은 상황에 맞게 말을 잘 표현하는 능력이다. 이야기를 음성의 변화 없이 들려주면 지루하고 흥미를 잃게 된다. 상황에 맞게 음성의 고저, 강약, 장단, 완급, 호흡 처리 등을 적절하게 사용하여 내용이 잘 전달되도록 연습한다. 화술의 필수 조건은 호흡과 발성이다. 호흡량이 부족하면 중간에 말이 끊어져 자연스럽게 전달되지 않으므로 호흡과 발성연습으로 호흡량을 풍부히 하여 내용에 따라 느낌을 잘 살려가며 전달력을 높여야 한다.

무대 안쪽의 성우들 모습

(1) 호흡과 발성

① 호흡

호흡에는 흉식(가슴)호흡과 복식(배)호흡이 있다. 흉식호흡은 숨을 들이마실 때 가슴과 어깨가 올라가고 배가 들어가는 호흡으로 일상으로 사용하는 호흡이고, 복식호흡은 숨을 들이마실 때 가슴과 어깨가 그대로 있으며, 배와 허리둘레가 불룩해지는 호흡으로 보다 많은 양의 공기를 저장할 수 있기 때문에 대사나 감정 표현을 할 때 안정적이다.

실습)

- 음~ : 천천히 목을 풀며 호흡을 길게 연습한다.
- 아~, 에~, 이~, 오~, 우~ : 각 모음을 길게 연습한다.

② 발성

발성은 성대를 울려서 목소리를 내는 것이다. 발성훈련을 하면 부자연스러운 목소리가 편안해지고 성량도 크고 풍부해지므로 전달력을 높일 수 있다. 발성연습은 음성을 단계별로 나누어 소리를 연습하는데 기본적으로 10단계로 나누어진다. 10음의 낮은 소리부터 50음의 보통의 목소리 그리고 자신이 낼 수 있는 가장 큰 소리인 100음의 소리까지 있다. 복식호흡을 하면서 발성훈련을 꾸준히 연습한다.

자신의 음 높이를 고려하여 발성단계를 설정한다.

- 80~100 (가장 높은음 : 비명, 클라이맥스 부분에 강세)
- 60~80 (높은음 : 기쁠 때, 화났을 때, 급박한 상황에)
- 40~60 (보통음 : 대화나 해설에서 가장 많이 사용)
- 30~40 (조금 낮은음 : 자신과의 약속, 낙담, 슬픔, 감정이 가라앉음)
- 10~20 (낮은음 : 신음, 무성음에 가까운 중얼거림)

| 5단계 발성연습 |

– 말씨가 바뀌면 생각이 바뀌고 (20음)
– 생각이 바뀌면 행동이 바뀌고 (40음)
– 행동이 바뀌면 습관이 바뀌고 (60음)
– 습관이 바뀌면 성격이 바뀌고 (80음)
– 성격이 바뀌면 운명이 바뀐다. (100음)

– 나는 긍정적이다. (60음)
– 나는 적극적이다. (70음)
– 나는 목표가 있다. (80음)
– 나는 희망이 있다. (90음)
– 나는 꿈이 있다. (100음)

| 10단계 발성연습 |

– 하나 하면 하나요. (10음)
– 둘 하면 둘이요. (20음)
– 셋 하면 셋이요. (30음)
– 넷 하면 넷이요. (40음)
– 다섯 하면 다섯이요. (50음)
– 여섯 하면 여섯이요. (60음)
– 일곱 하면 일곱이요. (70음)
– 여덟 하면 여덟이요. (80음)
– 아홉 하면 아홉이요. (90음)
– 열 하면 열이다. (100음)

– 고요한 바다 (10음)

– 잔잔한 바다 (20음)

– 바람 부는 바다 (30음)

– 넘실대는 바다 (40음)

– 일렁이는 바다 (50음)

– 출렁이는 바다 (60음)

– 파도치는 바다 (70음)

– 번개 치는 바다 (80음)

– 폭풍 치는 바다 (90음)

– 터지는 바다 (100음)

표 7–1 신체 부위를 통한 발성

신체 부위	동물소리로 연결	가족 음성모사	음색 표현
배 밑 (골반 밑)	어 – 흥 (배 밑, 가슴, 후두, 비강, 구개를 통한 공명된 소리로)	할아버지	안녕하세요. 우리 손주 착하지. 얘, 어멈아.
배 밑 (골반 밑)	음 메헤헤 – (배 밑에서 올라와 가슴부터 조음하며 목을 떨며 비강과 구개로 공명된 소리로)	할머니	안녕하세요. 어서들 오너라. 아이고, 허리야!
배 (배 전체)	멍 멍 멍 멍 멍 (배 전체가 힘차게 움직이며 가슴, 목, 구개가 소리통이 된다.)	아버지	안녕하십니까. 자, 모두 모이세요. 여보, 사랑하오.
배 (배 전체)	아 – (발성의 50높이 음성으로 배, 가슴, 목, 코에서 소리를 모아주는 동그란 느낌으로)	어머니	안녕하세요. 얘들아, 먼 곳에 가지 마라.
가슴	개굴 개굴 개굴 (가슴에서 나오며 구개의 비강을 위로 통한 젊은 느낌의 소리로)	오빠	안녕하세요. 난 축구를 좋아해. 야, 함께 가자.

신체 부위	동물소리로 연결	가족 음성모사	음색 표현
가슴	쪼로롱 – 쪼로롱 – (가슴에서 소리를 올려 비강, 두성 음으로 내어본다.)	언니	안녕하세요. 난, 노래를 좋아해요. 아, 예쁜 내 얼굴.
목	골– 골– 골, 끼룩 끼룩 (목에서 누르면서 조음하는 소리로)	남자 아기	안녕하세요. 엄마, 밥 주세요. 나랑 놀자.
목	삐악 삐악 삐악 삐악 (성대는 좁히고 입술에 힘을 주어서 가늘게 내는 소리로)	여자 아기	안녕하세요. 아, 목말라. 안아 주세요.

*출처: 이규원(2002). 동화구연의 이론과 실제. 유아문화사.

(2) 발음

대사가 정상적으로 전달되지 않는다면 내용을 이해하는 데 어려움이 있으며 몰입도 떨어지게 된다. 대사 전달을 하기 위해서 정확한 발음이 중요하므로, 자연스러운 대사처리를 위하여 평소 사용하지 않는 단어나 자신이 발음하기 어려운 단어와 문장은 꾸준한 연습이 필요하다.

① 자모음표

처음에는 천천히, 또박또박 한 음절씩 유의하여 입모양을 정확히 한다. 거울을 보고 자신의 입모양이 정확하게 되는지 살피고 입 주변의 근육을 많이 사용하여 크게 연습한다. 연습을 충분히 한 후에, 상하, 좌우, 대각선 등으로 정확하게 빠른 속도로 발음을 연습한다.

표 7-2 자모음표

	ㅏ	ㅑ	ㅓ	ㅕ	ㅗ	ㅛ	ㅜ	ㅠ	ㅡ	ㅣ	ㅐ	ㅔ	ㅚ	ㅟ
ㄱ	가	갸	거	겨	고	교	구	규	그	기	개	게	괴	귀
ㄴ	나	냐	너	녀	노	뇨	누	뉴	느	니	내	네	뇌	뉘
ㄷ	다	댜	더	뎌	도	됴	두	듀	드	디	대	데	되	뒤
ㄹ	라	랴	러	려	로	료	루	류	르	리	래	레	뢰	뤼
ㅁ	마	먀	머	며	모	묘	무	뮤	므	미	매	메	뫼	뮈
ㅂ	바	뱌	버	벼	보	뵤	부	뷰	브	비	배	베	뵈	뷔
ㅅ	사	샤	서	셔	소	쇼	수	슈	스	시	새	세	쇠	쉬
ㅇ	아	야	어	여	오	요	우	유	으	이	애	에	외	위
ㅈ	자	쟈	저	져	조	죠	주	쥬	즈	지	재	제	죄	쥐
ㅊ	차	챠	처	쳐	초	쵸	추	츄	즈	치	채	체	최	취
ㅋ	카	캬	커	켜	코	쿄	쿠	큐	크	키	캐	케	쾨	퀴
ㅌ	타	탸	터	텨	토	툐	투	튜	트	티	태	테	퇴	튀
ㅍ	파	퍄	퍼	펴	포	표	푸	퓨	프	피	패	페	푀	퓌
ㅎ	하	햐	허	혀	호	효	후	휴	흐	히	해	헤	회	휘

② 어려운 발음 연습

- 내가 그린 구름 그림은 뭉게구름 그린 그림이고,
  네가 그린 구름 그림은 새털구름 그린 그림이다.
- 간장공장 공장장은 강 공장장이고, 된장공장 공장장은 공 공장장이다.
- 저기 있는 상 장수는 새 상 장수냐, 헌 상 장수냐?
- 저기 있는 저 말뚝은 말 맬 말뚝인가, 말 못 맬 말뚝인가?

- 저기 있는 저분이 박 법학박사이시고, 여기 있는 이분이 백 법학박사이시다.
- 중앙청 창살 쌍 창살, 시청 창살 외 창살.
- 한양 양장점 옆에 한영 양장점, 한영 양장점 옆에 한양 양장점.
- 들에 콩깍지는 깐 콩깍지인가 안 깐 콩깍지인가.
- 앞집 팥죽은 붉은팥 풋 팥죽이고, 뒷집 콩죽은 해콩, 땅콩 콩죽이고, 우리 집 깨죽은 검은깨 깨죽인데, 사람들은 팥죽 콩죽 깨죽 죽 먹기를 싫어하더라.
- 멍멍이네 꿀꿀이는 멍멍해도 꿀꿀하고 꿀꿀이네 멍멍이는 꿀꿀해도 멍멍한다.

(3) 음성의 기본 요소

① 음성의 고 · 저

음성은 성대의 작용에 의하여 비롯되는 것으로 성대가 팽팽히 당겨질 때 높은 소리를 내고 움츠렸을 때 낮은 소리를 낸다. 즉, 고저는 음도의 높고 낮음으로 문장을 표현하는 방법이다.

- 여긴 어디지? 울음소리가 들리는 것 같은데.
- 너 혼자서 우릴 어떻게 없애겠어?
- 불이야! 누가 좀 도와줘요!

② 음성의 장 · 단

장단은 호흡에 따라 소리를 길게 하거나 짧게 나타내는 형태로서 평화롭고 인자한 내용의 말은 호흡을 크게 하여 길게 표현하고, 자신에 찬 내용이나 위급하고 절박한 내용의 말은 호흡을 짧게 하여 표현한다.

- 옛날 옛날에 한 마을에 돈이 많지만 성격이 못된 김 부자가 살았어요.
- 하루, 이틀, 해가 뜨고 비가 오고 바람이 불더니 조, 수수, 고구마 등이 잘 자랐어요.

- 너무 늦었나. 빨리빨리 가야지.

③ 음성의 강 · 약

강하게 발음하는 곳과 약하게 발음하는 곳이 있다. 즉, 내용을 강조해야 되거나 흥분하거나 놀랄 때 강하게 하고, 슬픈 소식을 전하거나 설득, 양보와 같은 내용은 그 억양도 부드럽고 약하게 한다.

- 김 부자님! 아이고 죄송합니다. 한 번만 용서해 주세요.
- 아이쿠! 이 일을 어쩌나.
- 나는 그가 돈을 훔쳤다고 말하지 않았습니다.
  나는 그가 돈을 훔쳤다고 말하지 않았습니다.
  나는 **그가** 돈을 훔쳤다고 말하지 않았습니다.
  나는 그가 **돈을** 훔쳤다고 말하지 않았습니다.
  나는 그가 돈을 **훔쳤다고** 말하지 않았습니다.
  나는 그가 돈을 훔쳤다고 **말하지 않았습니다.**

④ 음성의 완 · 급

화술에 있어서 완급은 발음이나 호흡으로 볼 때 장 · 단과 비슷하지만 완급은 말의 빠르고 느린 속도를 말한다. 말은 내용에 따라 아주 빠르게 해야 듣기에 효과적인 것이 있고, 느리고 부드러워야 효과적인 것이 있다.

- 멈춰라. 그렇다면 옳지! 훔쳐간 똥을 내일까지 모두 갖고 오든지, 아니면 그 똥을 먹고 자란 곡식을 몽땅 내놔라.
- 김 부자 그놈 욕심은 끝이 없군, 뭐 걱정할 거 있나. 수리수리 수수리! 온 세상 똥아, 김 부자네로 날아라!

12) 연출

연출은 극본을 바탕으로 연기, 장치, 조명, 의상, 음악 등 여러 요소들을 종합하여

표 7-3 인형극 작품분석 기준

작품분석 영역	작품분석 요소	세부 분석 기준
기획적 요소	인형극 대상	• 관객의 언어 수준을 고려했는가? • 관객의 이해를 돕기 위해 등장인물을 일관성 있게 표현했는가? • 관객의 수준에 맞도록 등장인물의 수는 적절히 조절했는가?
	주제, 소재, 구성	• 주제는 항구적이고 보편적인가? • 관객과의 공감대를 형성할 수 있는 주제인가? • 기승전결의 형식이 나타나는가? • 이야기는 자연스럽게 연결되는가? • 갈등이 명확하고 유지되는가?
	대본 (각본, 극본)	• 독창성과 참신성을 가지고 있는가? • 정확하고 자연스러운 대화였는가?
예술적 요소	인형	• 주제와 내용에 맞는 인형인가? • 인형의 성격을 잘 표현했는가?
	연출	• 작가의 의도에 따라 연출했는가? • 무대의 제반 요소를 예술적으로 조화시켰는가?
	공연시설 (무대, 조명, 음향)	• 무대장치는 작품 내용과 일치한가? • 무대장치는 개성적인가? • 무대장치는 통일성이 있는가? • 조명은 극의 내용이나 형식에 맞는가? • 음향효과가 극적 이미지를 상승시켰는가?
교육적 요소	교육성	• 관객에게 교육적이고 감동을 주었는가?
	흥미성	• 관객에게 흥미로운 작품이었는가?
	상상력과 창의성	• 상상력과 창의성은 어떠한가?

*출처: 이경옥(2008). 춘천인형극제 출품작품 분석 연구. 광주대학교 산업대학원 석사학위논문.

일관성 있고 효과적으로 전달하도록 돕는다. 동일한 작품이라도 연출을 어떻게 하느냐에 따라 극이 달라진다. 연출가는 작품의 선정부터 배우의 선정과 연기, 음악, 무대, 조명, 의상 등에 이르기까지 작품이 완성되는 모든 공연 연습을 지휘한다. 특히, 아동극 연출자는 어린이들에 대한 이해와 사랑을 가지고 관객과의 의사소통을 잘 수행해야 한다. 연출 시 표 7-3의 작품분석 기준을 고려하여 평가한다.

2. 동극

1) 동극의 개념

동극은 어린이를 대상으로 하는 극으로 교사가 유아에게 들려주는 동화를 중심으로 동화에 나오는 등장인물의 역할을 유아들이 분담하고 내용에 적합한 환경을 구성하여 이야기 내용을 극화해보는 활동이다(교육과학기술부, 2012). 동극도 인형극과 마찬가지로 아동극의 하나이며, 문학, 예술, 미술 등 통합으로 이루어지는 종합예술로서 예술적 측면과 교육적 측면이 있다. 동극은 앞서 살펴본 인형극과 공연 행위 자체는 예술적 · 교육적으로 비슷하지만 가장 큰 차이점은 인형극은 인형이 연기하지만 동극은 사람이 연기한다는 것이다. 또한 인형극은 무대와 등장인물의 수 등에 제약을 받지만 동극은 크게 제약을 받지 않는다는 장점이 있다. 그리고 사람이 직접 연기하여 성격, 대사, 제스처 등을 표현하기 때문에 대본의 숙지와 연기 연습 등을 충분히 준비해야 하며 이에 따라 자신을 표현할 수 있는 기회를 갖게 되고, 동극에 참여하는 과정에서 서로 상호작용하고 협동하는 과정을 배우게 된다.

2) 동극의 교육적 가치

동극활동을 통하여 유아는 만족감과 자신감을 얻게 되어 표현력과 창의력을 기르고, 여러 상황과 관계를 인지하고 문제해결능력을 기른다. 더불어 상상적 사고와 사회적 발달을 도모하며 다양한 감정을 경험하고, 정서적 발달과 다양한 문제를 해결할 수 있는 능력이 발달된다. 동극활동의 교육적 효과는 다음과 같다(송남순, 2001).

① 다양한 주제의 문학작품을 동극으로 접함으로써 문학적인 경험의 폭을 넓힌다.
② 상상력을 기르기 위한 기회를 제공하고 자신이 생각하고 느낀 것을 표현하도록 돕는다.
③ 등장인물의 역할을 해 봄으로써 자신과 타인의 감정을 이해하고 공감하게 된다.
④ 참여하는 과정을 통해 협동하는 기회를 갖게 되고, 수용하고 조절하는 능력을 기른다.
⑤ 올바른 가치관과 감성, 정서발달에 도움을 준다.
⑥ 언어표현력과 의사전달능력 등 좋은 언어습관을 기른다.

3) 동극의 과정

① 동극에 적합한 동화를 선정한다. 기승전결이 있는 내용으로 단순하고 반복되는 내용이 적당하다.
② 줄거리와 내용을 파악하고, 전달하고자 하는 주제를 찾는다.
③ 주제를 기초로 등장인물의 수와 성격, 무대, 소품 등을 고려하여 극본을 작성한다.
④ 극본을 이해하고, 등장인물의 성격, 행동, 장면 등을 어떻게 준비할지 이야기 나눈다.
⑤ 등장인물의 성격과 연기를 잘 표현할 수 있는 배역을 선정하고 대사를 외우고 연습한다.

⑥ 무대와 소품, 의상 등을 만들어 공연 준비를 하고 과정을 통해 수정 · 보완한다.

⑦ 충분한 연습과 준비로 작품에 대한 이해와 자신감을 갖는다.

⑧ 충분히 준비가 된 후 동극 공연을 계획한다. 공연할 날짜, 장소, 초대할 관객 등을 위한 초대장을 만든다.

⑨ 동극을 공연한다.

⑩ 공연이 끝난 후 평가의 시간을 갖는다.

4) 동극 공연의 실제

유아교육현장에서 '유아 중심' 동극 공연의 예로, 『집 나가자 꿀꿀꿀』에 대하여 살펴보면 다음과 같다.

| 집 나가자 꿀꿀꿀 |

생활주제 | 그림책

글 · 그림 | 야규 마치코

출판사 | 웅진주니어

그림책 소개

어느 날 서로 다투다 엄마에게 크게 야단맞은 아기돼지들이 더 좋은 집을 찾기 위해 길을 떠나 다른 집으로 가는 이야기입니다.

그림책을 통해 아이들은 아기돼지 삼 형제와 공감할 수 있으며, 반복되는 대화는 아이들을 즐겁게 할 것입니다. 또한 그림책을 다 읽은 후 집의 소중함을 알게 됩니다.

동극 각색

- 이야기 재구성하기
- 새로운 역할 만들기

내용 및 주제 파악

- 그림책 감상
- 그림책 내용 순서 나열하기
- 그림책 주인공 대사
- 그림책 주인공의 감정 알기

동극 구성

- 동극 장소 정하기
- 무대 배경 꾸미기
- 등장인물 문패 그리기
- 동극에 필요한 소품 찾기
- 등장 음악 녹음하기

배역정하기와 연습

- 다양한 역할 해보기
- 유아가 하고 싶은 역할 정하기
- 자기 배역 소개하기
- 대사 알아보기

공연 후 평가

- 동극 후 좋았던 점 이야기나누기
- 아쉬웠던 점 이야기나누기
- 동극 동영상 감상

동극 공연

- 관객 초대하기
- 등장 순서 알기
- 동극 공연하기

| 동극 구성 |

동극 배경 만들기

| 배역 정하기와 연습 |

배역 소개

| 동극 공연 |

동극 초대장 만들기

돼지네집

감독(장○○) : 지금부터 '집나가자 꿀꿀꿀' 시작합니다!

해 설 1 : 어느 마을에 아기돼지 가윤이, 명호, 주환이가 살고 있었어요.
그런데, 아기돼지들은 엄마에게 맨날 혼이 났어요.
수건을 서로 쓰겠다고 싸우다가.

아기돼지들 : 내 거야! 내 거야!

엄 마 돼 지 : 아무거나 쓰면 어때?

해 설 1 : 엄마가 당근을 먹으라고 할 때에도.

아기돼지들 : 당근 싫어요! 안 먹을래요.

엄 마 돼 지 : 당근을 안 먹으면 키가 안 커!

아기돼지들 : 그래도 안 먹을래요. (엄마 들어감)

해 설 1 : 장난감을 서로 가지고 놀겠다고 하다가.

엄 마 돼 지 : 사이좋게 놀아야지. 그만해!

아기돼지들 : (그래도 계속 싸운다)

해　　설　1 : 엄마가 혼내도 싸움을 멈추지 않았어요.
마침내! 화가 몹시 난 엄마는 소리쳤어요.

엄 마 돼 지 : 엄마 말 안 듣는 아이는 우리 집 아이가 아니야! 나가!

해　　설　1 : 아기 돼지들은 풀이 죽었어요.

아기돼지들 : 그래, 이 집 아이가 아니라면 집을 나가자!

노　　　래 : 집 나가자 집 나가자 꿀꿀꿀꿀 집 나가자 집 나가자
꿀꿀꿀꿀
좋은 집을 찾아 가자~ 집 나가자 집 나가자 꿀꿀꿀~~

토끼네집

해　　설　1 : 집 나간 돼지들은 토끼네 집에 갔어요.

아기돼지 가윤 : 토끼 아줌마, 우리 이 집 아이가 되고 싶어요.

토 끼　아줌마 : 아니 무슨 일이니? 너희는 돼지네 집 아이들 아니니?

아기돼지 가윤 : 하지만 엄마가 "말 안 듣는 아이는 우리 집 아이가 아니야! 나가!"라고 했어요.

해　　설　1 : 토끼 아줌마가 웃으면서 대답했어요.

토 끼　아줌마 : 으응 그래. 우리 집에 들어오렴.
(당근을 주며) 배고프지? 맛있게 먹어라.

아 기 돼 지 들 : 으악~!! 당근은 싫어요!!

토 끼 아 저 씨 : 우린 날마다 당근을 먹어. 당근이 얼마나 맛있는데.

해　　설　1 : 그 말을 들은 아기돼지들은 도망쳤어요.

아 기 돼 지 들 : 싫어요! 우리 다른 집으로 가자!

악어네집

해 설 1: 도망친 돼지들은 악어네 집에 갔어요.

아기돼지 명호: 악어 아저씨, 우리 이 집 아이가 되고 싶어요.

악어 아줌마: 아니 무슨 일이니? 너희는 돼지네 집 아이들 아니니?

아기돼지 명호: 하지만 엄마가 "말 안 듣는 아이는 우리 집 아이가 아니야! 나가!"라고 했어요.

해 설 1: 악어 아저씨가 웃으면서 대답했어요.

악어 아저씨: 그래. 우리 집에 들어오렴.
(과자를 주며) 배고프지? 맛있게 먹어라.

아기돼지들: 잘 먹겠습니다. 아 맛있다.

악어 아줌마: 자, 이제 다 먹었으면 잠을 자야지.
어린이들은 일찍 자는 거야.

해 설 1: 악어 아줌마와 아저씨는 억지로 아기돼지들을 재웠어요.

아기돼지들: 싫어요! 우리 다른 집으로 가자!

다람쥐네 집

해 설 2: 도망친 돼지들은 다람쥐네 집에 갔어요.

아기돼지 주환: 다람쥐 아줌마, 우리 이 집 아이가 되고 싶어요.

다람쥐 아줌마: 아니 무슨 일이니? 너희는 돼지네 집 아이들 아니니?

아기돼지 주환: 하지만 엄마가 "말 안 듣는 아이는 우리 집 아이가 아니야! 나가!"라고 했어요.

해 설 2: 다람쥐 아저씨가 웃으면서 대답했어요.

다람쥐 아저씨: 그래. 엄마 말을 잘 들었어야지.
밖이 추우니까 우리 도토리나무 집에 어서 들어가렴.

아기돼지들: (커서 나무 구멍에 들어가지 못한다.) 낑! 낑! 구멍이 너무 작아서 못 들어가겠어요.

다람쥐 아줌마, 아저씨: 자 몸을 웅크리고 들어가 봐. (밀어준다) 영차! 영차!

아 기 돼 지 들: 너무 좁아요! 우리는 다른 집으로 갈게요!

까마귀네 집

해 설 2: 도망친 돼지들은 까마귀네 집에 갔어요.

아 기 돼 지 들: 까마귀 아줌마, 우리 이 집 아이가 되고 싶어요.

까 마 귀 이 모: 아니 무슨 일이니? 너희는 돼지네 집 아이들 아니니?

아 기 돼 지 들: 하지만 엄마가 "말 안 듣는 아이는 우리 집 아이가 아니야! 나가!"라고 했어요.

까 마 귀 아 줌 마: 그래, 우리 집에서 우리 아이들과 함께 재미있게 놀아줘.
귀여운 아기 까마귀들아~

아기 까마귀들: (아기 까마귀가 들어온다) 엄마!

해 설 2: 아기 까마귀가 하나, 둘, 셋, 넷. 네 마리의 까마귀가 들어왔어요.

까마귀 아줌마들: 엄마랑 이모는 잠깐 나갔다올게~

해 설 2: 까마귀 아줌마와 이모가 나가자, 아기 까마귀들이 모두 한꺼번에 울기 시작했어요.

아기 까마귀들: 응애! 응애! 응애!

아 기 돼 지 주 환: 내가 아기들을 달래볼게.

해 설 2: 그래도 울음을 그치지 않았어요.

아기 까마귀들: 응애! 응애! 응애!

아 기 돼 지 가 윤: 내가 노래를 불러줄게.

해 설 2: 그래도 울음을 그치지 않았어요.

아기 까마귀들: 응애! 응애! 응애!

아 기 돼 지 명 호: 내가 재미있는 춤을 춰줄게.

해 설 2 : 그래도 울음을 그치지 않았어요.

아기 까마귀들: 응애! 응애! 응애!

아 기 돼 지 들 : 아이, 시끄러워. 이런 집은 싫어!

풀숲

해 설 2 : 아기돼지들은 까마귀 아줌마들 집에서 도망쳤어요. 풀숲에 온 아기돼지들은 털썩 주저앉았어요.

아기돼지 주환: 나 다리 아파.

아기돼지 명호: 나는 배고파.

아기돼지 가윤: 나는 엄마 보고 싶어.

해 설 2: 그때, 아기돼지들을 부르는 소리가 들려왔어요.

엄 마 돼 지: (엄마 나간다) ○○아! ○○아! ○○야! 어디에 있니? 밥 먹자.

아 기 돼 지 들: 와! 엄마다!

노 래: 집에 가자 집에 가자 꿀꿀꿀꿀 집에 가자 집에 가자 꿀꿀꿀꿀 우리 집을 찾아가자~ 집에 가자 집에 가자 꿀꿀꿀~~

CHAPTER 08

유아문학 교수계획

- 1. 유아문학교수계획
- 2. 문학중심의 통합적 접근법
- 3. 주제에 따른 놀이활동계획(안)
- 4. 주제에 따른 문학수업의 실제

유아문학교수계획은 유아교육현장에서 이루어지고 있는 주제 또는 문학주제를 바탕으로 작성할 수 있다. 본 장에서는 그림책을 읽은 후 이루어지는 문학활동을 위한 교수계획안과 문학수업 단계에서 실행되는 그림책의 선정, 문학중심 통합주제망, 문학주제 및 작품 교수계획안, 놀이활동계획안, 전달매체에 대하여 살펴보고자 한다.

1. 유아문학교수계획

유아문학교육을 위한 교수계획은 주제중심 교수계획과 작품중심 교수계획을 수립할 수 있다(김영애 외, 2016; 서정숙 외, 2020).

교수계획 수립 시, 유아교육기관에서 이루어지고 있는 주제에 맞추어 작성할 수도 있고, 문학교육을 위한 별도의 문학 주제로 작성할 수 있다. 이 두 가지의 교수계획안에 문학활동이 포함되는데, 이 활동들은 감상, 이해, 창작의 문학교육 내용에 기초하여 구성하며, 내용이 균형 있게 포함될 수 있도록 계획하는 것이 바람직하다. 모든 그림책이 이 내용을 포함시켜야 되는 것은 아니고, 유아가 책을 이해하고 자신의 감상을 표현함으로써 책에 대한 각자의 의미를 잘 구성하는 것이 중요하다.

1) 주제중심 문학교수계획

유아는 주변세계에 대하여 적극적으로 탐색하고 상호작용을 촉진하며 지식을 구성해나간다. 그러므로 유아가 자신의 흥미와 자발적인 동기유발을 기초로 교육활동을 구성하고 발달에 적합한 통합활동을 할 수 있도록 교육계획을 수립해야 한다(김영애 외, 2016; 서정숙, 2001; 이대균 외, 2016).

(1) 주제 선정 및 확인하기

교사는 유아의 흥미와 발달에 적합한 문학주제를 선정하고 선정된 주제의 개념과 아이디어를 전개하여 문학내용과 문학활동의 틀을 구성한다. 문학활동 주제는 유아의 흥미와 교사의 제안에 의하여 선정되며, 진행되고 있는 주제에 대하여 확인한다.

(2) 주제망 짜기와 주요 개념 선정하기

문학주제가 선정되면 교사는 주제에 포함된 개념과 아이디어를 중심으로 주제망을 작성하고, 중심주제에서 주요 개념들을 선정하여 기술한다.

(3) 주제중심 문학활동 계획하기

주제망이 선정되면 문학과 관련된 활동이 영역별로 균형 있고 의미 있게 통합되었는지 살펴본다. 주제망을 중심으로 유아의 연령, 발달수준, 흥미, 관심, 실현가능성을 고려하여 활동을 구체적으로 계획하고, 주요 개념과 관련된 문학적 경험을 선정하여 기술한다.

(4) 문학활동 계획안 작성 및 전개하기

문학적 경험을 위한 활동명과 활동목표, 활동방법, 활동자료, 활동결과 등을 기초로 각 연령에 적합하게 활동 계획안을 작성하여 전개한다.

'주제중심' 교수계획은 주제와 소주제를 정한 후 관련 그림책을 이 주제와 연결한 다음 그림책으로 할 수 있는 관련 문학활동을 계획한다.

이와 같이 주제중심 문학교수계획안은 주제를 가운데 두고 관련 그림책을 웹으로 연결함으로써 유아는 웹 가운데 있는 주제에 집중할 수 있다. 또한 하나의 주제로 통합된 그림책 간의 공통점을 자연스럽게 이해할 수 있고, 그림책 간 비교도 가능하다.

그림 8-1은 '가을' 주제중심 교수계획안 예시이다.

가을

특별한 가을을 보내요

『옥토끼의 소원』
『솔이의 추석 이야기』
『달이네 추석맞이』

- 우리 가족의 추석 풍경 그려보기(이해 및 감상)

- 『모두가 기른 벼』: 추수 경험에 대한 이야기나누기(이해 및 감상)
- 『할머니, 어디 가요? 밤 주우러 간다』: 좋아하는 가을 열매에 대해 이야기나누기(이해 및 감상)
- 『가을 열매는 맛있어』: 종이책 만들기(창작)

가을 곡식과 열매를 찾아보아요

『가을이 좋아』
『모두가 기른 벼』
『할머니, 어디 가요? 밤 주우러 간다』
『가을 열매는 맛있어』
『곶감 줄게, 눈물 뚝!』
『가을 숲 도토리 소리』

가을 동물 친구들을 만나요

『다람쥐는 모를 거야』
『꼬마 여우』
『꼬마 곰의 가을』
『알밤소풍』
『빨간 스웨터』
『알밤은 어디로 사라졌을까?』

- 『다람쥐는 모를 거야』: 다람쥐에게 편지쓰기(비평)
- 『빨간 스웨터』: 가을의 색깔로 나만의 가을 스웨터 만들어 보기(이해 및 감상)
- 『알밤은 어디로 사라졌을까?』: 뒷이야기 지어보기(창작)

알록달록 가을 풍경을 보아요

『가을 나뭇잎』
『가을의 스웨터』
『가을이 왔어요』
『낙엽 스낵』
『안녕, 가을』
『페르디의 가을나무』
『울긋불긋 가을 밥상을 차려요』
『낙엽 속으로 풍덩!』
『아빠, 나한테 물어봐』
『감나무 아래에서』

- 『가을이 왔어요』: 가을 풍경에 대해 이야기나누기(이해 및 감상)
- 『가을의 스웨터』: 알록달록한 그림책 속 색깔을 주변에서 찾아 보기(이해 및 감상)
- 『페르디의 가을나무』
  - 가을에 나무가 변화하는 모습을 다양한 색상의 스카프로 표현하기(이해 및 감상)
  - 내가 나무가 된다면?(창작)
- 『울긋불긋 가을 밥상을 차려요』:
  - 친구에게 가을 밥상 차려주기(창작)
  - 작가에게 편지쓰기(비평)

그림 8-1 문학주제 교수계획안

2) 작품중심 문학교수계획

(1) 문학작품 선정하기

계절과 사회적인 상황 등을 고려하여 유아들이 흥미와 관심 갖는 문학작품을 선정한다(유아들이 흥미 있는 것, 교사가 경험하였거나 소개하고 싶은 것으로 동시, 동화, 동극, 인형극, 영상물 등 포함).

(2) 목록 구성하기

선정된 문학작품을 감상하고 문학작품에 대한 내용, 문학적 지식, 정보 등에 관한 질문목록을 구성한다.

(3) 문학활동 계획하기

질문목록을 근거로 관련된 문학적 경험을 선정한다.

(4) 문학활동 계획안 작성 및 전개하기

각 문학적 경험에 적절한 활동의 활동명과 활동목표, 활동방법, 활동자료, 활동결과 등을 기초로 각 연령에 적합하게 활동계획안을 작성한다.

'작품중심 교수계획'은 그림책 한 권을 중심으로 웹을 구성하는 것이므로 비교적 쉽게 실시할 수 있는 장점이 있다. 이 교수계획안은 유아로 하여금 웹의 중앙에 놓인 그림책의 여러 가지 특징을 깊이 경험하는 동시에 그런 특징을 갖고 있는 관련 그림책 간의 비교를 할 수 있다.

이와 같이 그림책의 특징과 관련되는 그림책들을 집중적으로 읽고 보는 경험은 주제나 그림책의 특징을 깊이 이해하고 감상하는 기회가 되어, 그림책 고유의 세계를 즐기고 몰입할 수 있는 태도를 형성해 줄 수 있다(김영애 외 2016; 서정숙 외, 2020; 이대균 외, 2016).

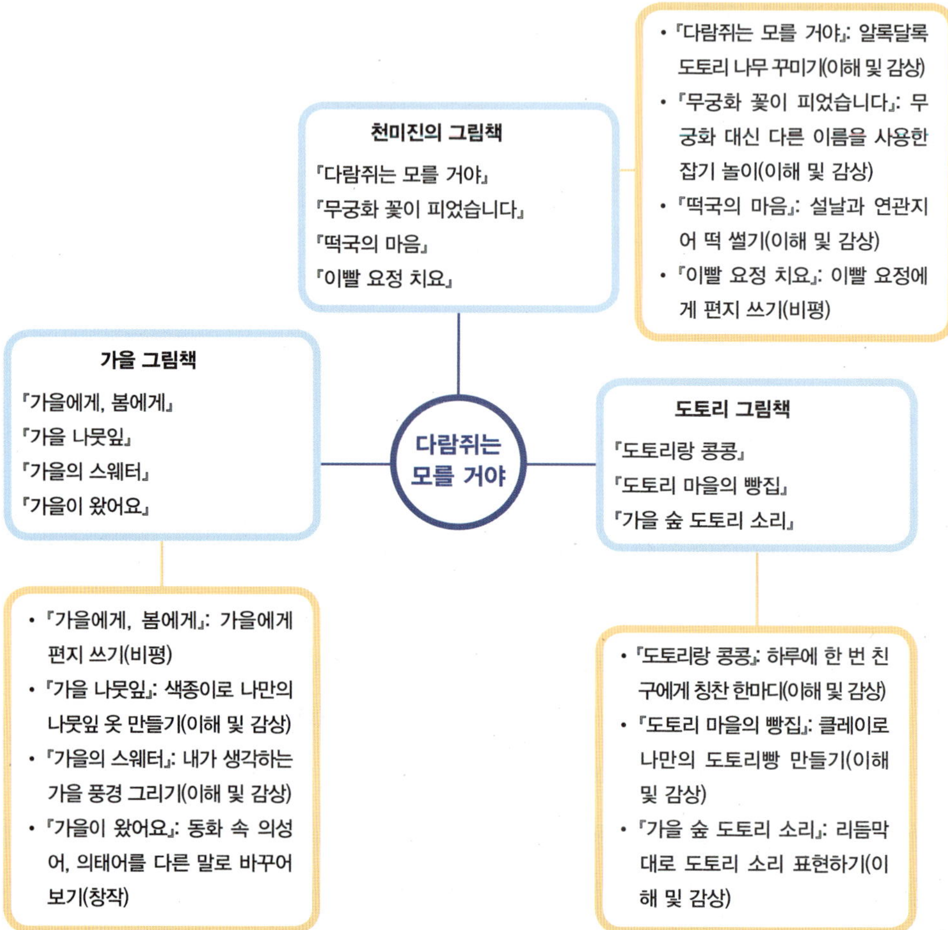

그림 8-2 문학작품 교수계획안

2. 문학중심의 통합적 접근법

유아교육과정에서 문학은 통합적인 활동을 전개할 수 있는 적절한 매체이다. 문학을 중심으로 언어, 수학, 과학, 음악, 신체활동, 창의적인 조형활동 등의 통합된 수업을 계획할 수 있다. 유아에게 흥미롭고 익숙한 그림책을 중심으로 교육과정을 구성하며, 유아들은 여러 가지 학습을 통합적으로 경험할 수 있게 된다.

그림책이나 동화, 동시를 비롯한 문학작품을 활용한 언어교육 방법은 유아의 관심을 모으고 의미 있는 맥락을 제시하기가 용이하여 오래전부터 유아언어교육에서 다양하게 활용되며 유아들을 매료시킨다(최일선 외, 2007). 따라서 유아에게 문학을 즐길 수 있는 문학적 능력을 키워주고 문학에 대한 흥미를 높이기 위하여 그림책을 접할 수 있는 기회를 제공하는 것은 매우 중요하다.

교사는 문학교육 프로그램을 계획할 때, 유아의 읽기 및 쓰기 발달수준을 파악하여 유아의 발달단계에서 그 다음 단계로의 문해발달을 도울 수 있는 활동을 선택하고 고안하여야 한다(Fitzgerald, 1999; Bromley, 1991). 예를 들어, 주제와 관련된 그림책을 활용하여 언어, 수학, 과학, 사회, 음률, 미술 등의 교과와 통합하여 활동을 계획해 볼 수 있으며, 생활주제와 관련된 그림책을 중심으로 말하기, 듣기, 읽기, 쓰기와 연계하여 언어활동도 해볼 수 있다.

① 그림책을 중심으로 언어의 제 영역이 통합되는 것으로 일련의 활동에서 나타날 수 있는 말하기, 듣기, 읽기, 쓰기 활동을 제시한다.
② 그림책과 연결하여 문해 구성요소의 발달을 도와주는 활동을 선정한다.
활동 수준을 유아에게 적절하게 조절하여 놀이활동계획에 반영한다.
③ 그림책을 중심으로 각 교과 영역에 자연스럽게 통합되도록 교육과정을 구성하여 적용한다.

다음 예시는 만 5세 유아를 위하여 계획한 프로그램으로 누리과정 주제에 따른 그림책에 기초하여 언어영역 주제망과 문해 구성요소 전개망, 교과영역 활동망을 제시하였다(김영애, 2005; 김영애, 2008; Vukelich et al., 2002).

가을

말하기
- 가을에 대해 이야기나누기
- 그림책 제목 정해보기

읽기
- 친구가 설명하는 단어 읽기
- 낱말카드에서 찾아 읽기
- 친구와 한 문장씩 주고 받으며 읽기

천미진, 『다람쥐는 모를 거야』, 키즈엠

이숙재, 『가을 나뭇잎』, 대교출판

나카야 미와, 『도토리 마을의 빵집』, 웅진주니어

이시이 무쓰미, 『가을의 스웨터』, 주니어김영사

듣기
- 다람쥐 선생님이 들려주는 동화 듣기
- 친구들이 밟는 낙엽소리 듣기
- 가을과 어울리는 클래식음악 듣기

쓰기
- 등장하는 동식물 이름 쓰기
- 가을하면 생각나는 말 모으기
- 문장 단어 바꾸기

그림 8-3 의사소통영역 주제망: 주제-가을/그림책 『다람쥐는 모를 거야』

배경지식
- 가을에 볼 수 있는 열매 알아보기
- 그림책 작가 알아보기
- 가을 단어 사전 찾기

단어인식
- 그림책 읽고 기억나는 단어 이야기하기
- 모르는 단어 찾기

음운인식
- 같은 음절 수 찾아보기
- 같은 글자 찾고 음절 수만큼 박수치기

천미진, 『다람쥐는 모를 거야』, 키즈엠

이숙재, 『가을 나뭇잎』, 대교출판

나카야 미와, 『도토리 마을의 빵집』, 웅진주니어

이시이 무쓰미, 『가을의 스웨터』, 주니어김영사

어휘
- 그림책 속 문장 바꾸기
- 그림책 속 말소리 찾기

책 읽기 및 내용이해
- 그림책 읽고 회상하여 장면 그리기
- 그림책 읽고 인상 깊었던 장면 문장 읽기

이야기구조
- 나만의 그림책 이야기 지어보기
- 다람쥐 대사 바꾸기

언어구조
- 친구의 이야기 듣고 알맞은 장면 찾기
- 그림책 속 단어 쓰기

그림 8-4 문해 구성요소별 언어활동 전개망: 주제-가을/그림책 『다람쥐는 모를 거야』

수학
- 같은 나뭇잎 찾기
- 도토리 수세기
- 가을 색깔 퍼즐 맞추기

언어
- 가을 낱말카드 만들기
- 내가 찾은 가을 색깔
- 다람쥐에게 편지를 써요

사회
- 가을 바람 느껴보기
- 도토리 주워보기
- 가을에는 무슨 동식물을 만날 수 있을까요?

천미진, 『다람쥐는 모를 거야』, 키즈엠

이숙재, 『가을 나뭇잎』, 대교출판

나카야 미와, 『도토리 마을의 빵집』, 웅진주니어

이시이 무쓰미, 『가을의 스웨터』, 주니어김영사

과학
- 온도계로 보는 가을 날씨
- 나뭇잎 무늬 관찰하기
- 나뭇잎 색깔 알아보기

신체 · 음악
- 낙엽 소리를 찾아요
- 낙엽 밟아 보기
- 낙엽 밟는 소리 듣기

미술
- 낙엽 색칠하기
- 나만의 가을 옷 만들기
- 아름다운 가을 나무 꾸미기

그림 8-5 교과영역 통합활동 전개망: 주제-가을/그림책 『다람쥐는 모를 거야』

생활도구

말하기
- 생활도구를 사용해본 경험 말하기
- 옛날에 사용했던 생활도구와 비교하여 이야기나누기
- 생활도구의 다양한 쓰임새에 대하여 이야기나누기
- 생활도구를 사용하는 방법 말하기

듣기
- 다양한 생활도구 소리 듣기
- 의성어, 의태어를 듣고 생활도구 맞추어보기
- 생활도구 동시 듣기
- 다양한 크기의 가위 소리 들어보기
- 생활도구 소리 듣고 찾아보기

동화샘,
『비비의 마법 연습 시간』,
㈜ 바른아이

조대인,
『팥죽할머니와 호랑이』,
보림

유다정,
『일하는 도구들』,
여원미디어

이영미,
『장난꾸러기 가위』,
국민서관

읽기
- 그림책 속 생활도구 이름 읽기
- 의성어, 의태어 읽기
- 생활도구의 올바른 사용법 읽기
- 그림책 속 생활도구 소리 따라 읽기

쓰기
- 생활도구 이름 쓰기
- 생활도구를 사용할 때 소리 나는 의성어, 의태어 써보기
- 생활도구 사전 만들어보기
- 생활도구 동시 따라 쓰기
- 동화 속 반복되는 말 써보기

그림 8-6 의사소통영역 전개망: 주제-생활도구/그림책 『비비의 마법 연습 시간』

배경지식
- 그림책 표지 보고 내용 예측해보기
- 그림책 제목 읽고 예측해보기
- 생활도구를 사용해본 경험 말하기
- 생활도구가 필요한 이유 말하기
- 생활도구의 올바른 사용법 말하기

책 읽기 및 내용 이해
- 그림책 내용 회상하기
- 내가 비비라면? 생활도구를 사용하기 전과 후의 기분 이야기나누기
- 비비가 생활도구를 사용한 이후 집이 어떻게 변화했는지 생활도구 사용 이전과 이후 비교해보기
- 이야기 순서 나열하기

이야기 구조
- 뒤표지 꾸미기
- 그림책 속 장면 순서 바꿔 예측하여 이야기나누기
- 생활도구가 등장하는 순서 알아보고 동극해보기

동화샘,
『비비의 마법 연습 시간』,
㈜ 바른아이

조대인,
『팥죽할머니와 호랑이』,
보림

유다정,
『일하는 도구들』,
여원미디어

이영미,
『장난꾸러기 가위』,
국민서관

음운인식
- '기계'또는 '생활도구' 글자를 찾아 몸으로 표현하기
- '생활도구 단어를 듣고 음절 수만큼 박수치기
- 등장하는 생활도구 단어 중 같은 음절 수 분류해보기

언어구조
- 그림책 표지 제목 띄어쓰기
- 동화 속 반복되는 말 찾아보기
- 쓰이는 곳에 알맞은 생활도구 단어 쓰기

어휘
- '생활도구'하면 생각나는 단어, 말 찾기
- 그림책 속 의태어, 의성어 찾아서 읽어보기
- 그림책 속 모르는 단어에 동그라미 표시하기

단어인식
- '기계'라는 단어 수 세기
- 반복되는 단어 찾기
- 생활도구의 단어와 그림을 연결해보기
- 생활도구를 나타내는 단어 찾기

그림 8-7 문해 구성요소별 언어활동 전개망: 주제–생활도구/그림책 『비비의 마법 연습 시간』

수학
- 그림책에 나오는 생활도구 수세기
- 생활도구 이름(단어) 수세기
- 사용해본 생활도구 조사하고 그래프 만들어보기
- 주변에서 생활도구 찾아보고 크기 비교하기

언어
- 생활도구 이름 써보기
- 도구 관련 동시 듣기
- 생활도구 동시 짓기
- 도구가 없었다면? 뒷이야기 짓기
- 옛날 생활도구와 요즘 생활도구의 차이점 이야기나누기

음악 · 신체
- 신체로 생활도구 따라해보기
- 생활도구 동요 불러보기
  ㉮ 빙글뱅글 세탁기
- 생활도구에서 나는 소리 들어보기
- 생활도구 동극활동
- 생활도구로 연주하기

동화샘,
『비비의 마법 연습 시간』,
㈜ 바른아이

조대인,
『팥죽할머니와 호랑이』,
보림

유다정,
『일하는 도구들』,
여원미디어

이영미,
『장난꾸러기 가위』,
국민서관

미술
- 생활도구 그려보기
- 생활도구 그림 색칠하기
- 재활용품으로 생활도구 만들어보기
- 나만의 생활도구 만들어보기
- 한 가지 생활도구로 미술 작품 만들어보기

사회
- 도구가 필요한 상황 찾아보기
- 편리해진 생활도구 알아보기
- 상황에 알맞은 생활도구를 친구에게 알려주기
- 다양한 생활도구를 모둠친구들끼리 사용해보기

과학
- 생활도구 관찰하기
- 생활도구를 움직이는 '전기'에 대해 알아보기
- 생활도구가 움직이는 원리 알아보기
- 생활도구 부품 분리해보기

그림 8-8 교과영역 통합활동 전개망: 주제–생활도구/그림책 『비비의 마법 연습 시간』

3. 주제에 따른 놀이활동계획(안)

<table>
<tr><th colspan="7">놀 이 활 동 계 획 안</th></tr>
<tr><td>주제</td><td colspan="6">• 놀이 주제_친구 • 놀이 소주제_새로 만난 친구</td></tr>
<tr><td>활동명</td><td colspan="6">부끄럼쟁이 친구들</td></tr>
<tr><td>놀이활동 유형</td><td>대 · 소집단활동 〉 동화</td><td>대상연령</td><td>만 5세</td><td>소요시간</td><td colspan="2">20분</td></tr>
<tr><td>교육목표</td><td colspan="6">1. 부끄러움은 자연스러운 감정이라는 것을 알고 이해한다.
2. 친구와 공감하고 소통하는 방법에 대하여 알아본다.</td></tr>
<tr><td>놀이활동 자료</td><td colspan="6">• 그림책_『부끄럼쟁이 친구들』(시모나 치라올로)
• 퍼핏동화_배경판(유치원 수업시간, 바닷속), 막대 인형(모리스, 코거북복)
• 독후 활동지_'초대장을 만들자!', 색연필</td></tr>
<tr><td>누리과정 관련 요소</td><td colspan="6">• 의사소통 〉 듣기와 말하기 〉 말이나 이야기를 관심 있게 듣는다.
• 사회관계 〉 나를 알고 존중하기 〉 나의 감정을 알고 상황에 맞게 표현한다.</td></tr>
<tr><td>단계</td><td colspan="3">놀 이 내 용</td><td colspan="3">자료 및 유의점</td></tr>
<tr><td>도입</td><td colspan="3">〈놀이에서 흥미 발견하기〉

① 인형이 부끄러워하는 장면을 보여주며 유아들의 흥미를 유발한다.
교사: 귀여운 모리스가 서영유치원에 처음 왔어요. 그런데 모리스가 사슴반에 숨어 있대요. 왜 숨어 있는지 물어볼까요?
유아: 모리스야~ 왜 숨어 있어?
자료: (부끄러운 듯이) 그게 말이지.. 꼭꼭 숨어라 머리카락 보일라.
교사: 모리스가 왜 숨으려고 하는 걸까요?
유아: 친구가 많이 부끄러운가봐요.
교사: 너희는 '부끄럼쟁이 친구들'하면 무엇이 떠오르나요?
유아: 수줍어요. 잘 숨어요. 목소리가 작아요.
교사: 모리스의 속마음을 알고 함께 어울릴 친구들을 찾아볼까요?</td><td colspan="3">M: 모리스 막대 인형
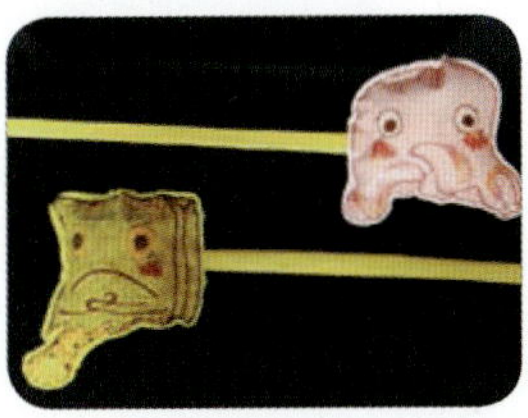
• 3월 적응기간 동안 우리 반에 온 친구로 동일한 손 인형을 준비해 주의를 집중한다.</td></tr>
</table>

전개

〈놀이에 몰입하기〉

② 친구들과 함께 '부끄럼쟁이 친구들' 동화를 감상한다.

교사: 바닷속 부끄럼쟁이 친구들의 따뜻한 우정 이야기를 들어보자.

자료:

[배경_유치원 수업 시간]
우리 꿈나래반에 새 친구가 왔어요.
누구인지 알아볼 수 있나요?
어쩌면 찾고 또 찾아봐야 할지도 몰라요.
눈에 잘 띄는 친구가 아니거든요.
수업 시간에 눈에 띄는 친구도 아니고,
놀이터에서 눈에 띄는 친구도 아니죠.

[배경_유치원 수업 시간]
어디 있을까 일부러 찾아보지 않으면 없어진 것도 모를 거예요.
이쯤 되면 이런 생각이 들 거예요.
'정말 따분한 친구잖아!' 음, 정말 그럴까요?

[배경_바닷속]
남들이 자기를 보고 있지 않다고 생각될 때
그 친구가 무얼 하는지 살짝 보게 된다면...
아마 깜짝 놀랄 거예요. 생각도 못한 모습이거든요.
자료: 바닷속에서 (우무문어 모리스 등장)
모리스: (혼자 있는 공간에서 자신감 있게) 훗 나는야 우무문어! 바닷속 작고 귀여운 문어! 사실 난 춤추는 것을 좋아해. 날개 같은 지느러미로 춤을 추지. 어때 멋있지?

[배경_유치원 수업 시간]
아, 그 친구를 생일 파티에 초대해 봐요.
어쩌면 오고 싶지 않을 수도 있어요.
하지만 친구는 용기를 낼 거예요.
조금 어색한 얼굴로 찾아오겠지요.

M: 그림책 개작_『부끄럼쟁이 친구들』(시모나 치라올로)

• 자료: 배경판을 이용한 막대 인형극_모리스, 코거북복

배경_바닷속

배경_유치원 수업 시간

• 자료: 음원_바닷속 아래에서

<table>
<tr>
<td>전개</td>
<td>
자료:

[배경_바닷속]
자료: 바닷가 아래에서 (코거북복 루시 등장)
어떻게 그리 잘 아느냐고요? 눈치챘겠지만 사실은 나도... 부끄럼쟁이거든요.
코거북복: (떨리는 목소리로)
조금은 떨리지만 용기내서 나를 소개할게.
내 이름은 루시야.
나는 상자 모형의 체형을 가지고 있어.
길고 작은 입이 내 매력이지.
모 리 스: 우리 같이 놀자! 너도 부끄럼쟁이야?
코거북복: 응 나는 얘기하면 볼이 분홍색이 돼. 그런데 아까 왜 숨어 있었는지 알려줄 수 있어?
모 리 스: 아.. 오늘 서영유치원에 처음 와서 모든 것이 새롭고 아직은 낯설어. 그래서 고민이야...
코거북복: 걱정 마! 내가 도와줄게. 사슴반에 재밌는 장난감도 많아. 이거 가지고 놀까?
모리스와 코거북복: (속닥속닥 이야기하며)
그래서 우리는 언제나 서로를 잘 알아주는 친구랍니다.

③ 주인공 우무문어 모리스에 관해서 이야기 나눈다.
교사: 동화에 등장하는 우무문어 모리스는 어떤 아이인 것 같아요?
유아: 부끄럼쟁이 친구. 잘 숨어요. 유치원에 처음 왔어요.
교사: 우리 꿈나래반 친구들도 많은 사람들 앞에서 숨어 버리고 싶은 적이 있었나요?
유아: 나는 사람들이 나를 쳐다보는 걸 좋아하지 않아요.
</td>
<td>
• 막대인형 동화는 종이에 동화의 등장인물과 필요한 배경을 그리거나 만든다.

• 그림 뒷면 또는 인형 사이에 막대를 이용하여 손으로 잡고 인형을 조절하면서 동화를 들려준다.

• 막대인형은 그림을 복사해서 오린 것부터 부직포, 스펀지, 종이컵 등을 이용한 입체 인형까지 다양하다.

• 막대인형을 양면으로 사용하기 위해 인형을 양면으로 제작하고 그 사이에 막대를 끼운다.

• 동화를 들려주기 전, 모든 유아들이 그림이 잘 보이는 자리에 앉을 수 있도록 자리 배치를 한 후 들려준다.

• 유아들이 이야기 듣는 모습을 관찰하면서 장면을 짧게 끊어 이야기하거나 연결해 보고 이야기를 나눈다.

• 유아의 다양한 반응을 수용 · 격려하며 읽어준다.
</td>
</tr>
</table>

전개	: 발표회에서 율동을 하는데 틀려서 숨고 싶었어요. : 유치원에 처음 왔을 때요. 교사: 유치원에 처음 온 모리스가 부끄러워서 숨어 있었을 때 코거북복 친구는 모리스에게 어떤 도움을 주었나요? 유아: 재밌는 장난감을 소개해줬어요. 같이 놀아요. : 속닥속닥 이야기해줬어요. 교사: 유치원에 처음 온 친구에게 '나'라면 어떤 도움을 줄 수 있을까요? 유아: 하이파이브를 해요. 사슴반을 소개해요. ④ 동화가 더 재미있어지는 유익한 책 놀이를 해본다. 교사: 부끄럼쟁이 모리스를 나의 생일 파티에 초대하면 올까요? 유아: 용기를 내서 가요. 고민을 하고 가요. : 부끄러워서 못 가요. 교사: 모리스가 용기를 내어 나의 생일 파티에 올 수 있도록 어떻게 도와줄 수 있을까요? 유아: 귀여운 초대장을 만들어요. : 모리스가 좋아하는 음식이 있다는 것을 알려줘요. : 와서 함께 재밌게 놀자고 얘기해요. 교사: M: 독후활동지_초대장을 만들자! 꼬마선생님이 나와서 여기 초대장을 친구들에게 나눠주세요. 모리스에게 하고 싶은 말이 있다면 밑줄 위에 쓰고 초대장도 더 멋지게 꾸며 보아요. 유아: (초대장을 만든다.)	• 유아들 간의 대화나 교사의 질문에 대한 유아들의 대답이 길어져서 동화를 읽는 데 흐름이 끊어질 경우에는 동화를 계속 들려준 이후에 이야기를 더 나누자고 제안한다. • M: 독후활동지_초대장 만들기 (색연필) 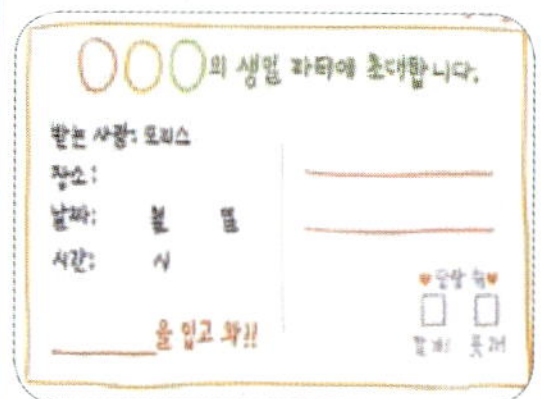 • 유아들이 상상하여 이야기하는 것을 관찰하며 필요한 정서적, 언어적 지원을 제공한다. • 언어활동 외 다양한 활동 연계를 한다.
마무리 (평가)	〈놀이에 배움 찾기〉 ⑤ 완성한 초대장을 유아와 함께 본다. 교사: ○○이는 모리스에게 어떤 말을 해주고 싶나요? 유아: 스타필드에 있는 키즈카페에서 케이크도 먹고 신나게 놀아요. 교사: 사슴반 친구들이 만든 초대장을 보니 모리스가 용기를 내서 너희들의 생일파티에 올 수 있을 것 같구나.	• 유아들 간의 상호작용을 격려하고, 서로 다른 반응을 수용하면서 자신이 생각한 것을 수정 및 확장할 수 있도록 한다. • 동화를 들려준 후, 언어영역에 책을 비치하여 자유놀이시간에 다시 볼 수 있도록 한다.

<table>
<tr>
<td>마무리
(평가)</td>
<td>• 유아와 상황에 맞는 말을 나누어보며 활동을 마무리 한다.
교사: 새로운 친구가 서영유치원에 온다면 친구들은 어떤 도움을 줄 수 있을까요?
유아: 귓속말로 어떤 도움이 필요한지 물어봐요.
: 사슴반 초대장을 만들어줘요.
: 유치원에서 무슨 놀이할 수 있는지 소개해요.
교사: 부끄럼쟁이 친구들이 용기쟁이가 될 수 있도록 우리는 또 어떤 놀이를 해보면 좋을까요?
유아: 용기 목걸이를 만들어서 선물해요.
: 숲놀이터에서 숨바꼭질을 해요.
: 친구와 재미있게 인사할 수 있는 방법을 생각해요.
교사: 바닷속 부끄럼쟁이 친구들의 귀엽고 따뜻한 우정 이야기를 들어 봤는데 언어영역에 ‘부끄럼쟁이 친구들’ 그림책을 둘게요. 모리스의 속마음이 어떤지 찾아보아요.</td>
<td>• 놀이를 통해 배운(발견한) 것을 함께 공유한다.

• 상황에 적절한 새로운 말을 하는 데 어려움이 있는 유아들은 동화에서 나오는 말을 모방하여 따라 말하기부터 해 볼 수 있도록 지도한다.

• 학기 초 3월은 유아들이 새로운 환경에 적응할 수 있도록 관심을 가지고 안내한다.</td>
</tr>
<tr>
<td>확장놀이</td>
<td colspan="2">• 막대동화 자료를 활용하여 놀이한다.
• 자신의 속마음을 용기 있게 말할 수 있는 방법에 대해 이야기 나눈다.
• 말로 표현하기 어려워하는 유아들을 위해 마음을 표현할 수 있도록 유아들과 함께 몸짓 신호나 카드 등을 만드는 활동을 해본다.
• 친구를 기분 좋게 해줄 수 있는 긍정적인 단어를 정해보고 교실에서 정해진 신호에 따라 말해주는 활동을 해본다.</td>
</tr>
</table>

4. 주제에 따른 문학수업의 실제

가을

1) 그림책 선정의 이유

유아는 봄, 여름, 가을, 겨울 사계절에 대하여 많은 관심을 가지고 관찰하며 계절의 변화를 느껴본다. 가을 주제는 유아들이 흔히 볼 수 있는 나뭇잎, 곤충, 꽃, 열매, 자연물 등을 선정하고, 가을의 아름다움, 가을의 느낌, 가을의 색깔, 계절의 변화, 가을의 자연물, 가을 음식, 가을 행사를 내용으로 알아볼 수 있다. 유아가 가을을 느끼고 감상하는 마음을 가질 수 있도록, 그림책 『감나무 아래에서』, 『커다란 순무』, 『가을을 파는 마법사』, 『팔랑팔랑 버들잎 여행』을 선정하였다.

『감나무 아래에서』	박진홍 글 / 최지은 그림 / 키즈엠
	계절은 우리 몰래 바뀐다. 무더운 여름이 지나다 보면 어디선가 신선한 바람이 불어온다. 문득 잎들이 울긋불긋해진다. 여름이 가을로 넘어가는 모습을 영이의 모험으로 그렸다. 영이는 바람 부는 어느 날, 푸른 잎이 팔랑 떨어지는 것을 본다. 폴짝 뛰어 나뭇잎에 올라타고는 숲으로 논으로 마을 위로 날아다니며 가을로 변하는 자연을 온몸으로 즐긴다. 다시 처음 그 자리에 내렸을 때, 잘 익은 감 하나가 툭 떨어진다. 그렇게 가을이 왔다. 영이와 모험을 함께 하며 계절이 바뀌는 신비와 풍요로운 가을을 즐길 수 있는 그림책이다.
『커다란 순무』	알릭세이 톨스토이 글 / 헬렌 옥슨버리 그림 / 시공주니어
	할아버지가 순무를 심은 후 시간이 지나 수확을 하기 위해 노력하지만 커다란 순무는 꼼짝을 하지 않는다. 할아버지는 근처에 있는 할머니를 부르지만 역부족이었다. 그러자 할머니는 아이를, 아이는 강아지를, 강아지는 고양이를, 고양이는 생쥐를 불러 커다란 순무 뽑기 시작하는데 할아버지 혼자서 할 때는 꼼짝도 하지 않던 무를 다같이 힘을 모으자 뽑는 데 성공한다. 이처럼 혼자서는 할 수 없는 일이 있을 수 있는데 나의 옆에 있는 친구들과 힘을 합치면 가능하다는 이야기를 해주는 그림책이다.
『가을을 파는 마법사』	이종은 글 / 류은형 그림 / 노루궁뎅이
	새아는 시골 할머니 집에 놀러 왔다가 가을을 파는 마법사를 만나게 된다. 빨간 모자 아저씨가 옷자락을 펄럭이며 "가을 사세요! 가을 싸게 팔아요!" 외칠 때마다 아주 신기한 일이 벌어진다. 감도 빨갛게 익고 나무도 알록달록 물이 들고 해바라기 씨도 더 까맣게 익는다. 호박도 노랗게 익고 고추잠자리는 더 높이 윙윙 날고 파란 하늘에는 뭉게구름이 두둥실 떠다닌다. 할머니는 가을을 파는 마법사를 보여주기 위해 새아를 데리고 나간다. 가을을 파는 마법사로 인해 가을이 왔음을 계절 속 변화로 알게 해 주는 그림책이다.
『팔랑팔랑 버들잎 여행』	안네 묄러 글 · 그림 / 비룡소
	어느 가을날, 버드나무 가지에 매달려 있는 나뭇잎 열 장이 떨어지면서 자연과 생활 속에서 다양하게 쓰이는 나뭇잎의 이야기를 들려주는 그림책이다. 시냇물에 빠진 메뚜기의 목숨을 구해준 잘 마른 첫 번째 버들잎부터 네 번째, 다섯 번째, 여섯 번째 버들잎 등 나뭇잎들은 저마다 다른 경험을 하며 중요하게 쓰인다. 하지만 마지막 열 번째 버들잎만 멀리 날아가지 못하고 버드나무 바로 밑에 떨어진다. 그리고 많은 벌레와 곤충들에 의해 버드나무의 거름이 되어 이듬해 봄, 버드나무 가지에 새로운 나뭇잎 열장을 돋아나게 한다. 나뭇잎의 새로운 가치와 더불어 사는 삶을 배울 수 있는 그림책이다.

2) 문학중심 통합주제망

말하기

- 내가 좋아하는 가을 곤충 말하기
- 동화의 뒷내용에 대하여 상상해 보고 자유롭게 말하기
- 가을에 관련된 단어로 끝말잇기
- 낙엽을 사용해서 가을 동물을 만들어보고, 이야기 나누기

듣기

- 비발디 사계의 '가을' 감상하기
- 가을무를 포함한 가을 채소들을 자르는 소리 또는 요리하는 소리 들어보기
- 가을 나뭇잎 관련 동요 '아기 단풍' 노래 듣기

박진홍, 『감나무 아래에서』, 키즈엠

알릭세이 톨스토이, 『커다란 순무』, 시공주니어

이종은, 『가을을 파는 마법사』, 노루궁뎅이

안네 뮐러, 『팔랑팔랑 버들잎 여행』, 비룡소

읽기

- 감나무 아래에서 동화책 읽기
- 친구와 역할을 나누어 책을 읽어보기
- 가을 길에 대하여 알아보며 특징 찾아보기
- 그림책에 있는 의성어/의태어 읽기
- 그림책에서 가장 인상 깊은 한 구절 찾아 읽기

쓰기

- 가을 나무에게 편지쓰기
- 그림책 제목 지어보기
- 단풍 나뭇잎으로 글자 써보기
- 가을 나무들에게 이름표 만들어주기
- 다양한 낙엽들의 이름쓰기
- 그림책 뒷이야기 쓰기

그림 8-9 의사소통영역 전개망: 주제-가을/그림책 『감나무 아래에서』

배경지식

- 가을 과일 마트에서 시장 보기
- 무를 사용해 만든 음식에 대해 친구들과 이야기 나누기
- 가을 나뭇잎 관찰하기
- 가을 단풍 축제 체험하기
- 낙엽에 대한 경험 이야기 나누기

책 읽기 및 내용이해

- 『감나무 아래에서』를 읽고 가장 인상 깊었던 장면 이야기나누기
- 『가을을 파는 마법사』에서 가장 재미있었던 장면 소개하기
- 『팔랑팔랑 버들잎 여행』에서 버들잎의 새로운 가치에 대하여 이야기나누기

박진홍,
『감나무 아래에서』,
키즈엠

알릭세이 톨스토이,
『커다란 순무』,
시공주니어

이종은,
『가을을 파는 마법사』,
노루궁뎅이

안네 묄러,
『팔랑팔랑 버들잎 여행』,
비룡소

음운인식

- 그림 책 속 가을 자연물 음절 수만큼 박수 치기
- 동화를 듣는 동안 순무 단어가 나올 때 무 뽑는 동작 해보기
- 글자 수만큼 장구 쳐 보기
- 다양한 가을 나뭇잎들의 음절 수 알아보기

이야기 구조

- 가을에게 해주고 싶은 말 해보기
- 그림책 인물들 중 좋아하는 인물과 그 이유에 대하여 소개하기
- 가을을 파는 마법사에게 부탁해 보고 싶은 것 편지 쓰기
- 그림책 이야기 미니북 만들기

언어구조

- 가을 곤충 3행시, 4행시 짓기
- "무가 ~만큼 나왔어요"의 이야기를 듣고, 그에 해당하는 장면 찾아보기
- 가을 마법사가 변화시킬 수 있는 가을 관련 단어로 게임하기
- 다양한 가을 나뭇잎 이름 공통점 찾기

어휘

- 그림책 속 단어 사전 찾기
- 그림책에 나오는 등장인물들의 이름을 찾아 동그라미 해보기
- '가을' 단어가 들어간 단어 사전 찾기
- 낙엽이 떨어지는 소리 의성어 찾기
- 그림책에 있는 의성어 바꾸기

단어인식

- 문장에서 속 '가', '을' 글자 찾기
- 그림책 속에서 반복되는 단어 찾아보기
- 가을을 파는 마법사처럼 가을 내용이 담긴 망토 만들기
- 가을 나뭇잎에 대한 단어 책 만들기

그림 8-10 문해 구성요소별 언어활동 전개망: 주제-가을/그림책 『감나무 아래에서』

수학
- 가을 과일 무게 재기
- 주사위 게임 수만큼 무를 땅에 붙여 나만의 텃밭 완성해보기
- 가을 잠자리 수세기
- 그림책에서 나오는 버들잎 숫자 세어보기

언어
- 가을 동시 짓기
- 커다란 순무 동극
- 가을 과일 자음, 모음 카드로 글자 만들기
- 내가 만약 버들잎이라면 여행가고 싶은 곳 이야기 나누기

음악 · 신체
- 가을의 느낌을 신체로 표현하기
- 가을 동요 '가을 너 참 예쁘다' 노래 부르기
- 무를 뽑는 장면 신체 표현하기
- 가을과 관련된 노래에 맞춰 가을 마법사가 되어보기

박진홍, 『감나무 아래에서』, 키즈엠

알릭셰이 톨스토이, 『커다란 순무』, 시공주니어

이종은, 『가을을 파는 마법사』, 노루궁뎅이

안네 묄러, 『팔랑팔랑 버들잎 여행』, 비룡소

미술
- 라이트테이블 영역에 가을 풍경 꾸미기
- 내가 가장 좋아하는 장면 그리기
- 다양한 낙엽으로 책갈피 만들기
- 버들잎 물고기 수족관 만들기

사회
- 가을 숲 체험하기
- 동화 속에 나오는 등장인물들에게 편지 쓰기
- 쌀 박물관 견학
- '팔랑팔랑 버들잎 여행' 역할극 하기
- 친구와 함께 낙엽길 만들기

과학
- 가을 곤충 관찰하기
- 돋보기로 무 단면 관찰하기
- 돋보기로 단풍잎 관찰하기
- 다양한 낙엽 분류하기
- 은행잎과 단풍잎의 벤다이어그램 만들기

그림 8-11 교과영역 통합활동 전개망: 주제-가을/그림책 『감나무 아래에서』

3) 문학주제 및 문학작품 교수계획

| 문학주제 교수계획 |

가을

가을 음식, 행사

- 『추석 전날 달밤에』
- 『가을은 풍성해』
- 『고구마는 맛있어』
- 『가을 운동회』
- 『가을이네 장 담그기』

- 『추석 전날 달밤에』: 추석에 내가 할 수 있는 일에 대하여 이야기 나누기(이해 및 감상)
- 『가을은 풍성해』: 가을 과일 사전 만들기(창작)
- 『고구마는 맛있어』: 고구마 맛탕 요리하기(이해 및 감상)
- 『가을 운동회』: 가을 운동회 종목 알아보기(이해 및 감상)
- 『가을이네 장 담그기』: 김장하기(이해 및 감상)

가을 자연물

- 『호커스 포커스 가을의 마법』
- 『씨앗 다이빙 대회』
- 『안녕? 도토리야』
- 『대추 한 알』
- 『관계』

- 『씨앗 다이빙 대회』: 가을 자연물들의 특징 이야기나누기(이해 및 감상)
- 『호커스 포커스 가을의 마법』: 자연물을 이용하여 가을 나무 만들기(이해 및 감상)
- 『안녕? 도토리야』: 자연물들에게 편지쓰기(이해 및 감상)
- 『대추 한 알』: 대추의 변화에 대하여 신체 표현하기(이해 및 감상)
- 『관계』: 주인공 도토리에 대한 인물 평가하기(비평)

가을 풍경

- 『아빠 나한테 물어봐』
- 『가을 논 한복판에서』
- 『산에 가자』
- 『팔랑팔랑 버들잎 여행』
- 『행복한 허수아비』

- 『아빠 나한테 물어봐』: 라이트 테이블 위에 가을 나무 풍경 꾸미기(이해 및 감상)
- 『가을 논 한복판에서』: 허수아비의 유래, 역할에 대하여 이야기나누기(이해 및 감상)
- 『산에 가자』: 숲놀이 만들어보기(창작)
- 『팔랑팔랑 버들잎 여행』: 새로운 나뭇잎 여행 이야기나누기(이해 및 감상)
- 『행복한 허수아비』
  - 허수아비 옷 만들어 보기(이해 및 감상)
  - 허수아비에게 편지쓰기(비평)

가을 곤충

- 『잠자리의 가을 여행』
- 『네가 잠자리니?』
- 『풀밭에 숨은 보물찾기』
- 『찾았다 곤충의 집』
- 『먹고 또 먹고 우리 집 왕사마귀』

- 『잠자리의 가을 여행』: 자연물을 이용하여 가을 곤충 만들기(창작)
- 『네가 잠자리니?』: 잠자리의 특징 이야기나누기(이해 및 감상)
- 『풀밭에 숨은 보물찾기』: 풀밭에서 여러 가지 곤충 찾아보기(이해 및 감상)
- 『찾았다 곤충의 집』: 곤충의 변화를 다양하게 신체로 표현하기(이해 및 감상)
- 『먹고 또 먹고 우리 집 왕사마귀』: 사마귀의 모습과 친구의 모습 비교하기(비평)

| 문학작품 교수계획 |

감나무 아래에서

[가을에 대한 그림책]

『가을 운동회』
『커다란 순무』
『가을을 만났어요』

『가을을 만났어요』
- 가을 숲 체험하기(이해 및 감상)

『가을운동회』
- 두 번째 경기에서도 청군이 이겼을 때, 봄이의 기분에 대해 이야기나누기(이해 및 감상)

『커다란 순무』
- 나만의 순무 만들기(창작)

[박진홍의 그림책]

『만파식적과 시간여행』
『허수아비는 왜 허수아비일까?』
『천재화가 구출작전』

『만파식적과 시간여행』
- 작가에게 궁금한 것 편지쓰기(비평)

『허수아비는 왜 허수아비일까?』
- 허수아비 옷 만들어보기(이해 및 감상)

『천재화가 구출작전』
- 미술품에 대한 감정 표현하기(이해 및 감상)

[감나무가 나오는 그림책]

『감나무가 부르면』
『할아버지의 감나무』
『아기 감이 자란다』

『감나무가 부르면』
- 감 따기 체험하기 (이해 및 감상)

『아기감이 자란다』
- 아기감이 자란다 그림책의 뒷이야기 만들기(창작)

『할아버지의 감나무』
- 감을 관찰하고 맛보기(이해 및 감상)

4) 놀이활동계획(안)

<table>
<tr><th colspan="6">놀 이 활 동 계 획 안</th></tr>
<tr><td>주제</td><td colspan="5">우리나라 음식</td></tr>
<tr><td>활동명</td><td colspan="5">김치가 최고야</td></tr>
<tr><td>놀이활동 유형</td><td>동화 / 이야기나누기</td><td>대상연령</td><td>만 5세</td><td>소요시간</td><td>15~20분</td></tr>
<tr><td>교육 목표</td><td colspan="5">1. 우리나라 전통음식인 김치를 소중히 하는 마음을 가진다.
2. 우리나라 김치의 종류를 안다.</td></tr>
<tr><td>놀이활동 자료</td><td colspan="5">– 동화 '김치가 최고야'
– 4절지, 색지, 낚싯줄
– 김치 냉장고 모양의 참고자료</td></tr>
<tr><td>단계</td><td colspan="3">놀 이 내 용</td><td colspan="2">자료 및 유의점</td></tr>
<tr><td>도입</td><td colspan="3">1. 김치에 대한 경험을 이야기 나눈다.
교사: 우리나라 하면 생각나는 음식이 있나요?
유아: 김치요.
유아: 비빔밥이요.
유아: 고기도 생각나요.
유아: 식혜요.
교사: 친구들이 대답한 것처럼 김치, 불고기, 비빔밥, 식혜 등 다양한 음식이 있지만, 친구들이 이야기해준 음식들은 다음에 알아보도록 하고, 오늘은 김치에 대해 알아보도록 할게요. 김치를 먹어본 적 있나요?
유아: 저요.
유아: 저도 먹어 봤어요.
교사: 김치를 먹었을 때 어떤 맛이었나요?
유아: 맵고 아삭해요.
유아: 시원해요.
유아: 짰어요.
교사: 그럼 친구들이 먹었던 김치들은 어떤 모양이었나요?
유아: 제가 먹었던 김치는 네모 모양이었어요!</td><td colspan="2">– 4절지 크기의 동화책
– 유아가 주의 집중할 수 있도록 발문을 한다.
– 활동 전 배추, 무, 열무 등을 제공해주고 자유롭게 탐색하도록 한다. 실물이 어려우면 사진을 제시하여 이 재료로 만들 수 있는 음식은 무엇인지, 김치에 대한 경험을 이야기 나눈다.</td></tr>
</table>

유아: 저는 완전 기다란 김치를 먹어봤어요.
유아: 저는 음료수병 모양 같은 김치를 먹어봤어요.
유아: 저는 하얀색 김치를 먹어봤어요.
교사: 그래요, 친구들이 먹어본 김치들이 조금씩 다른 것 같아요. 친구들이 말해준 대로 김치는 맵고 아삭하고 짜거나 시원한 맛이 나고, 네모 모양, 기다란 모양, 음료수 병 같은 모양을 가지고 있어요. 김치에도 여러 가지 종류가 있대요.
그러면 친구들이 말한 네모 모양의 김치 이름이 무엇인지 알고 있나요?
유아: 깍두기예요.
교사: 음료수병 모양 김치의 이름이 무엇인지 알고 있나요?
유아: 총각김치예요.
교사: 하얀색 김치의 이름은 무엇인지 알고 있나요?
유아: 동치미요.
교사: 그러면 이 김치의 이름은 무엇일까요?
유아: 배추김치요.

도입

2. 아이들에게 동화책 표지를 보여 주며 이야기를 나눈다.
교사: 선생님이 오늘 친구들에게 재미있는 동화를 들려주려고 해요. 한번 다같이 읽어볼까요?
유아: 김치가 최고야.
교사: 맞아요, 오늘 읽을 동화책의 제목은 '김치가 최고야'예요. 책 표지에서 어떤 것들이 보이나요?
유아: 김치가 날아다니고 있어요.
유아: 김치들이 뛰고 있는 거 같아요.
교사: 친구들이 말해준 대로 김치가 날아다니고 뛰고 있죠? 왜 날아다니고 뛰고 있는 것 같아요?
유아: 둥글게둥글게 하는 것 같아요.
유아: 그것을 강강술래라고 해요.
교사: 책 표지를 보니, 어떤 내용의 이야기일 것 같아요?
유아: 김치들이 나오는 이야기 같아요.
유아: 여러 가지 김치들이 나올 것 같아요.
교사: 친구들, 책 내용 많이 궁금하죠?
유아: 네.
유아: 빨리 듣고 싶어요.
교사: 그럼 우리 한번 '김치가 최고야' 책을 읽어 볼까요?

<table>
<tr>
<td>전개</td>
<td>

1. 유아들에게 동화를 들려준다.

[김치가 최고야]
배추는 오동포동, 무는 동글탱글, 총각무는 토실토실, 쪽파는 길쭉길쭉, 김장거리가 한 밭 가득 자랐어요. 짭조름한 소금에 김칫거리를 절였다가 흐르는 물에 찰랑찰랑 씻어요. 가지가지 맛난 재료를 새빨간 고춧가루와 버무려 매콤한 김치 양념도 만들고요. 양념과 배추를 조물조물 배추김치예요. 양념과 깍둑 썬 무를 버물버물 깍두기예요. 양념과 쪽파를 버물버물 파김치고요. 양념과 총각무를 버물버물 총각김치예요. 동그란 무는 양념 대신 소금물에 풍덩 시원한 동치미예요. 항아리마다 김치가 가득 담겼어요. 김치마다 자기가 최고라고 뽐내요. (중략) 하늘에서 달빛이 쏟아지며 춤추는 김치들을 살포시 비추어요. 어느새 김치들 이마에 송골송골 땀이 맺혀요. "자자 이제 항아리로 돌아가 푹 쉬도록 하렴. 그래야 건강김치가 된단다." 묵은지 할머니가 김치들 엉덩이를 토닥토닥 두들겨 주어요. 새근새근 잠자는 김치들 볼이 살며시 간지러워요. 새콤달콤 맛있는 냄새 풍기고요. 김치 균이 보글보글 퐁퐁퐁 어느새 익어 건강김치가 된 거예요. "아이고 어머나 김치가 맛있게 익었구나." 건강한 김치가 최고예요.

2. 동화를 들은 후 동화에 대해 이야기 나눈다.

교사: 친구들, 동화를 다 읽어봤는데, 어떤 김치들이 나왔는지 기억하나요?
유아: 총각김치, 배추김치가 나왔어요.
유아: 제가 먹었던 깍두기도 나왔어요.
유아: 묵은지 할머니요!
교사: 맞아요, 친구들 잘 기억하고 있는 것 같아요. 친구들 혹시 김치가 자신들에 대해 어떻게 이야기했는지도 기억하나요?
유아: 동치미는 맑은 물에서 동, 동, 동 헤엄친다고 했어요.
유아: 깍두기는 네모 모양이어서 높게, 높게 탑 쌓기를 할 수 있다고 했어요.
유아: 파김치는 자기 몸이 가늘고 길다고 했어요!
유아: 총각김치는 알통이 있는 건 자기뿐이라고 말 했어요.
유아: 배추김치는 자기가 화려하다고 했어요.
유아: 서로 자기들이 최고라고 자랑했어요.

</td>
<td>

- 4절지 크기 동화책(4절지 하드보드지 위에 종이로 오리고 붙여서 만든 동화자료)
- 송곳을 이용하여 구멍을 뚫고 낚싯줄을 이용하여 김치가 움직이도록 제작한다. 낚싯줄을 뒤에서 당겨서 김치가 움직일 때 앞에 김치가 움직이는 방향과 반대방향으로 뒤에서 당겨야 이동방향이 알맞게 조절이 되는 것을 유의해야 한다.
- 유아들이 동화책을 들을 때 바른 자세로 앉아 들을 수 있도록 지도한다.

</td>
</tr>
</table>

전개	3. 동화책에 나온 김치들에 대해 자세히 알아보는 시간을 가진다. 교사: 선생님이 방금 읽은 동화책에 나오는 김치들을 데려와 봤어요. 우리 같이 볼까요? (김치 냉장고 자료를 집어 든다.) 유아: 네! 교사: 자, (배추김치를 가리키며) 이 김치의 이름은 무엇일까요? 유아: 배추김치요! 교사: 맞아요, 배추김치예요. 배추김치는 어떤 재료들을 이용해서 만들까요? 유아: 배추요. 유아: 고춧가루요. 교사: 맞아요. 배추김치는 배추, 고춧가루, 젓갈을 넣어 만들어요. 교사: 그러면 옆에 있는 이 김치는 이름이 무엇일까요? (총각김치를 가리키며) 유아: 알통이 있는 총각김치요. 교사: 맞아요, 총각김치예요. 그러면 총각김치는 어떤 재료들을 이용해서 만들까요? 유아: 총각무요. 유아: 고춧가루요. 교사: 맞아요. 총각김치는 총각무, 고춧가루 등을 이용해서 만들어요. 그러면 마지막으로 이 김치는 뭘까요? (동치미를 가리키며) 유아: 제가 먹었던 동치미예요! 교사: 맞아요, ○○가 먹었다고 말한 동치미죠? 동치미는 어떤 재료들을 이용해서 만들까요? 유아: 무요. 교사: 맞아요. 동치미는 무와 물, 양념을 넣어서 만들어요.	
마무리 (평가)	1. 가장 기억에 남는 김치와 그 이유에 대해 이야기 나눈다. 교사: 오늘 다양한 김치들에 대해 알게 되었는데 가장 기억에 남는 김치는 무슨 김치인가요? 유아: 저는 배추김치요. 교사: 왜 배추김치가 기억에 남아요? 유아: 제가 가장 많이 먹는 김치이고, 김치를 먹을 때 아삭아삭한 느낌이 나서 좋아요.	– 김치 냉장고 모양의 참고 자료 – 유아들이 동화 내용을 회상할 수 있도록 김치냉장고 자료를 보여주고 질문하여 내용을 기억해보도록 한다.

마무리 (평가)	유아: 저는 동치미요! 지난번에 고구마 먹을 때 같이 먹어본 적이 있는데 완전 맛있었어요. 2. 오늘 활동에 대해 마무리하고, 다음 차시에 진행될 활동에 대하여 이야기 나눈다. 교사: 오늘은 다양한 김치들에 대해 알아보는 수업을 했어요. 유아: 저는 여러 가지 김치들에 대해 알게 돼서 좋았어요. 그리고 다음에 고구마 먹을 때 동치미랑 같이 먹어보고 싶어요. 유아: 저는 김치가 맵다고 안 먹었는데, 오늘부터 잘 먹고 튼튼해야겠다고 생각했어요. 유아: 저는 김치 말고도 우리나라의 전통 음식이 어떤 것들이 있는지 궁금해요. 유아: 저는 제가 좋아하는 김치가 안 나와서 슬펐어요. 교사: 어? ○○이는 어떤 김치를 좋아해요? 유아: 저는 열무김치를 좋아하는데 안 나와서 속상했어요. 교사: 그랬구나, 선생님이 오늘 나온 김치들을 친구들이 가지고 놀 수 있도록 준비해서 언어영역에 넣어둘 건데 ○○이가 좋아하는 열무김치도 꼭 넣어줄게요! 교사: 다음 수업도 김치와 관련된 수업을 하려고 하는데 어떤 수업을 하고 싶어요? 유아: 저는 김치를 돋보기로 관찰해보고 싶어요. 유아: 저는 친구들이랑 같이 김치가 되어서 인형극을 해보고 싶어요. 유아: 저는 김치박물관에 가보고 싶어요! 교사: 오늘 친구들이 이야기한 김치놀이 활동은 다음 시간에 같이 해봐요.	
확장 놀이	– 현장체험학습 (김치박물관) – 인형극 ('나는 ~ 김치야') – 과학 (돋보기로 여러 가지 김치 관찰하기) – 점심시간 (김치를 먹고 김치맛 표현해보기) – 역할놀이 (미술재료를 제공하여 김장놀이 해보기)	

5) 문학전달매체(『김치가 최고야』, 그림동화)

활동목표

- 우리나라 전통음식인 김치를 소중히 하는 마음을 가진다.
- 우리나라 김치의 종류를 안다.

활동수준	만 5세
재 료	하드보드지 4절지, 송곳, 다양한 색지, 활 핀, 낚싯줄, 아크릴 물감
제작방법	① 동화책의 그림과 글을 읽는다. ② 하드보드지 4절지에 아크릴 물감으로 동화책의 배경 그림을 그리고, 색칠한다. ③ 다양한 색지를 이용하여 동화책에 나오는 배경에 붙일 주인공, 캐릭터, 움직이는 주인공, 캐릭터들을 그린다. ④ 크기에 맞게 자른 후, 색칠한다. ⑤ 송곳을 이용하여 구멍을 뚫고 낚싯줄을 이용하여 김치가 움직이도록 제작한다. ⑥ 낚싯줄을 뒤에서 당겨 김치를 움직이게 한다(앞에서 김치가 움직이는 방향과 반대 방향으로 뒤에서 당겨야 이동 방향이 알맞게 조절이 되는 것에 유의한다). 〈사진〉  ①  ②  ③  ④  ⑤  ⑥
활동방법	① 김치에 대한 경험을 이야기 나눈다. ② 아이들에게 동화책 표지를 보여 주며 이야기를 나눈다. ③ 유아들에게 움직이는 동화책 『김치가 최고야』를 들려준다. ④ 동화를 들은 후 동화에 대해 이야기를 나눈다. ⑤ 동화책에 나온 김치들에 대해 자세히 알아보는 시간을 가진다. ⑥ 가장 기억에 남는 김치와 그 이유에 대해 이야기 나눈다. ⑦ 오늘 활동에 대한 소감을 이야기 나누고, 다음에 하고 싶은 활동에 대해 이야기 나눈다.

CHAPTER 09

유아문학과 문학활동

유아문학교육은 이해 및 감상활동, 비평활동, 창작활동으로 이루어진다. 문학활동은 유아의 연령이나 주제, 그림책에 대한 사전 독서 배경을 고려하여 계획한다. 본 장에서는 문학교육 내용과 주제에 따른 교과영역 활동 전개망과 그에 따른 구체적인 문학활동에 대하여 살펴보고자 한다.

1. 문학교육 내용에 따른 문학활동

문학활동은 문학교육의 내용, 즉 이해 및 감상, 비평, 창작 활동 중심으로 이루어진다. 교사가 읽어주는 그림책을 듣고 유아는 일상생활 속에서, 놀이를 통해 이에 대하여 서로 이야기하고, 이를 기초로 여러 가지 의미 있는 활동을 할 수 있다.

모든 그림책에 대하여 문학활동을 해야 하는 것은 아니다. 문학주제 교수계획안이나 문학작품 교수계획안은 관련 그림책들을 묶어 유의미한 경험을 할 수 있게 제시하기 때문에 각 그림책에 몰입하여 읽는 것만으로도 그것의 특징을 깊이 경험할 수 있다. 그러므로 문학활동은 유아와 협의하여 자발적으로 참여하고자 하는 유아를 중심으로 이루어져야 한다.

문학활동은 이해 및 감상, 비평, 창작 활동의 문학교육 내용을 기초로 만들어질 수 있다. 문학활동은 유아의 연령이나 주제, 그림책에 대한 사전 독서 배경 등을 세부적으로 고려하여 계획되어야 하지만, 일반적인 수준에서 각 문학교육 내용별로 활동을 제시하는 것도 가능하다(오영희 외, 2003).

문학활동은 유아가 이야기를 들을 때 이루어진 심미적 문학 경험에 기초하며, 심미적 감상을 가능하게 하는 활동 중심으로 이루어지는 것이 바람직하다.

다음은 문학교육 내용에 기초한 일반적인 문학활동의 예이다.

1) 이해 및 감상활동

그림책을 읽은 후에 이해 및 감상을 위하여 할 수 있는 문학활동은 이야기에 대한 느낌 표현하기(말하기, 쓰기, 그리기, 신체활동 등), 주인공이나 등장인물에 대한 생각 모으기, 주인공이 간 곳을 그림으로 그려보기, 등장인물 또는 주인공이 되어 이야기해보기, 등장인물 또는 주인공에게 편지 쓰기, 등장인물의 마음 표현, 등장인물과 가상의 인터뷰하기, 등장인물 이름이나 이야기의 제목 지어주기, 큰 책 만들기, 가장 인상 깊었던 장면 그리기, 그림책에서 사용한 매체를 사용하여 그림 그리기, 역할놀이 · 동극 · 그림책의 내용과 관련된 자신의 경험을 표현하기 등이 있다.

2) 비평활동

비평을 위한 문학활동 중에는 이해 및 감상을 위한 문학활동이 많이 포함될 수 있다. 그러나 이해 및 감상으로서의 활동과 비평으로서의 활동은 같은 이름의 활동이라고 해도 그 성격이 같은 것은 아니다. 이해 및 감상을 위한 활동이 자신의 생각이나 느낌, 경험에 기초하는 것이라고 한다면, 비평을 위한 활동은 작품이나 작가에 대한 평가에 기초하는 것이다. 그러나 이 두 가지 활동은 별개로서 작용하는 것이 아니고, 유아가 이해 및 감상을 위한 활동을 하면서 작품에 대한 평가로 자연스럽게 이어지기 때문이다.

예를 들면, 이야기에 대한 느낌 표현하기(말하기, 쓰기, 그리기, 움직이기 등)의 경우, 이해 및 감상을 위해서는 유아가 그림책을 읽은 후 느낀 것들을 언어나 미술을 통해 표현하는 것이고, 비평을 위해서는 유아가 그림책의 장단점에 기초하여 그것을 평가하는 것이다. 그런데 이해 및 감상을 위하여 이야기에 대한 느낌을 표현하다 보면 이야기나 그림에 대한 평가로 이어지는 경우가 많다.

그러므로 이해 및 감상활동과 비평활동은 완전히 분리된 활동이 아니라 이해 및 감상활동 계획을 하였다가 유아가 작품 속에서 벗어나 작품 밖에서 작품에 대한 평가를 할 경우 교사는 이때 유아의 비평적 반응을 격려하기 위하여 적절한 질문과 반응을 해주어야 한다.

비평활동에는 이야기에 대한 느낌 표현, 주인공이나 등장인물에 대한 생각 모으기, 등장인물에 대하여 평가하기, 글 작가 및 그림 작가에 대한 생각 나누기(편지쓰기, 평가하기), 주제, 배경과 관련하여 토론, 편지쓰기, 다른 책이나 매체와 비교하기, 그림에 대하여 평가하기, 작가나 일러스트레이터에 대하여 평가하기 등이 포함된다.

3) 창작활동

창작은 그림책을 읽고 그것에 기초하여 할 수도 있지만, 작품이 없이도 가능한 교육 내용이다. 관련 활동은 이야기의 전 이야기 짓기 또는 뒷이야기 짓기, 그림책의 중간부터 바꿔 짓기, 같은 소재나 주제로 동시 짓기, 같은 제목으로 그림책 만들기, 그림책 내용에 기초하여 동극 대본 쓰기, 창작 그림책(글 있는 그림책 및 글 없는 그림책) 쓰기 등이 있다.

2. 주제에 따른 문학활동

문학교수계획은 그림책 한 권을 중심으로 웹(web)을 구성하는 것이므로 비교적 쉽게 실시할 수 있는 장점이 있으며, 유아로 하여금 웹의 중간에 놓인 그림책의 여러 가지 특징을 깊이 경험할 수 있게 한다(박화윤 외, 2010; 서정숙 외, 2007; 이경우, 2007).

문학활동은 문학교육의 내용, 즉 이해 및 감상, 비평, 창작 활동을 기준으로 창안될 수 있으며, 확장활동도 포함시킬 수 있다(김영애, 2006). 그림책으로 하는 문학활동은 유아교육현장에서 일반적으로 활용되고 있다. 주로 언어활동이나 미술활동에 의해 이루어지고 있으며 다양한 활동이 실행될 수 있다.

문학중심의 통합적 접근에 기초하여 〈교통기관〉, 〈세계 여러 나라〉, 〈환경과 생활〉 주제에 따른 교과영역 통합활동 전개망과 문학활동 예시를 소개하면 다음과 같다(김영애, 2019).

언어
- 내가 타고 싶은 교통기관 이야기나누기
- 교통기관 사전찾기
- 교통기관 글자자석
- 교통기관 주제망
- 자동차 동시짓기
- NEWS 기사 쓰기
- 크로스워드 퍼즐맞추기
- 도장찍어 그림책 뒷 이야기 꾸미기

수학
- 트럭 묶음으로 분류하기
- 바퀴 수 더하기
- 친구들을 태워요

과학
- 로켓 만들어 날리기
- 로켓이 날아가는 모습 관찰하기
- 자동차 탐색하기

사회
- 어린이 교통공원 견학
- 안전한 길 건너기
- 항공 교통기관 길 만들기
- 다양한 자동차 찾기

신체 · 음악
- 자전거 타기
- 가마 타고 돌아오기
- 교통기관 관련 악기 연주하기

미술
- 탈것 만들기
- 교통기관 고구마 스프레드
- 자동차 바퀴 디자인하기

그림 9-1 교과영역 통합활동 전개망: 주제-교통기관 /그림책 『세상이 자동차로 가득 찬다면』

교통기관 뉴스 만들기

| 활동목표 |

- 그림책 『세상이 자동차로 가득 찬다면』을 읽고, 뉴스를 만들어본다.
- 자신이 만든 뉴스를 직접 진행해본다.

| 활동순서 |

1. 그림책 『세상이 자동차로 가득 찬다면』을 읽는다.
2. 세상이 자동차로 가득 찬다면 어떻게 될지 이야기 나눈다.
3. 이야기 나눈 것들을 텔레비전 용지에 그려본다.
4. 그린 후 친구들 앞에서 뉴스를 발표해본다.

| 활동 자료 및 결과 |

그림책 『세상이 자동차로 가득 찬다면』, 색연필, 사인펜, 텔레비전 용지

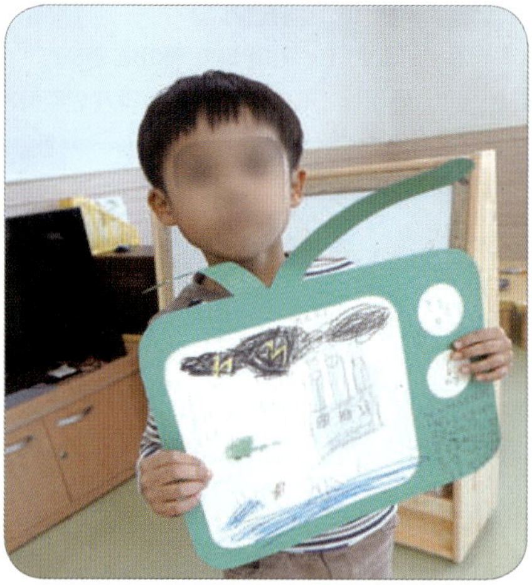

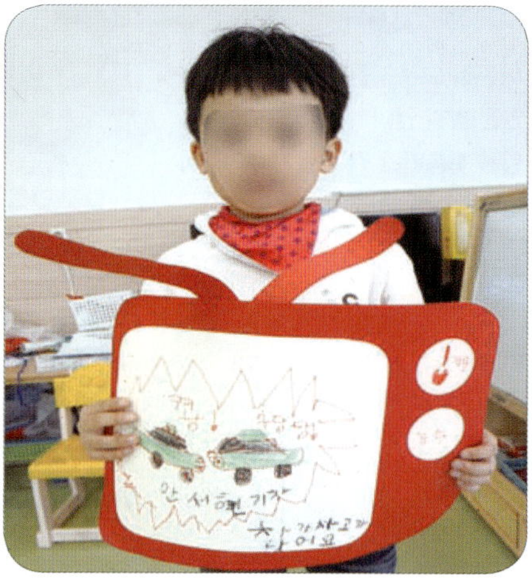

자동차 바퀴 수 셈하기

| 활동목표 |

- 그림책『세상이 자동차로 가득 찬다면』을 읽고, 자동차에 대해 알아본다.
- 자동차 바퀴 수를 세어본다.

| 활동순서 |

1. 그림책『세상이 자동차로 가득 찬다면』을 읽는다.
2. 자동차에 대해 이야기를 나눈다.
3. 활동지의 바퀴를 보고 개수를 세어 덧셈을 해본다.

| 활동 자료 및 결과 |

그림책『세상이 자동차로 가득 찬다면』, 활동지, 연필

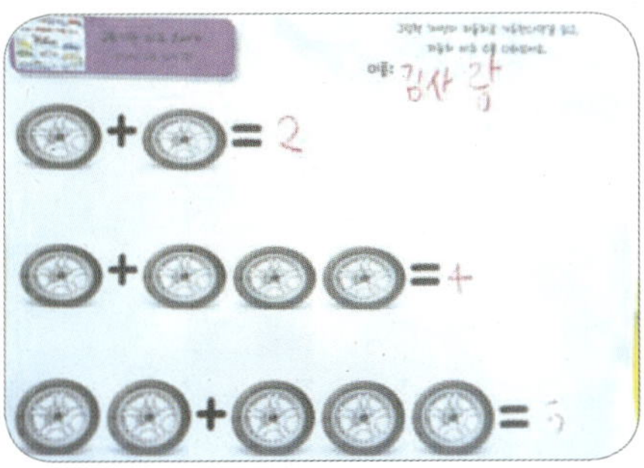

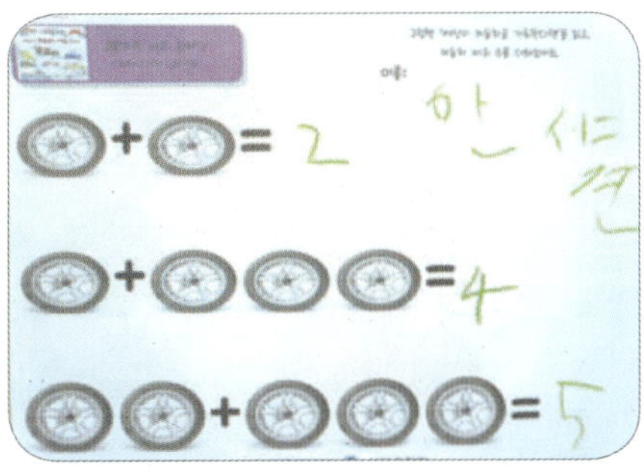

과학

다양한 교통기관 탐색하기

| 활동목표 |

- 다양한 교통기관에 대해 관심을 갖는다.
- 다양한 교통기관의 특성과 이용방법에 대해 알아본다.

| 활동순서 |

1. 내가 이용한 교통기관에 대해 이야기 나눈다.
2. 다양한 교통기관에 대해 이야기 나눈다.
3. 교통기관의 종류에 대해 이야기 나눈다(육상, 해상, 항공 교통기관).
4. 우리 주변의 교통기관을 탐색한다.

| 활동 자료 및 결과 |

육상, 해상, 항공 교통기관 사진, 자동차, 버스, 사다리차, 비행기 모형

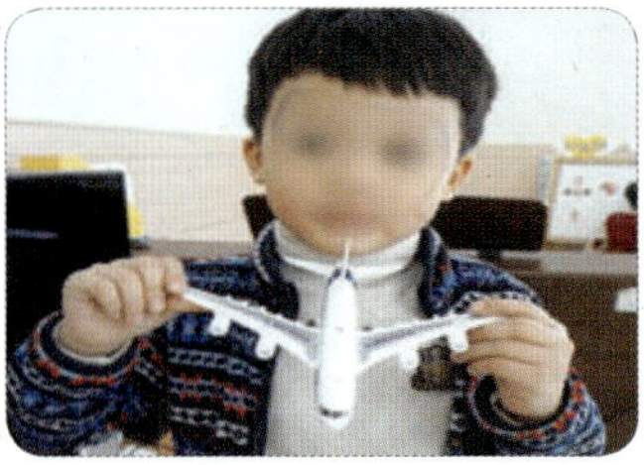

사회

교통공원 견학

| 활동목표 |

- 교통공원을 견학하여 교통경찰이 하는 일에 관심을 가진다.
- 횡단보도를 안전하게 건너는 방법을 알아보고, 교통기관을 이용해 본다.

| 활동순서 |

1. 횡단보도를 안전하게 건너는 방법에 대해 알아본다.
2. 횡단보도를 건너본다.
3. 교통기관 이용 시 안전수칙에 대해 이야기 나눈다.
4. 안전벨트를 하고 기차를 탄다.
5. 안전장비를 하고 자전거를 탄다.

| 활동 자료 및 결과 |

자전거, 횡단보도,

기차, 지하철

수륙 양용 자동차가 되어보자

| 활동목표 |

- 수륙 양용 버스의 특징에 관심을 가진다.
- 신체와 도구를 사용하여 교통기관의 움직임을 표현해 본다.

| 활동순서 |

1. 수륙 양용 버스 사진 자료를 보며 이야기 나눈다.
2. 수륙 양용 버스의 모양을 탐색하며 이야기 나눈다.
3. 수륙 양용 버스의 특징을 알아보고 편리한 점에 대해 생각해 본다.
4. 신체표현을 해보고 그 느낌에 대해 이야기 나눈다.

| 활동 자료 및 결과 |

매트, 뜀틀, 수륙 양용 버스 사진, 음원

미술

자동차 바퀴 디자인

| 활동목표 |

- 그림책 『세상이 자동차로 가득 찬다면』을 읽고, 바퀴의 기능에 대해 알아본다.
- 자동차 바퀴를 디자인하고 소개해 본다.

| 활동순서 |

1. 그림책 『세상이 자동차로 가득 찬다면』을 읽는다.
2. 자동차에 대해 이야기 나눈다.
3. 자동차 바퀴의 기능을 안다.
4. 어떤 모양의 바퀴를 만들지 생각한다.
5. 유아들이 자유롭게 자신의 바퀴를 디자인해 본다.
6. 디자인한 바퀴를 친구들에게 소개한다.

| 활동 자료 및 결과 |

자동차 사진, 색연필, 활동지

수학

- 세계 여러 나라 화폐 세기
- 세계 여러 나라 국기 퍼즐 맞추기
- 그림책 속 장면 사람 수 세기

언어

- 세계 여러 나라 인사 알아보기
- 내가 가고 싶은 나라 쓰기
- 세계 여러나라 전통의상 팝업 북 만들기
- 세계 여러 나라 사람들에게 편지쓰기

과학

- 나라마다 사용하는 화폐가 달라요
- 가고 싶은 나라 지구본 찾기
- 오니기리 만들기

사회

- 세계 여러 나라 이야기 선생님이 되어봐요
- 세계의 아침인사로 인사해요
- 세계 여러 나라 집 뒤집기 게임

신체 · 음악

- 가고 싶은 나라에 공 넣기
- 중국의 민속놀이 고리 던지기
- 각 나라의 전통 춤을 알아보고 춤추기
- 세계 여러 나라 조각상 되어 보기
- 세계 여러 나라 전통의상 입어 보기

미술

- 세계 여러 나라 건축물 꾸미기
- 세계 패션쇼 콜라주
- 에펠탑 점묘화
- 그림책 장면 OHP필름 그림 그리기

그림 9-2 교과영역 통합활동 전개망: 주제 〈세계 여러 나라〉 /그림책 『세계 지도 그림책』

언어

세계 여러 나라 인사

| 활동목표 |

- 그림책 『세계 지도 그림책』을 읽고, 세계 여러 나라 인사법과 인사말에 대해 알아본다.
- 세계 여러 나라 인사말을 써본다.

| 활동순서 |

1. 세계 여러 나라 인형들로 인사한다.
2. 그림책 『세계 지도 그림책』을 읽는다.
3. 세계 여러 나라에 대해 이야기 나눈다.
4. 각 나라의 인사말을 알아본다.
5. 활동지에 세계 여러 나라 인사말을 적어본다.

| 활동 자료 및 결과 |

그림책 『세계 지도 그림책』, 활동지, 지우개, 세계 여러 나라 인형들

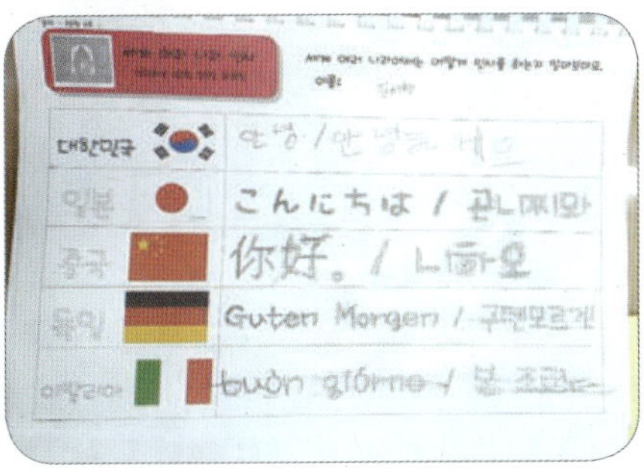

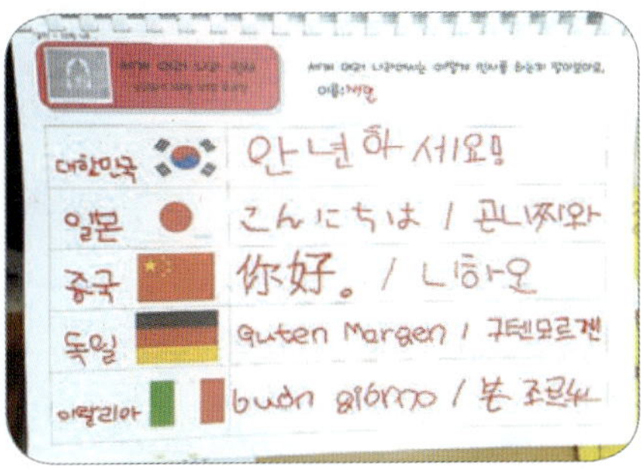

과학

나라마다 사용하는 화폐가 달라요

| 활동목표 |

- 세계 여러 나라의 화폐를 돋보기로 관찰해 본다.
- 각 화폐에 해당하는 나라를 써본다.

| 활동순서 |

1. 세계 여러 나라 화폐를 돋보기로 관찰한다.
2. 화폐에 담긴 뜻을 알아본다.
3. 화폐를 관찰한 후 활동지에 어느 나라 화폐인지 적어본다.

| 활동 자료 및 결과 |

세계 여러 나라 화폐 사진, 활동지, 돋보기, 연필, 지우개

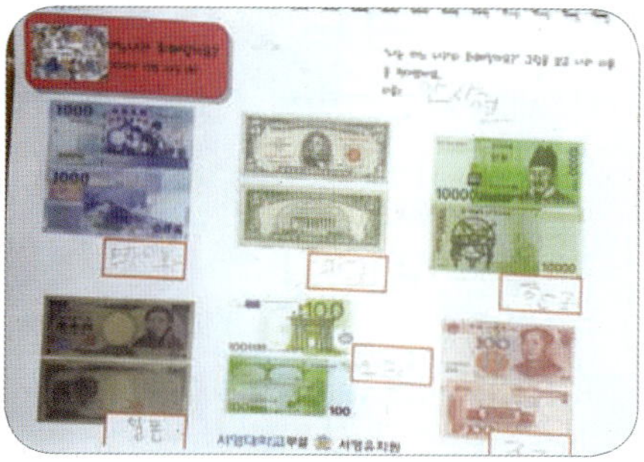

신체 · 음악

가고 싶은 나라에 공 넣기

| 활동목표 |

- 세계 국기에 대해 알아본다.
- '내가 가고 싶은 나라' 공 넣기 게임을 해본다.

| 활동순서 |

1. 내가 가고 싶은 나라에 대해 이야기 나눈다.
2. 국기와 이름을 알아본다.
3. 공을 양면 그물망에 넣어본다.

| 활동 자료 및 결과 |

삼각대, 핀, 공, 국기, 지지대

미술

패션쇼 콜라주

| 활동목표 |

- 그림책『바바의 세계여행』을 읽고, 잡지를 이용한 각 나라의 패션쇼 콜라주를 해본다.
- 각 나라의 패션쇼 무대를 꾸며보고 소개해본다.

| 활동순서 |

1. 그림책『바바의 세계여행』을 읽는다.
2. 그림책 내용을 회상한다.
3. 사자가 변신한 옷들에 대해 이야기 나눈다.
4. 잡지에서 옷들을 찾아본 후 패션쇼 무대를 꾸며본다.
5. 친구들 앞에서 패션쇼 무대를 소개해본다.

| 활동 자료 및 결과 |

그림책『바바의 세계여행』, 잡지, 활동지, 가위, 풀, 색연필

사회

세계의 아침인사로 인사해요

| 활동목표 |

- 세계 여러 나라의 인사법에 대해 알아본다.
- 세계 여러 나라의 인사말로 인사해 본다.

| 활동순서 |

1. 우리나라 인사법에 대해 이야기 나눈다.
2. 세계 여러 나라 인사법에 대해 알아본다.
3. 대한민국, 중국, 미국, 프랑스 인사법을 익힌다.
4. 활동방법을 소개한다.
   - 네 모퉁이에 의자를 놓고 국기를 붙인다.
   - 의자에 앉는 친구가 그 나라의 사람이 된다.
   - 다른 친구들은 네 모퉁이를 돌며 각 나라의 인사말로 인사한다.
5. 번갈아 가며 각 나라의 친구와 인사한다.

| 활동 자료 및 결과 |

의자, 국기 사진, 세계 여러 나라 인사법 사진

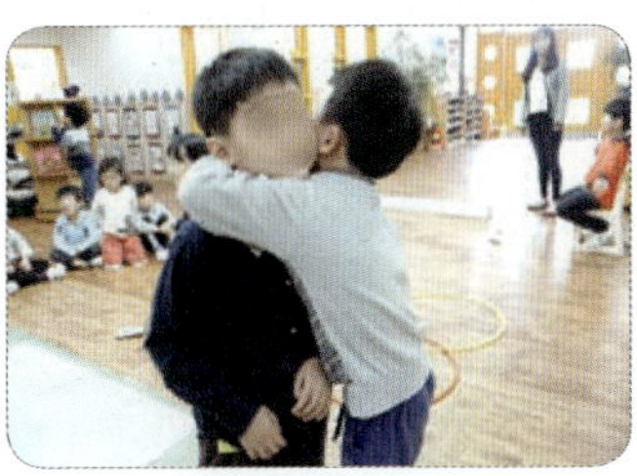

수학
- 그림책 퍼즐 맞추기
- 그림책 속 물건 수 세기
- 색깔 풍선 놀이
- 그림책 속 단어 음절 수 박수 치기
- 바람을 숫자로 표현해요

언어
- 이로운 바람, 해로운 바람
- 내가 만약 바람이라면
- 동시 '공기들의 웃음'
- '바람' 동시 짓기
- 명화 속 말풍선 이야기 짓기
- 신문에서 '바람' 글자 찾기

과학
- 풍향계 만들기
- 공기무게 측정하기
- 낙하산 실험
- 바람에 말린 빨래 비교하기
- 공기를 찾아라

사회
- 입바람 씨름
- 숲속에서 만난 바람
- 스카프 메고 달리기
- 바람이 필요해요
- 재난 체험관 견학가기

신체 · 음악
- 바람인형 따라하기
- 그림책 장면 따라하기
- 명화 '겨울바람' 따라하기
- 휴지 오래 날리기
- 바람 불어 종이 떼기
- 〈사계-가을〉 듣고 바람 표현하기

미술
- 색풍선 꾸미기
- 바람개비 만들기
- 표지 거품 그림 그리기
- 풍등 꾸며 날리기
- 바람인형 만들기

그림 9-3 교과영역 통합활동 전개망: 주제 〈환경과 생활〉/그림책 『바람이 좋아요』

바람으로 움직이는 것들 NIE

| 활동목표 |

- 일상생활에서 사용되고 있는 바람의 쓰임에 대해 알아본다.
- 바람으로 움직이는 것과 바람을 만드는 물건을 알아본다.

| 활동순서 |

1. 그림책 『바람이 불면』을 읽는다.
2. 그림책의 내용을 회상한다.
3. 바람의 특성에 대해 이야기 나눈다.
4. 바람으로 움직이는 도구에 대해 이야기 나눈다.
5. 주변에서 볼 수 있는 바람을 만드는 도구에 대해 이야기 나눈다.
6. 활동지에 바람으로 움직이는 도구와 바람을 만드는 도구의 이름을 글로 표현해본다.

| 활동 자료 및 결과 |

그림책 『바람이 불면』, 활동지, 필기도구

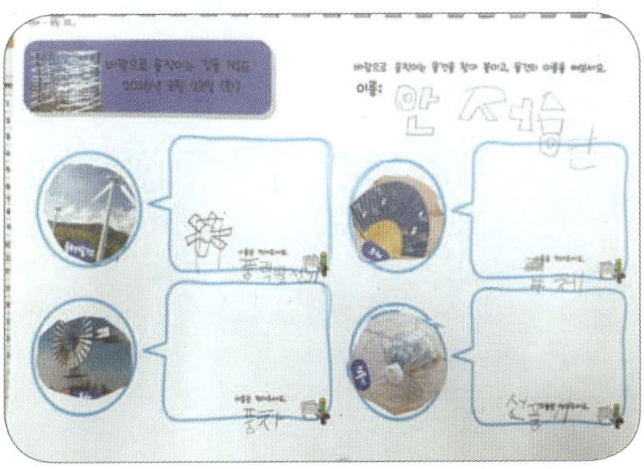

바람 마인드 맵

| 활동목표 |

- 바람에 관심을 가진다.
- '바람' 단어를 듣고 생각나는 것을 말과 글로 표현해 본다.

| 활동순서 |

1. 그림책 『바람이 불면』을 읽는다.
2. 그림책 속 내용에 대해 이야기 나눈다.
3. 바람에 대해 이야기 나눈다.
4. '바람' 단어를 들으면 생각나는 것을 말과 글로 표현한다.

| 활동 자료 및 결과 |

그림책 『바람이 불면』, 활동지, 필기도구

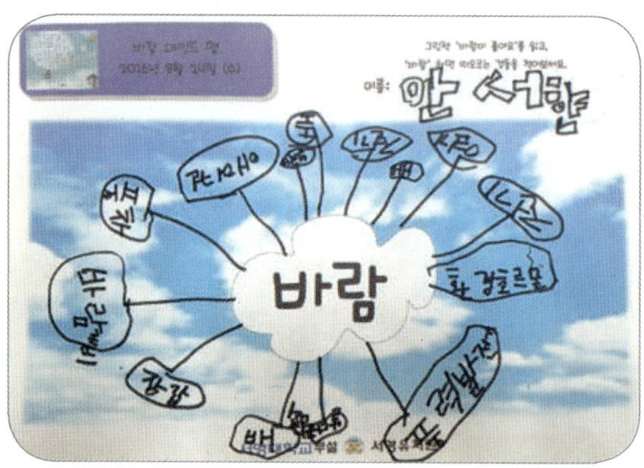

미술

풍향계 만들기

| 활동목표 |

- 바람에 따른 풍향계의 움직임에 관심을 가진다.
- 풍향계를 만들어 바람의 방향을 알아본다.

| 활동순서 |

1. 사진 자료를 보며 바람이 많이 부는 날에 있었던 일들에 대해 이야기 나눈다.
2. 풍향계 사진을 보며 이야기 나눈다.
3. 비닐 풍향계 인형을 만들어본다.
4. 실외에서 바람인형에 바람을 담는 활동을 한다.
5. 신체활동을 하며 느낀 점에 대해 이야기 나눈다.

| 활동 자료 및 결과 |

비닐, 원형 색종이, 풀, 가위, 네임펜

친환경 에너지 체험관 견학

| 활동목표 |

- 친환경 에너지에 관심을 갖는다.
- 친환경 에너지를 만드는 방법에 대해 알아본다.

| 활동순서 |

1. 친환경 에너지에 대해 이야기 나눈다.
2. 친환경 에너지 체험관 지도교사의 설명을 바르게 듣는다.
3. 태양열 에너지, 풍력 에너지, 수력 에너지 체험을 한다.
4. 친환경 에너지 체험관 지도교사의 안내에 따라 안전하게 행동한다.
5. 체험 후 소감을 이야기 나눈다.

| 활동 자료 및 결과 |

그림책『세상이 자동차로 가득 찬다면』, 활동지, 연필

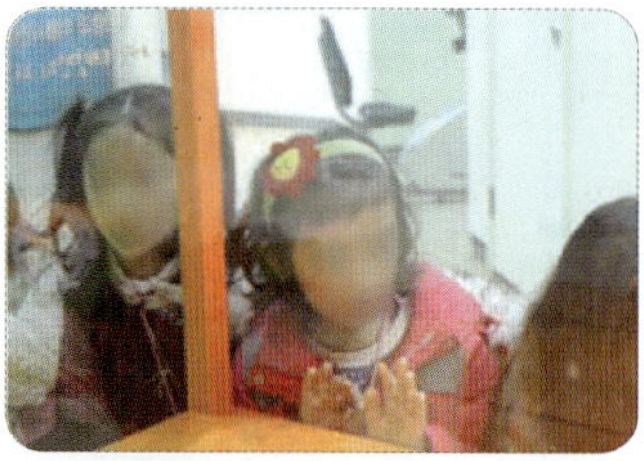

물방울이 변했어요

| 활동목표 |

- 공기의 특성에 대해 알아본다.
- 공기가 들어 있는 물건을 찾아본다.

| 활동순서 |

1. 물의 특성에 대해 이야기 나눈다.
2. 온도에 따라 변하는 물의 모습을 알아본다.
3. 뜨거울 때와 차가울 때 물이 변화하는 모습을 관찰한다.

| 활동 자료 및 결과 |

활동지, 색연필, 물, 주전자, 얼음

CHAPTER 10

유아문학과 전달매체

유아문학교육에서 교수매체를 활용하는 것은 문학작품을 잘 이해하고 감상할 수 있는 능력을 길러준다. 시각적인 자료를 활용함으로써 유아의 흥미와 호기심을 불러일으키고 오래 기억할 수 있는 교육적 효과가 있다. 본 장에서는 유아교육기관에서 대집단 유아에게 좋은 문학작품을 소개하는 다양한 전달매체에 대하여 살펴보고자 한다.

1. 유아문학 전달매체의 제작

그림책은 유아들에게 상상과 즐거움, 감동을 주는 매체이다. 유아를 대상으로 동화를 들려줄 때 문학에 대한 유아의 흥미와 관심, 창의성을 높이기 위한 다양한 방법이 있다. 특히, 혼자서 책을 읽기 어려운 유아들을 위해서는 책의 내용을 이해하기 쉽고 재미있는 방법으로 전달해 줄 필요가 있다.

다양한 매체를 활용하여 동화를 들려주는 것은 책으로 이야기를 들려주는 것과 달리 유아들에게 또 다른 효과와 새로운 경험을 전달한다. 교사는 다양한 매체를 활용한 후 추후활동을 통해서 유아들에게 매체를 직접 다루어 보는 경험을 제공할 수 있으며 이를 통하여 유아의 언어적 상호작용을 도울 수 있다. 문학활동을 위한 매체는 문학의 장르와 내용, 특성에 따라 적절한 전달 방법을 선택하는 것이 중요하다.

그림을 이용하는 동화 전달 방법에는 그림동화, 융판동화, 자석동화, TV동화, 앞치마동화, PPT동화, 블록동화 등이 있다. 입체적인 형태로 인형을 이용하는 방법으로는 테이블인형, 막대인형, 손인형, 그림자인형 등이 있다.

유아문학 전달매체는 대집단 유아에게 좋은 문학작품을 전달하려는 데 그 의의와 목적이 있다. 물론 이 목적은 고전적인 방법인 구연동화로부터 현대 기자재를 활용한 것에 이르기까지 좋은 문학작품을 다수의 유아들에게 보여주고 들려주어 문학을 경험하게 하고 문학적 인간으로 성장하게 하는 것이다.

유아문학 전달매체를 제작할 때 고려할 사항은 다음과 같다(김영애 외, 2015; 김영애 외, 2016; Cullinan, 1989).

① 양질의 문학작품을 기초로 해야 한다.

유아들에게 들려주고 보여줄 만한 가치가 있는 작품을 선정하는 것은 매우 중요하다. 교사는 다양한 문학작품을 접함으로써 작품 선정의 안목을 길러야 한다.

② 제작한 매체를 통해 유아가 원작에 대하여 흥미를 갖도록 해야 한다.

문학 전달매체의 궁극적 목표는 문학작품 원작에 흥미를 가지게 하는 것이지만 원작의 흥미로움을 반감시키는 매체도 있음을 간과해서는 안 된다.

③ 매체로 제작한 작품은 원작을 더욱 풍부하게 확장시켜야 한다.

유아의 발달특성상 책을 이해하는 것이 어렵거나 좀 더 다양한 방법으로 원작을 더욱 풍부하게 확장시켜 주는 의미로서 매체는 필요하다.

④ 매체로 제작한 작품은 책과는 다른 경험을 주어야 한다.

매체가 그림책과 다른 경험을 준다는 것은 그 책에 관심을 가지게 한다는 의미이다. 슬라이드로 매체를 제작하여 제시한 후 교사가 '지금 우리가 본 슬라이드는 이 그림책에서 그대로 옮겨진 것'이라고 한다면 유아들에게 그 책은 새로운 의미 또는 새로운 가치가 될 것이다.

⑤ 매체로 제작한 작품은 유아에게 상상력을 길러주어야 한다.

책의 활자와 그림은 유아들에게 풍부한 상상력을 길러준다. 매체로 제작한 작품을 좀 더 실감나게 입체적으로 만들었다면 유아들이 상상력을 발휘하는 데 도움이 될 것이다.

⑥ 매체로 제작한 작품은 원작에 충실해야 한다.

유아문학에서 글과 그림 모두 원작에 충실해야 한다. 경우에 따라 등장인물 묘사에 있어 단순화시키거나 특징적인 묘사로 할 수 있으나 원작을 충분히 분석해야 한다. 특히 글의 내용은 어려운 용어를 쉬운 용어로 바꾸어 주는 정도 외에는 원작에 충실해야 한다.

⑦ 매체로 제작한 작품이 기술적으로 알맞게 제작되어야 한다.

유아문학 전달매체는 대부분 손으로 제작되기 때문에 정교성과 견고성이 떨어진다. 그 작품이 퍼핏이라도 어떤 퍼핏으로 제작하면 좋을지, 가장 효과적인 기법은 무엇인지 그 매체를 선택한 이유와 기법이 왜 효과적이라고 생각하는지 등을 충분히 고려해야 한다.

⑧ 매체로 제작한 작품이 대상 연령 집단에 적합해야 한다.

제시하는 대상 연령에 따른 적합성이다. 좋은 원작에 따른 최적의 매체 제작과 대상연령을 고려할 때 그 매체의 효과를 극대화할 수 있기 때문이다. 앞치마 동시에서 그림과 글씨를 제시할 때 연령이 어린 유아에게는 그림을 우선 제시해야 하며, 파워포인트 동화는 유아들의 읽는 속도를 감안하여 화면이 머무는 시간도 조절해야 한다.

유아문학 전달매체를 제작할 때 유의사항은 다음과 같다(김영애 외, 2016; 김영애, 2019; 임영주, 2005).

① 견고하게 제작한다.

매체는 각 교사가 모두 사용할 수도 있고, 유아들이 다룰 수 있는 기회를 주어야 하므로 잦은 사용에도 오손과 파손이 적도록 제작한다.

② 정교하게 제작한다.

머메이드지류는 종이 질이 좋은 반면에 풀로 붙일 때 떨어지기 쉬우므로 세심하게 정성껏 붙인다. 또한 하드보드지에 꾸밀 때 앞면만 붙이게 되면 앞으로 오그라들기 때문에 감쌀 경우는 뒷면까지 감싼 후, 앞면에 꾸미도록 한다.

③ 사전 계획을 충분히 한 후 제작한다.

사전 계획을 통해 성의 있게 제작된 전달매체는 원작을 더욱 돋보이게 한다. 예를 들면, OHP에서 '산' 모양을 셀로판지로 댄 부분은 일관성 있게 하여 다른 장에도 '산'을 표현할 때 매직 또는 다른 채색 도구를 사용하지 않고 셀로판지를 사용하며, 아크릴 막대를 인형에 붙일 경우에도 유아에게 제시할 때 교사의 손에 가려지지 않고 제시할 수 있는가를 유의하여 붙여야 한다.

④ 매체의 적절성에 유의한다.

문학 장르뿐만 아니라 문학작품의 분위기도 반드시 고려해야 한다. 특히 블랙라이트의 경우는 동화에 적절하며, TV 동요는 롤 스크린으로 제작하여 노랫말을 아래에서 위로 올라가게 제작한다면 좌우로 감는 롤 스크린에 비해 노랫말이 화면에 머무는 시간이 지속되므로 유아들에게 노랫말을 읽을 시간을 충분히 제공하는 장점이 있다.

⑤ 그림의 적합성과 미적 감각을 고려한다.

출판된 책과 동일하게 제작할 경우 가장 효과적이지만, 유아의 특징을 고려하여 등장인물을 재구성할 수도 있다.

⑥ 채색을 알맞게 한다.

유아에게 제시하는 그림은 특히 파스텔톤 계열이 좋지만, 포스터물감의 선명함이 더욱 효과적일 때도 있다. 또한 색연필이 주는 친근함도 활용하면 좋다. 특히 채색을 할 때 유의할 점은 배경과 등장인물 모두 강조하는 것보다 표현하고자 하는 부분을 강조하고 그 작품에 가장 효과적이라고 생각되는 채색도구를 사용해야 한다.

⑦ 대지를 잘 활용한다.

그림(등장인물)을 복사해서 오려서 사용할 경우, 약간 두꺼운 대지를 붙인 후 그림보다 약간 크게 오려서 사용한다. 대지와 그림 사이의 여백으로 인해 그 그림이 좀 더 시원스럽게 보이며, 때로 그림을 선명하게 또는 강조하여 보이게 한다. 대지는 단색이 좋으며, 그림과 너무 비슷하거나 지나치게 대조적인 색상은 피하고 코팅을 할 경우 너무 두껍지 않은 대지를 사용해야 한다.

⑧ 매체를 제작한 후 평가한다.

원작은 우수했는가, 원작과 매체는 적절했는가, 들려줄 대상 연령에 적합하게 만들었는가 등을 세심하게 확인한다.

⑨ 제시하기 전에 충분히 연습한다.

원작을 충분히 이해하고 매체를 능숙하게 다룰 수 있도록 연습한 이후 제시한다.

⑩ 교사는 매체를 제시(실연)한 후 유아들이 직접 사용할 기회를 준다.

TV 동화 · 동시 · 동화, 융판 동요 · 동시 · 동화, 자석 동화 · 동시 · 동화 등은 유아들이 충분히 그 매체를 다룰 수 있으므로 직접 사용할 수 있도록 언어영역에 제시한다.

2. 유아문학 전달매체의 종류

1 달력동화 『엘리베이터야 미안해!』

| 활동목표 |

- 동화 내용에 관심을 갖고 주의 깊게 듣는다.
- 공공시설물을 아껴 쓰고, 공공장소에서 지켜야 할 질서에 대해 알아본다.

| 활동수준 |

만 3~4세

| 재료 |

동화책, 그림과 글 자료, 색지, 하드보드지, 전선테이프, 코팅지, 펀치

| 제작방법 |

① 그림책을 선정한다.

② 선정한 동화책의 그림 부분은 사진을 찍은 후 인쇄한다.

③ 선정한 동화책의 글 부분도 사진을 찍은 후 인쇄한다.

④ 색지의 한쪽 면에 그림 자료를 붙인다.

⑤ 다른 한쪽 면에 글 자료를 붙인다.

⑥ 그림과 글 자료를 붙인 색지를 코팅한다.

⑦ 하드보드지는 25cm × 33cm의 크기로 2개, 6cm × 33cm 크기로 2개를 만든 후 전선테이프를 이용, 연결하여 삼각대를 만든다.

⑧ 삼각대와 코팅한 자료를 펀치로 뚫은 후 연결한다.

〈사진〉

①

②

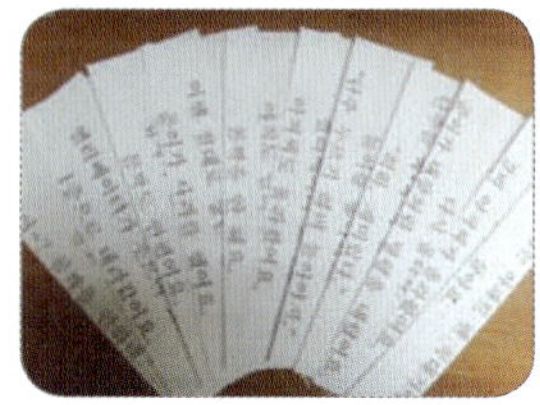

③

④

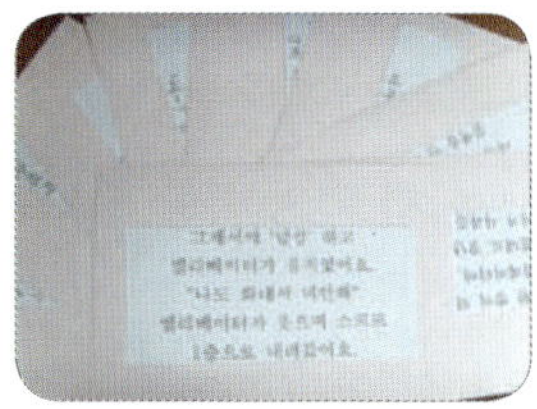

⑤

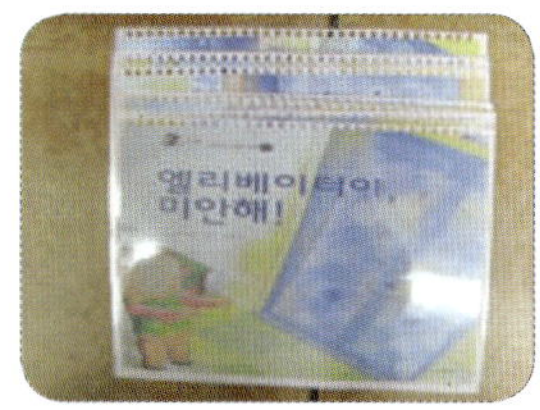

⑥

⑦

⑧

| 활동방법 |

① 달력동화를 보여주며 그림을 보고 어떤 장면인지 상상해본다.

② 자신이 상상한 것이 맞는지 뒷면에 있는 글과 비교해본다.

③ 달력동화를 보고 난 후 자신의 생각을 이야기해 본다.

2 OHP동화 『다 내거야』

| 활동목표 |

- 동화 내용에 관심을 갖고 주의 깊게 듣는다.
- 다람쥐의 먹이에 대해 알아본다.

| 활동수준 |

만 2~3세

| 재료 |

OHP필름, 네임펜, 유성매직, 동화책, 마운트, 투명시트지, 색상지 2장, 풀, 가위, 자, 칼, 테이프, 매직블록

| 제작방법 |

① 동화책을 읽고, OHP동화를 만들 재료를 준비한다.

② OHP필름을 동화책 위에 놓고, 네임펜으로 밑그림을 그린다.

③ 밑그림을 따라 그린다.

④ OHP필름에 밑그림을 그린 후, 매직을 이용하여 적절한 색칠을 한다.

⑤ 색칠이 끝난 OHP필름은 마운트에 붙일 위치를 정한다.

⑥ 위치가 정해지면, 테이프로 움직이지 않게 고정한다.

⑦ 마운트 앞쪽에 번호를 적고 동화의 내용을 적는다.

⑧ 여러 장의 동화자료를 보관할 봉투를 만든다.

〈사진〉

①

②

③

④

⑤

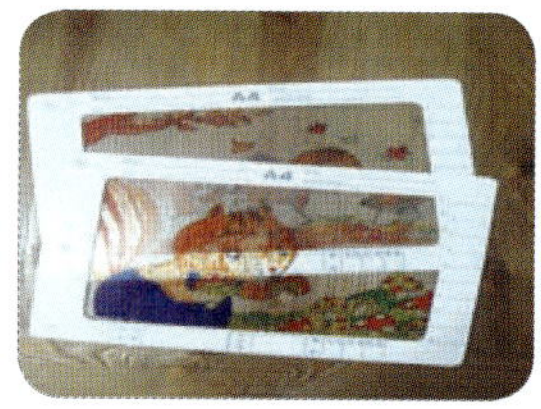
⑥

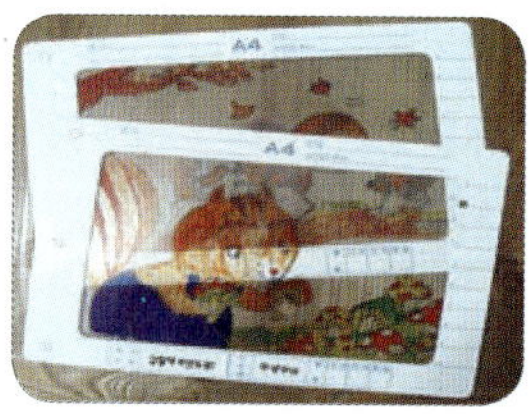
⑦

⑧

| 활동방법 |

① OHP동화를 보여주며, 동화를 들려준다.

② 다람쥐가 어떤 행동을 했는지 이야기 나눈다.

③ 다람쥐가 신체를 이용하여 행동하는 모습을 따라해 본다.

3

막대동화『동물나라 방송국』

| 활동목표 |

- 동화 내용을 이해하고 동극으로 표현해 본다.
- 서로 도와 협동해야 하는 것을 안다.

| 활동수준 |

만 3~4세

| 재료 |

그림자료, 하드보드지, 한지, 색지, 막대, 색끈

| 제작방법 |

① 캐릭터를 복사하고 코팅하여 가위로 자른다.

② 코팅하여 자른 캐릭터에 글루건으로 나무막대를 붙인다.

③ 하드보드지는 40cm × 16cm 크기로 자르고 상자 모양으로 붙인다.

④ 상자 안쪽과 겉면에 한지를 붙인다.

⑤ 한지를 붙인 상자에 목공용 본드와 물을 1:3 비율로 섞어 상자에 발라 튼튼하게 만들고, 하드보드지는 35cm × 45cm 크기로 자른다.

⑥ 회색, 검정색 색지를 TV 모양으로 잘라 붙이고, 색끈으로 안테나를 만든다.

〈사진〉

①

②

③

④

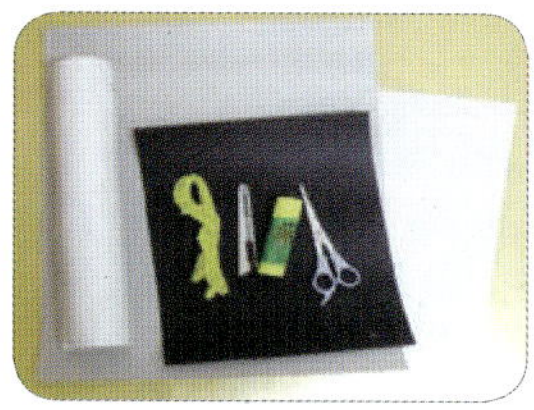

⑤

⑥

| 활동방법 |

① 동물들의 등장에 맞추어 동물막대를 등장시킨다.

② 동화가 끝난 후 각 동물들과 함께 방송국에서 하고 싶은 일에 대해 이야기 나눈다.

③ 동물나라 방송국 동화를 듣고 확장활동으로 연계한다.

④ 유아들이 역할놀이를 할 수 있도록 역할영역에 제시한다.

4 융판동화『무지개 물고기』

| 활동목표 |

- 동화 내용에 관심을 갖고 주의 깊게 듣는다.
- 친구 간의 우정과 나눔, 진정한 용기에 대해 알아본다.

| 활동수준 |

만 3~4세

| 재료 |

부직포, 하드보드지, 찍찍이, 본드, 실, 바늘, 종이테이프, 솜, 반짝이 스티커

| 제작방법 |

① 하드보드지를 부직포로 씌운다.

② 검정색 종이테이프로 둘레를 감싼다.

③ 물고기 모양대로 부직포 두 장씩 잘라 솜을 넣고 바느질한다.

④ 무지개 물고기에 반짝이 스티커를 붙인다.

⑤ 조각들 뒤에 찍찍이를 붙인 후 찍찍이가 떨어지지 않도록 바느질한다.

⑥ 융판동화 뒷면에 동화 내용을 코팅해서 붙인다.

⑦ 융판에 만든 조각들을 붙여 완성한다.

〈사진〉

①

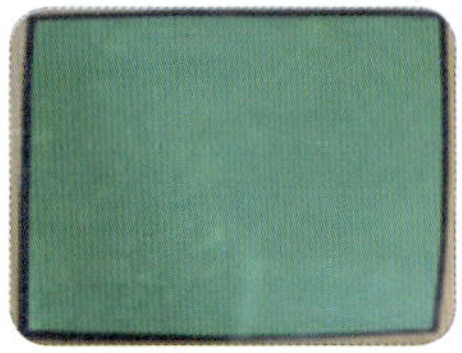
②

③

④

⑤

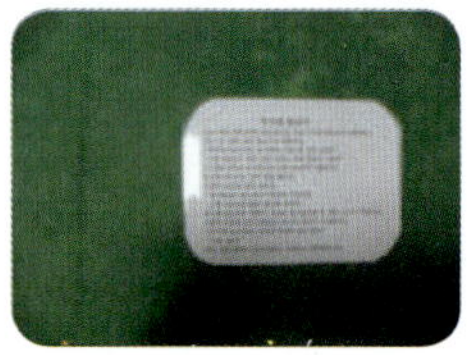
⑥

⑦

| 활동방법 |

① 동화를 들려준 후, 친구 간의 우정과 나눔, 진정한 용기에 대해 이야기 나눈다.

② 무지개 물고기 원작 동화를 들은 후 이야기 짓기 확장활동을 한다.

5 북아트 『이름 없는 괴물 이야기』

| 활동목표 |

- 동화 내용에 관심을 갖고 주의 깊게 듣는다.
- 친구의 소중함을 안다.

| 활동수준 |

만 5세

| 재료 |

머메이드지(빨강 5장, 노랑 5장, 초록 5장), 하드보드지, 한지, 칼, 가위, 자, 전선테이프, 목공용 풀, 붓

| 제작방법 |

① 머메이드지(노랑, 초록)는 39cm × 33cm 크기로 자른다.

② 머메이드지 중앙에 2.5cm × 2.5cm 크기 간격을 남기고 자른다.

③ 동화의 순서에 따라 그림을 그리고 입체적으로 자른다.

④ 하드보드지는 27cm × 33.5cm 크기로 자른다.

⑤ 한지는 33cm × 39.5cm 크기로 자른다.

⑥ 한지 중앙에 하드보드지를 붙이고 포장하듯이 깔끔하게 마무리한다.

⑦ 자른 머메이드지를 순서에 맞게 전선테이프로 붙인 후 연결시킨다.

⑧ 표지를 첫 장과 마지막 장에 붙인다.

〈사진〉

①

②

③

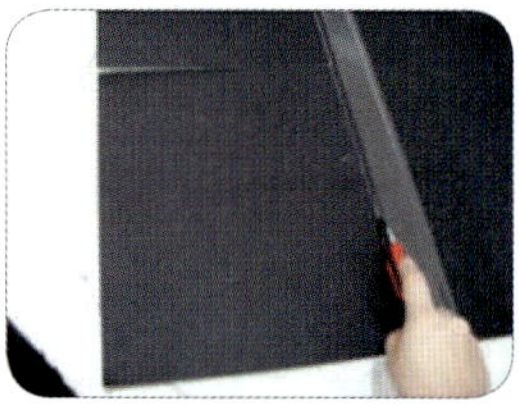

④

⑤

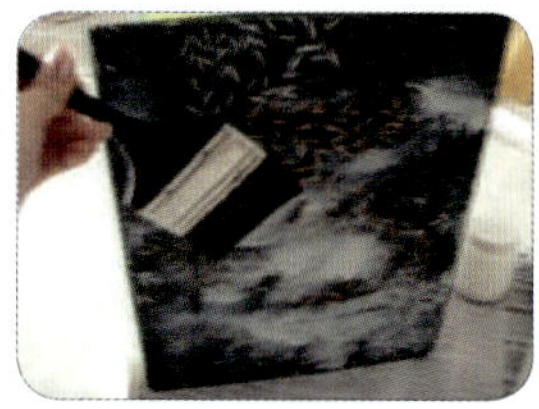

⑥

⑦

⑧

| 활동방법 |

① 자신의 멋진 별명을 만들어 본다.

② 동화를 들려준 후, 출석 이름표를 만든다.

③ 친구의 이름과 별명을 불러본다.

6 자석동화 『누가 내 머리에 똥 쌌어?』

| 활동목표 |

- 동화 내용에 관심을 갖고 주의 깊게 듣는다.
- 자아존중감을 기른다.

| 활동수준 |

만 4~5세

| 재료 |

함석판, 하드보드지, 색지, 검정색 종이테이프, 고리, 코팅지, 색시트지

| 제작방법 |

① 그림책을 선정한다.

② 하드보드지는 40cm × 29cm 크기로 자르고 앞면과 뒷면에 함석판을 붙인다.

③ 앞면에는 그림 배경을 붙이고 뒷면에는 색시트지를 붙인 후 테두리를 검정색 종이테이프로 감싼다.

④ 그림책의 주인공들을 뽑아 코팅한 후 종이 자석에 붙인다.

⑤ 하드보드지로 50cm × 17cm 크기로 삼각대를 만들어 한지를 붙인다.

⑥ 검정색 종이테이프로 테두리를 감싸고 유광을 칠한다.

⑦ 그림책 장면은 14cm × 15cm 크기로 뽑아 색지에 붙인다.

⑧ 코팅 후에 펀치로 구멍을 뚫어 삼각대에 고리를 건다.

〈사진〉

①

②

③

④

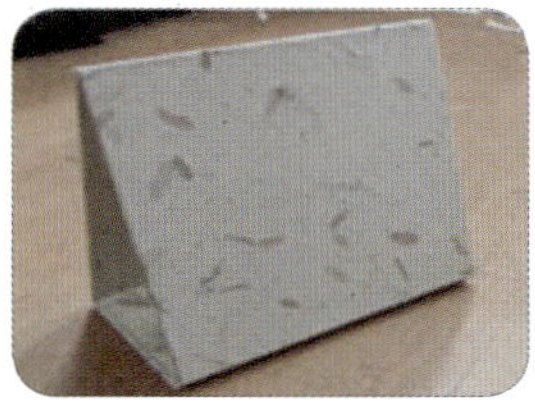

⑤

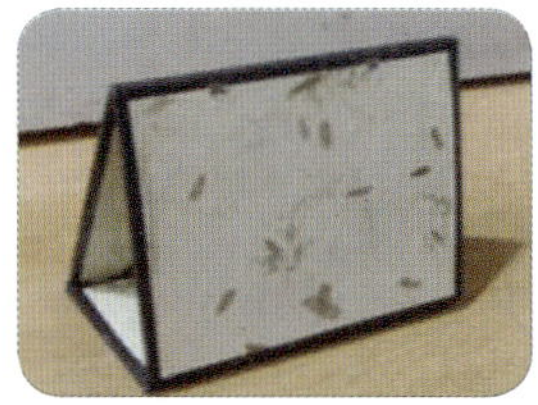

⑥

⑦

⑧

| 활동방법 |

① 이야기 내용에 알맞은 등장인물의 그림을 꺼낸다.

② 동화 속 각 상황에서 '누가 똥을 쌌을까?'라는 질문에 유아는 다양한 말로 표현해 본다.

7 파워포인트 동화 『여우는 심술쟁이』

| 활동목표 |

- 동화 내용에 관심을 갖고 주의 깊게 듣는다.
- 자신이 할 수 있는 일에 대해 안다.

| 활동수준 |

만 3~5세

| 재료 |

파워포인트, 녹음기, 포토샵

| 제작방법 |

① 동화를 선정한다.

② 세계명작 『여우는 심술쟁이』를 관람한다.

③ print screen을 이용하여 내용을 잘라낸다.

④ 포토샵을 이용하여 디자인한다.

⑤ 파워포인트를 열어 각 슬라이드를 제작한다.

⑥ 녹음기를 이용하여 음성을 녹음한다.

⑦ 파워포인트에 음성 파일을 넣는다.

⑧ 전체적인 크기와 화면 전환, 소리 편집을 한다.

⑨ 슬라이드쇼 설정을 한다.

〈사진〉

①

②

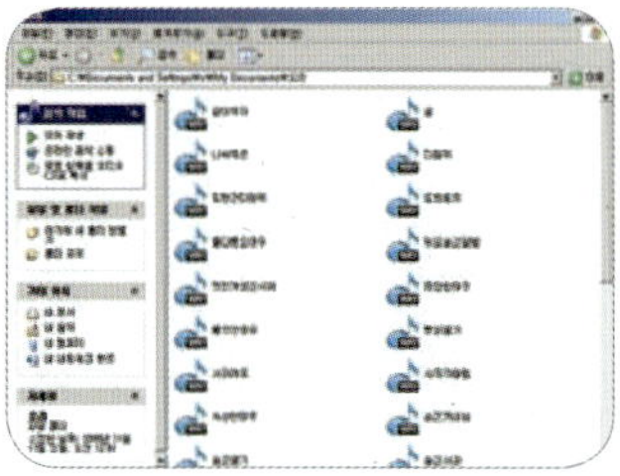

③

④

| 활동방법 |

① 파워포인트를 연다.

② 슬라이드쇼를 시작한다.

③ 동화를 관람한다.

④ 동화를 보고 느낀 점에 대해 이야기 나눈다.

8

그림자동화 『하양이와 까망이』

| 활동목표 |

- 동화내용에 관심을 갖고 주의 깊게 듣는다.
- 서로 다름을 인정하고 사랑하며 살아야 한다는 것을 안다.

| 활동수준 |

만 3~4세

| 재료 |

하드보드지, 양면테이프, 매직펜, 흰색 도화지, 색상지, 시트지, 색테이프, 아세테이트지

| 제작방법 |

① 하드보드지(5장) 위에 아세테이트지를 크기에 알맞게 테두리를 두르고 양면테이프로 붙인다.

② 완성된 겉면에 매직펜으로 그림을 그리고 색칠한다.

③ 뒷면은 색지를 붙이고 그 위에 동화 내용을 붙인 후 시트지를 붙인다.

④ 흰색 도화지를 코팅한다.

⑤ 돋보기 모양으로 자른 후, 색테이프로 테두리를 두르고 완성한다.

〈사진〉

①

②

③

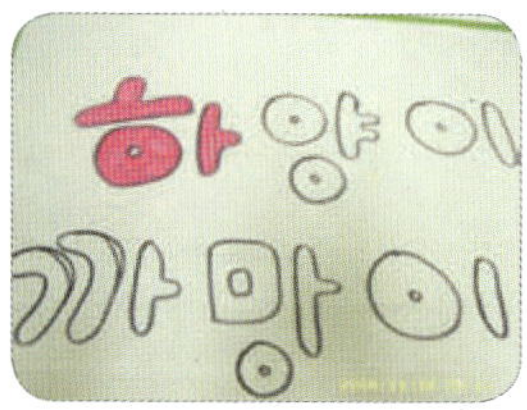

④

⑤

| 활동방법 |

① 돋보기를 그림자 동화 안에 넣은 후 각각의 등장인물을 소개한다.

② 동화 내용에 맞추어 돋보기를 사용하며, 이야기를 들려준다.

9

병풍동화 『마음아, 작아지지 마』

| 활동목표 |

- 동화 내용에 집중하여 듣는 자세를 기른다.
- 나를 소중히 여기는 마음을 가진다.

| 활동수준 |

만 5세

| 재료 |

펠트지, 하드보드지, 글루건, 실, 바늘, 네임펜

| 제작방법 |

① 하드보드지(6장)와 펠트지는 30cm × 25cm 크기로 9장을 자른다.

② 하드보드지와 펠트지를 모두 이어 붙인다.

③ 각 페이지 수에 해당하는 장면에 나오는 배경, 등장인물을 자른다.

④ 배경과 등장인물을 차례대로 붙인다.

⑤ 펠트지를 책의 크기보다 가로, 세로 5cm 넓게 자른다.

⑥ 병풍동화를 넣을 가방을 만든다.

〈사진〉

①

②

③

④

⑤

⑥

| 활동방법 |

① 병풍동화를 장면마다 펼쳐보이며 유아에게 이야기를 들려준다.

② 동화를 들려준 후, 유아들의 생각을 듣고, 서로의 장점을 찾아주는 활동을 한다.

TV동화 『다람쥐는 모를 거야』

| 활동목표 |

- 동화의 내용에 호기심을 갖고 바른 태도로 듣는다.
- 가을의 동식물과 풍경에 관심을 갖고, 다람쥐의 특성에 대해 알아본다.

| 활동수준 |

만 5세

| 재료 |

하드보드지, 펠트지, 지관통, 글루건, 가위, 칼, 병뚜껑

| 제작방법 |

① 하드보드지(5장)를 크기에 알맞게 TV 직사각형 모양으로 이어 붙이고 동화를 보여주는 앞 부분(TV화면)도 사이즈에 맞게 잘라놓는다.

② 검정색 펠트지를 이용하여 TV 매체를 감싸 깔끔하게 붙인다.

③ 지관통을 일정한 길이로 잘라 초록 펠트지로 감싼다.

④ 동화를 A3사이즈로 인쇄하여 이어 붙인 후 종이 끝을 지관통에 붙여 돌돌 말아준다.

⑤ TV 매체 윗부분에 지관통이 들어갈 사이즈만큼 동그랗게 잘라 공간을 만든다.

⑥ 지관통을 넣고 TV 매체 윗부분은 글루건을 이용하여 붙이고 밑 부분은 지관통이 잘 돌아갈 수 있도록 고정 벽을 만들어 놓는다.

〈사진〉

①

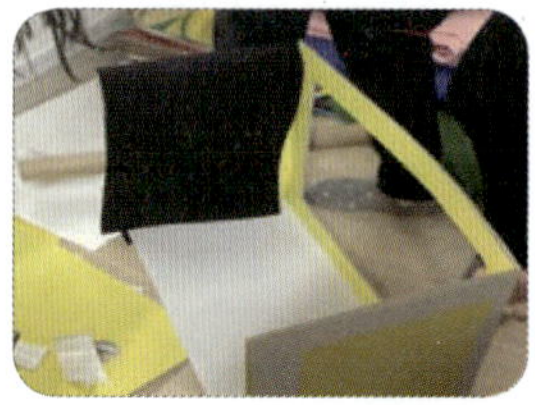

②

③

④

⑤

⑥

| 활동방법 |

① TV동화를 보며 『다람쥐는 모를 거야』 동화를 감상한다.

② 동화의 내용을 회상하며 이야기 나눈다.

③ 동화를 들은 후 느낌과 생각을 이야기 나눈다.

11 퍼핏동화 『부끄럼쟁이 친구들』

| 활동목표 |

- 동화 내용에 관심을 갖고 주의 깊게 듣는다.
- 친구와 공감하고 소통하는 방법에 대하여 알아본다.

| 활동수준 |

만 5세

| 재료 |

나무젓가락, 시트지, 펠트지, 마카, 하드보드지, 코팅지, 낚싯줄

| 제작방법 |

① 하드보드지와 박스를 활용하여 무대형 배경판 2개를 만든다.
(앞면: 50cm × 50cm, 옆면: 12cm × 50cm, 밑면: 12cm × 50cm)

② 배경판의 옆면 위에 그림 막대를 끼울 수 있도록 칼집을 낸다.

③ 코팅지 위에 마카로 일러스트 느낌의 바다생물을 그린다.

④ ②에 해당하는 막대에 줄을 연결하여 바다생물 그림을 매달아본다.
(하드보드지 막대: 60cm × 2cm, 낚싯줄 길이: 20cm, 15cm, 7cm)

⑤ 나무젓가락 2개를 연결하고 색깔 시트지로 감싼 막대를 만든다.
(인형막대 길이: 30cm)

⑥ 펠트지에 마카로 그림을 그리고 솜을 넣어 버튼홀스티치를 한다.
(막대인형 지름: 9cm)

〈사진〉

①

②

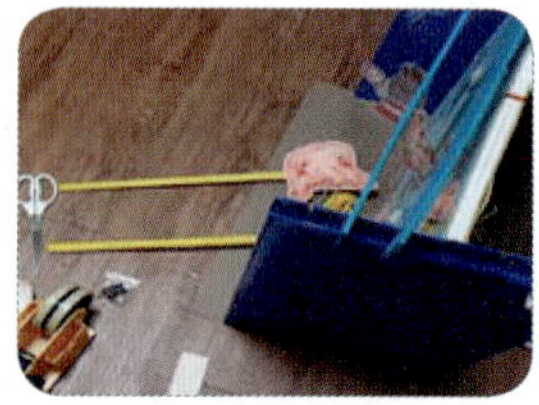

③

④

⑤

⑥

| 활동방법 |

① 무대형 배경판에 아이들이 자유롭게 꾸민다.

② 상황에 알맞게 막대인형이 등장하여 부끄러워하는 모습을 연출한다.

③ 상황에 알맞게 배경판을 돌려가며 장면을 연출한다.

④ 배경판을 툭툭 치며 바다생물들이 움직이는 듯한 효과를 낸다.

⑤ 유아가 원하는 바다생물을 그리고 줄에 매달아 추가한다.

12 펠트동화 『집을 짊어지게 된 거북』

| 활동목표 |

- 동화를 바르게 듣는 태도를 기른다.
- 거북이가 무거운 집을 짊어지게 된 이유에 대해 알아본다.

| 활동수준 |

만 4세

| 재료 |

실(흰색, 초록색, 갈색, 노란색, 하늘색 등), 바늘, 글루건, 펠트지(하늘색, 검정색, 흰색, 초록색, 노란색, 갈색 등), 까슬이, 보슬이, 그림도안, 가위, 자, 칼, 연필

| 제작방법 |

① 가위를 이용하여 펠트 위에 도안을 대고 자른 후, 각 동물을 만들 때 필요한 색의 펠트지를 준비하고 눈, 손, 발을 잘라놓는다.

② 산신령 및 동물들 도안을 자른 후 펠트지와 똑같은 색의 실을 맞추어 버튼홀스티치로 바느질한다.

③ 분홍색 펠트지를 100cm × 80cm 크기로 자른 후, 펠트지를 2/3로 접어서 옆면을 바느질해준다.

④ 동화 제목을 프린트한 후 검정색 펠트지 위에 대고 자른 후, 제목을 분홍색 펠트지 위에 붙인다.

⑤ 초록색 펠트지를 풀 모양으로 오린 후 빨간색과 노란색 펠트지를 꽃 모양으로 붙인다.

⑥ 회색 펠트지로 집 도안을 오린 후 파란색 지붕 펠트지를 붙여 거북이 집을 완성한다.

〈사진〉

①

②

③

④

⑤

⑥

| 활동방법 |

① 동화에 나오는 등장인물을 보고 동화 내용을 예측해본다.

② 동화를 듣고 회상한다.

③ 자유놀이 시간에 동화매체를 이용하여 새롭게 내용을 재구성해본다.

13 입체동화 『나뭇잎 손님과 애벌레 미용사』

| 활동목표 |

- 바른 자세로 동화를 감상한다.
- 계절에 따라 변화하는 나뭇잎의 색과 종류를 말할 수 있다.

| 활동수준 |

만 4세

| 재료 |

펠트지, 실, 바늘, 가위, 칼, 글루건, 거울, 솜

| 제작방법 |

① 펠트지를 35cm × 50cm 크기로 10개 자른다.

② 몸통과 다리를 실과 바늘로 꿰매고, 눈과 더듬이를 잘라 글루건으로 붙인다.

③ 나뭇잎 손님 도안을 2개 만들어 자른다.

④ 만든 도안에 솜을 넣으며 실과 바늘로 연결시키고, 나뭇잎 손님의 눈과 입을 만들어 글루건으로 붙인다.

⑤ 다양한 나뭇잎을 잘라 글루건으로 붙인다.

⑥ 색지로 빗방울 모양을 자른 후 코팅한다.

〈사진〉

①

②

③

④

⑤

⑥

| 활동방법 |

① 애벌레를 만들어 이야기를 들려주면서 유아들의 주의를 집중한다.

② 이야기 장면에 따라 움직이는 나뭇잎 손님을 조작한다.

③ 동화를 들려준 후, 이야기를 회상해 본다.

14

그림동화『돼지책』

| 활동목표 |

- 바르게 앉아 동화를 듣는다.
- 가족의 소중함을 안다.

| 활동수준 |

만 3~4세

| 재료 |

하드보드지, 아크릴물감(노랑, 연노랑, 분홍, 연두, 검정, 초록, 갈색, 회색 등), 붓, 색지(분홍색, 갈색, 흰색 등), 사인펜, 색연필, 스캔, 가위, 풀, 접착 스프레이, 연필, 시트지

| 제작방법 |

① 그림책에 나온 그림들을 흰색 색지에 연필로 옮겨 그린다.

② 그림의 테두리를 따라 검은색 사인펜으로 그린 후 색연필로 색칠한다.

③ 배경을 아크릴 물감으로 칠한 후, 물감이 마르는 동안 그림을 테두리에 맞추어 자른다.

④ 배경 위에 자른 그림을 붙인다.

⑤ 빈 공간들은 사인펜을 이용해 그림을 그려 넣는다.

⑥ 뒷면에 책 줄거리를 붙인다.

〈사진〉

①

②

③

④

⑤

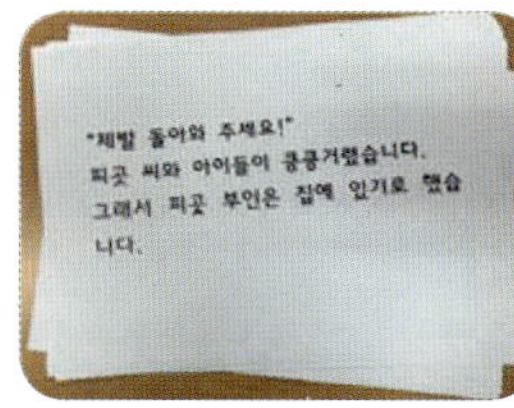

⑥

| 활동방법 |

① 동화 내용을 듣기 전에 표지를 보며 이야기 나눈다.

② 동화를 들려준 후 독후활동을 한다.

③ 가족의 역할에 대해 함께 이야기해 본다.

15

블록동화 『세계지도 그림책』

| 활동목표 |

- 동화를 바른 자세로 즐겨 듣는다.
- 세계 여러 나라에 대해 알아본다.

| 활동수준 |

만 4~5세

| 재료 |

하드보드지, 검정색 전선테이프, 글루건, 칼, 자, 가위, 코팅된 인쇄물

| 제작방법 |

① 하드보드지는 12.5cm x 12.5cm 크기로 나눈다.

② 하드보드지를 나눈 후 정육면체 전개도로 자른다.

③ 정육면체 전개도를 글루건으로 붙인다.

④ 상자에 코팅된 인쇄물을 양면테이프로 붙인다.

⑤ 상자를 검은색 전선테이프로 감싼다.

⑥ 여섯 개의 상자 여섯 면 모두 동일한 방법으로 만든다.

〈사진〉

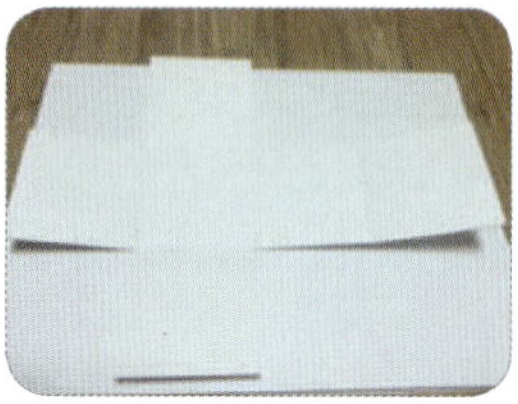

①

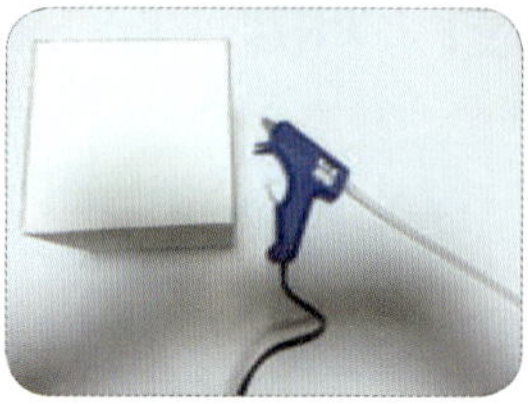

②

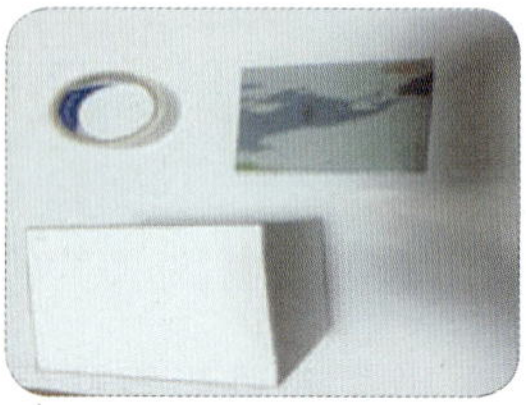

③

④

⑤

⑥

| 활동방법 |

① 동화 내용에 맞추어 상자를 돌려가며 이야기를 들려준다.

② 동화를 들은 후 세계 여러 나라 특징에 대해 이야기 나눈다.

16 팝업동화 『견우직녀』

| 활동목표 |

- 동화를 듣고 내용을 바르게 이해할 수 있다.
- 등장인물(견우, 직녀)에 대해 이야기 나눈다.

| 활동수준 |

만 4~5세

| 재료 |

하드보드지(1장), 색 테이프, 머메이드지 4절(색이 다르게 9장), 가위, 풀, 칼, 자, 동화 내용 인쇄본, 벨크로테이프, 양면테이프, 시트지

| 제작방법 |

① 4절 하드보드지(4장)는 삼각 주머니로 접는다.

② 하드보드지(1장)는 54.5cm x 30cm로 자른 후 칼집을 내고 표지를 만든다.

③ ②에서 만든 표지 안에 속지를 붙인다.

④ 동화 내용과 그림, 표지 그림을 인쇄한다.

⑤ 인쇄한 그림과 동화 내용을 잘라 뒷면에 머메이드지를 붙여 코팅한다.

⑥ 코팅한 동화 내용과 그림을 자른 후 속지에 붙인다.

⑦ 표지에 표지 그림을 붙인 후 시트지로 감싸고 색 테이프로 테두리를 마무리한다.

〈사진〉

①

②

③

④

⑤

⑥

⑦

| 활동방법 |

① 칠석의 유래에 대해 알아본다.

② 동화에 나왔던 등장인물에 대해 이야기한 후 동화 내용을 회상한다.

17 앞치마동화 『오늘은 우리 집 김장하는 날』

| 활동목표 |

- 동화를 듣고 내용을 바르게 이해한다.
- 겨울철 김장김치 담그는 과정에 대해 알아본다.

| 활동수준 |

만 3~4세

| 재료 |

부직포, 펠트지, 까슬이, 솜, 가위, 글루건, 눈알, 실, 바늘

| 제작방법 |

① 부직포(주황색 1장)는 앞치마 모양으로 자른다.

② 펠트지(초록색, 연두색, 흰색)는 배추 모양과 무 모양으로 잘라 솜을 넣어 바느질한다.

③ ②와 같은 방법으로 펠트지(빨간색, 주황색, 상아색)를 바느질한다.

④ ②, ③과 같은 방법으로 자른 후 배추 모양을 글루건으로 붙여준다.

⑤ 펠트지(갈색, 진한 갈색, 흰색, 초록색, 빨간색)를 김칫독과 마늘, 대파, 고추, 각종 양념 모양으로 자른 후 글루건으로 붙인다.

⑥ 펠트지(회색, 주황색, 상아색)로 엄마 쥐, 아기 쥐 모양을 만들어 자른 후, 귀, 코, 팔을 만들어 눈알과 함께 붙여준다.

⑦ 완성된 배추 모양, 동물 모양 뒤에 까슬이를 붙인다.

〈사진〉

①

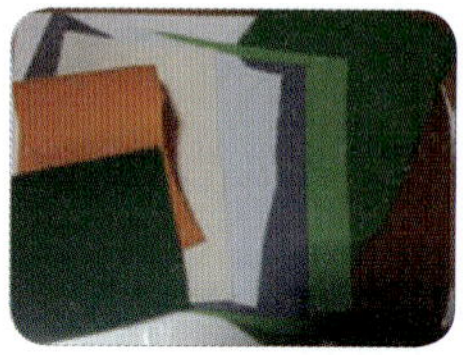

②

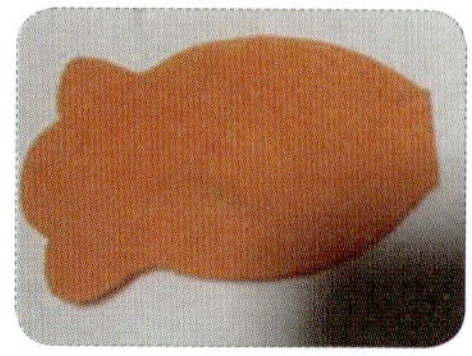

③

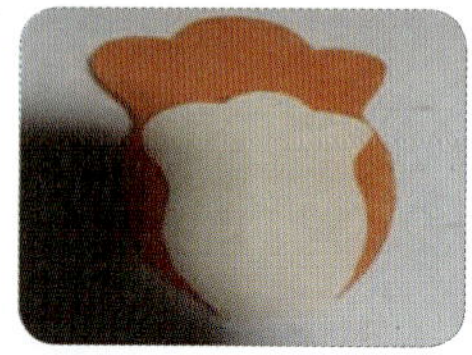

④

⑤

⑥

⑦

| 활동방법 |

① 이야기 장면에 맞게 동물과 배추 모양을 붙여준다.

② 배추가 김치가 되어가는 과정에 대해 이야기 나눈다.

18

문학교구(자음소리단어)

| 활동목표 |

- 눈과 손의 협응 능력을 기른다.
- 자음소리를 구별할 수 있고, 그 소리에 알맞은 단어를 찾아본다.

| 활동수준 |

만 4~5세

| 재료 |

단어 및 그림 인쇄물, 색지, 두꺼운 도화지, 코팅지, 까슬이, 보들이, 폼보드, 부직포, 지끈, 한지, 실, 바늘, 검정색 종이테이프, 가위, 칼, 풀

| 제작방법 |

① 단어 및 그림을 인쇄하여 색지와 두꺼운 도화지를 뒤에 붙인 후 코팅한다.

② 코팅한 단어들을 인쇄하여 자른다.

③ 단어들 뒤에 까슬이를 붙여준다.

④ 폼보드의 앞면은 부직포를 두 가지 색으로 나누고 가운데는 지끈으로 붙여준다.

⑤ 폼보드의 뒷면은 한지를 붙여준 후, 검정색 종이테이프로 깔끔하게 모서리를 처리한다.

⑥ 부직포를 ㄱ~ㅎ까지 일정한 크기로 두 장씩 자른다.

⑦ 자른 부직포 안에 솜을 넣어 바느질한다.

⑧ 바느질한 후에 부직포 뒷면에 까슬이를 붙여 꿰매준다.

⑨ 완성된 교구는 상자에 담아 놓는다.

〈사진〉

①

②

③

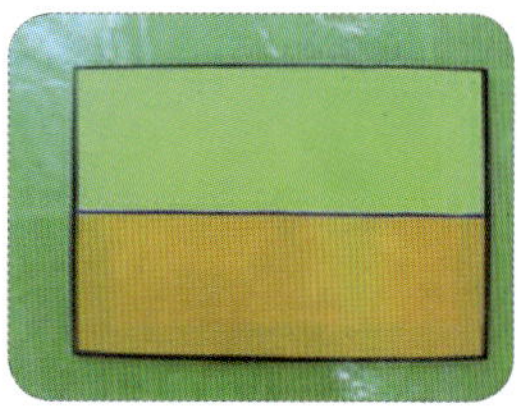

④

⑤

⑥

⑦

⑧

⑨

| 활동방법 |

① 한글 자음을 탐색해본다.

② 자음 하나를 골라서 연두색 부직포 왼쪽에 붙인다.

③ 위 자음에 맞는 자음카드 여러 개를 골라 옆에 붙이고, 자음카드를 읽어본다.

④ 노란색 부직포 부분에는 다른 자음을 붙여 동일한 방법으로 해본다.

19

문학교구(글자빙고게임)

| 활동목표 |

- 친숙한 그림과 단어를 통해 글자에 관심을 갖는다.
- 게임을 통해 글자의 모양을 알아본다.

| 활동수준 |

만 4~5세

| 재료 |

게임판(폼보드, 한지, 마스킹테이프(검정색), 유광, 시트지, 그림자료), 그림카드(하드보드지, 투명시트지), 상자(하드보드지, 한지, 유광, 그림)

| 제작방법 |

① 그림책을 선정한다.

② 34.5cm×19.3cm 크기의 폼보드에 16개 칸을 나누어 연필로 도면을 그린다.

③ 4장의 폼보드에 마스킹테이프로 16개의 칸을 나눈 후, 칸 안에 그림자료를 붙인다.

④ 제목을 붙인 다음 시트지로 게임판을 감싼 후 마스킹테이프로 테두리를 붙인 다음 유광을 칠한다.

⑤ 그림자료를 하드보드지에 붙인다.

⑥ 게임판의 칸과 그림에 맞추어 하드보드지를 자른다.

⑦ 투명시트지로 감싼다.

〈사진〉

①

②

③

④

⑤

⑥

⑦

| 활동방법 |

① 4명의 유아가 놀이판과 그림카드를 나누어 갖고, 그림들을 탐색한다.

② 가위바위보 게임을 하여 이긴 유아가 자신이 원하는 그림카드를 게임판 위에 놓는다.

③ 일직선이나 대각선으로 카드를 먼저 모두 놓는 유아가 이긴다.

20 문학교구(요리조리글자상자)

| 활동목표 |

- 여러 글자를 이용하여 단어를 만들어 볼 수 있다.
- 그림책의 그림 장면과 글을 연결해 본다.

| 활동수준 |

만 4~5세

| 재료 |

하드보드지, 머메이드지, 주사위에 붙일 글자, 검정 종이테이프, 코팅지, 고리, 색돌

| 제작방법 |

① 그림책을 선정한다.

② 그림책에 있는 그림과 단어를 뽑아 머메이드지에 붙인다.

③ 삼각대를 만들어 그림과 단어를 고리에 건다.

④ 하드보드지로 5cm × 5cm의 정육면체 16개를 만든다.

⑤ 정육면체의 상자 안에 색깔 있는 돌을 넣는다.

⑥ 정육면체의 상자 여섯 면에 모두 다른 글자를 쓴 후, 색지를 붙이고 코팅한다.

⑦ 코팅한 글을 정육면체의 여섯 면에 붙인 후, 검정 종이테이프를 두르고 유광을 칠한다.

⑧ 하드보드지로 16개의 글자 상자가 모두 들어가는 큰 상자를 만들어 보관한다.

〈사진〉

①

②

③

④

⑤

⑥

⑦

⑧

| 활동방법 |

① 각각의 글자 상자에 어떤 글자가 있는지 탐색해본다.

(유아의 발달수준에 따라 상자의 수를 다르게 제시한다.)

② 글자를 맞추어 생각한 단어를 만들어본다.

③ 그림과 글자에 맞는 단어를 만들어본다.

부록. 그림책 관련 정보 사이트

국제아동청소년도서협의회
http://www.kbby.org

그림책박물관
http://picturebook-museum.com/user/index.asp

그림책상상 그림책학교
http://www.imagination.kr

동사모
http://www.dongsamo.co.kr

동화마을
http://www.donghwamaul.co.kr

동화방
http://donghwabang.com

동화사랑연구소
http://www.donghwasarang.com

북스타트코리아
https://bookstart.org:8000

부키의 동화나라
http://www.buki.co.kr

북토피아 키즈토피아
http://kids.booktopia.com

산그림
http://www.picturebook-illust.com/san_kr/index.asp

어린이도서연구회
http://www.childbook.org/new3

오픈키드
http:www.openkid.co.kr

올리볼리 그림동화
http://www.ollybolly.org

인터넷 교보문고 키즈북
http://digital.kyobobook.co.kr/kyobobook/main.jsp

조이북
www.joybook.com

e-동화
http://www.e-donghwa.com

si그림책학교
http://sipicturebook.com

yes24 ebook 어린이
http://www.yes24.com/Main/eBook.aspx?CategoryNumber=017&Gcode=100_012

참고문헌

강성화, 김경회 (2014). **영유아를 위한 문학교육.** 동문사.

고문숙, 임영심, 김수향, 손혜숙 (2015). **아동문학교육.** 양서원.

고선옥, 김경신, 임경례, 한성민 (2016). **아동과학교육.** 공동체.

공인숙, 유안진, 한미현, 김영주, 권혜진 (2001). 전래동화 활용 공평성 향상 프로그램이 유아의 공평성 추론에 미치는 영향. **한국가정관리학회지,** 제19권 2호, 23-30.

교육과학기술부 (2012). **3~5세 연령별 누리과정.**

교육부, 보건복지부(2019). **2019 개정 누리과정 해설서.**

교육인적자원부 (2006). **유아의 사회성 발달을 돕는 협동활동 프로그램.**

권효순, 백미애, 유애순, 이민옥 (2014). **동화구연의 이해와 실제.** 창지사.

김경미 (1997). **인형극 놀이를 통한 유아사회교육.** 학지사.

김경중 (2003). **유아교육과 아동문학.** 문예연구사.

김민진 (2016). **유아문학교육.** 정민사.

김삼성 (1998). **인형극의 중재전략이 일반아동의 장애 수용 태도변화에 미치는 효과.** 대구대학교 대학원 박사학위논문.

김소양, 이경화, 채종옥 (2006). **그림 이야기책을 통한 유아문학활동.** 양서원.

김세희 (2000). **유아문학교육.** 양서원.

김애옥, 고재희, 이분려 (2000). **유아문학의 전달매체 및 교수방법.** 양서원.

김영미 (2005). **그림책에 기초한 극화활동이 유아의 읽기 흥미 및 읽기 능력에 미치는 영향.** 한국교원대학교 교육대학원 석사학위논문.

김영애 (2005). 문학중심의 통합교육 프로그램 운영. **지역발전연구,** 11권, 1-19. 서강정보대학 지역발전연구소.

______ (2006a). 그림책을 통한 통합프로그램 적용 사례. **지역발전연구,** 12권, 1-19. 서강정보

대학 지역발전연구소.

_______ (2006b). 영유아 발달단계와 그림책 지도. 광주광역시 보육정보센터 〈**푸른꿈**〉 2006년 봄호.

______ (2008a). **유아문학교육의 이론과 실제**. 해동출판사.

______ (2008b). 〈**2007년 개정 유치원 교육과정 언어생활 영역**〉. 한국유아교육학회 광주 · 전남 지회 2008년 하계 워크숍.

______ (2019). **유아문학교육 실습지침서**. 서영대학교 혁신지원사업단(교육부 전문대학교육 혁신지원사업).

김영애, 박선주 (2016). **유아문학과 전달매체**. 양서원.

김영애, 선애순, 정효정 (2018). **영유아발달**. 양서원.

김영애, 이형선 (2015). **교재 교구 중심의 창의적 교수매체**. 창지사.

김영희, 권민균 (2011). 논픽션 도서에 대한 유아 교사와 어머니의 인식 및 활용. **열린유아교육연구**, 16(3), 39-64.

김원기 (1998). **동화구연**. 꿈동산.

김은심, 조정숙 (2015). **영유아 언어교육의 이론과 실제**. 정민사.

김현자, 조미영, 김기웅, 노희연, 서화니, 조득현 (2013). **아동문학**. 창지사.

김현희, 박상희 (2016). **유아문학: 이론과 적용**. 학지사.

노명희, 신은희 (2004). **공연을 위한 인형제작과 시나리오**. 정민사.

노운서, 노명희, 김명화, 백미열 (2015). **아동문학**. 양서원.

루이스 브레거 저, 홍강의 역 (1998). **인간발달의 통합적 이해**. 이화여자대학교출판부.

류혜원 (2008). **동화구연의 이론과 실제**. 동문사.

박화윤, 김영애, 마지순, 안라리, 이선원, 이희자, 조진희, 허은주 (2010). **유아를 위한 교과교육학**. 공동체.

보건복지부 (2019). **제4차 표준보육과정 해설서**.

서정숙 (2001). 유아문학교육과 교수계획에 대한 논의. **어린이 문학교육 연구**, 제2권 제2호, 21-38.

서정숙, 남규 (2007). **그림책으로 하는 유아문학교육**. 창지사.

__________ (2020). **유아문학교육**. 창지사.

석용원 (1993). **유아동화 구연교육**. 학지사.

송남순 (2001). **동극 활동이 유아의 정서지능에 미치는 영향에 관한 연구**. 경기대학교 교육대학원 석사학위논문.

심성경, 이선경, 김경의, 이효숙, 김나림, 허은주 (2013). **유아문학의 이론과 실제**. 학지사.

오영희, 양승자 (2003). **동화를 통한 통합교육의 실제**. 양서원.

이경옥 (2008). **춘천인형극제 출품작품 분석 연구**. 광주대학교 산업대학원 석사학위논문.

이경우 (2007). **개정 총체적 언어 – 문학적 접근을 중심으로(개정판)**. 창지사.

이규원 (2002). **동화구연의 이론과 실제**. 유아문화사.

이대균, 백경순, 송정원, 이현정 (2016). **유아문학교육**. 공동체.

이보라미(2009). **인형극의 연극적 가치와 활용에 관한 연구**. 국민대학교 종합예술대학원 석사학위논문.

이상금, 장영희(2011). **유아문학론**. 교문사.

이송은 (2009). **동화구연의 이론과 실제**. 창지사.

______ (2013). **유아문학교육의 이론과 실제**. 창지사.

이영, 조연순 (2000). **발달심리학**. 창지사.

이은경 (2007). **유아문학교육**. 21세기사.

이은영 (2008). **국공립과 사립유치원 교사들의 문학활동 현황에 관한 비교 연구**. 경기대학교 교육대학원 석사학위논문.

이재복 (2001). **판타지 동화 세계**. 사계절.

이정환 (1997). **유아교육 교수학습방법**. 교문사.

임영주 (2005). **유아문학의 실제와 전달매체**. 삼영서관.

장영주 (1998). **구연동화의 이론과 실제**. 한국교육평가원.

장영희, 정미라(2015). **아동문학교육의 이론과 실제**. 공동체.

정진수 (2000). **연극 연출의 이론과 실제**. 예음.

조윤진 (2005). **장대인형제작법과 연기론**. 창지사.

______ (2016). **인형극 연기법 연구: 손인형의 연기를 중심으로**. 성균관대학교 일반대학원 석사학위

논문.

존 로 타우랜드(저), 강무홍(역) (2000). **어린이책의 역사 1, 2.** 시공주니어.

주명실(2010). **인형극을 위한 무대디자인 연구: 손인형극을 중심으로.** 경주대학교 산업경영대학원 석사학위논문.

채종옥, 이경화, 김소양(2015). **아동문학.** 공동체.

최일선, Holly Seplocha, Janis Strasser (2007). 그림책을 이용하여 유아들의 문해 지원하기. **어린이교육**, 제9집, 259-271.

허정경(2015). 한국 전래동화 속 아동의 모습에 관한 고찰. **아동교육**, 24(1), 23-38.

현은자, 김세희 (2005). **그림책의 이해(2).** 사계절.

황은순, 김현경, 이보영, 오미경, 이지영 (2013). **유아문학교육.** 공동체.

Bromley, K. D. (1991). *Webbing with literature: creating story maps with children's books.* Boston: Allyn and Bacon.

Cullinan, B. E. (1989). *Literature and the child.* N.Y.: Harcourt Brace & Jovanovich.

Cullinan, B. E. & Galda, L. (1998). *Literature and the child.* FL: Harcourt Brace & Company.

Currell, D. (1999). *Puppets and Puppet Theatre.* Crowood Publications Inc.

Dodge, D. T. (1988). *The Creative Curriculum for Early Childhood.* Washington, D.C.: Teaching Strategies.

Edwards, P. A. (1995). Combining parents' and teachers' thoughts about story book reading at home and school. In L. M. Morrow(Ed), *Family literacy: connections in schools and communities.* new york, DE: IRA.

Erikson, E. H. (1963). *Childhood and society.* New York: W. W. Norton & Co.

Erikson, E. H. (1975). *Life history and the historical moment.* New York: Norton.

Fitzgerald, J. (1999). What is this thing called "balance"? *The Reading Teacher*, 53(2), 100-107.

Freud, S. (1961). *The ego and the id*(Standard ed. Vol. 19). London: Hogarth.

Glazer, J. I. (1981). *Literature for young children*. Columbus, Ohio: Charles E.

Holdaway, D. (1979). *The Foundations of literacy*. N.Y.: Ashton, Scholastic. Sydney: Scholastic.

Jacobs, H. H. (1989). *Interdisciplinary curriculum: Design and implementation*. Alexandria, VA: ASCD.

Jacobs, L. (1950). *Picture–Story books at their best*. The Reading theacher.

Jalongo, M. R. (1988). *Young children and picture book. Literature from infancy to six*. Washington, D.C.: NAEYC.

Latshaw, G. (2000). *The Complete book of Puppetry*. Mineola, NY: Dover Publications.

Loughlin, C. E., & Martin, M. D. (1987). *Supporting Literacy: Developing Effective Learning Environments*. N.Y.: Teachers College Press.

Lukens, R. J. (1999). *A critical handbook of children's literature*(6th ed.). Addison–Wesley Educational Publishers Inc.

Maslow, A. H. (1971). *The farther reaches of human nature*. New York: Viking Press.

Matterson, E. M. (1975). *Play with Purpose with Purpose for Under–Sevens*. Great Britain. Penguin Books.

McCaslin, N. (2000). *Creative drama in the classroom beyond*(7th ed). NY: Longman.

McCormick, J., & Phillips, J. (2004). *The Victorian Marionette Theater*. Iowa City: Univ of Iowa Press.

Morrow, L. M. (1982). Relationship Between Literature Programs, Library Corner Design, and Children's Use of Literature. *Journal of Education Research*, 75(6), 339–344.

Morrow, L. M., & Weinstein, C. S. (1982) Increasing Children's Use of Literature through Program and Physical Design Changes. *The Elementary School Journal*, 83(2), 131–137.

Piaget, J. (1952). *The origins of intelligence in children*. New York: International Universities Press. (Original work published, 1936).

________ (1995). Evolution, and Development. *The Genetic epistemologist. Jean Piaget society*. Amsterdam: North-Holland.

Raines, S. C., & Isbell, R. T. (1991). Book Interest and Interaction Behaviors of Young Children in the Classroom Library. *Proposal for the Annual Conference of the Association for the Childhood Education International*. San Diego, CA.

__________________. (1994). *Stories: children's literature in early education*. N.Y.: Delmar Publishers Inc.

Rosental, B. A. L. (1973). *An Ecological Study of Free Play in the Nursery School*. Unpublished doctoral dissertation, Wayne State University.

Russell, D. L. (1991). *Literature for children: a short introduction*. New York: Longman Publishing Group.

Schickedanz, J. A., 이영자(역) (1995). **읽기와 쓰기를 즐기는 어린이로 기르는 방법**. 이화여자대학교 출판부. (원서 출판, 1986)

Smith, N. B., & Robinson, H. A. (1980). *Reading instruction for today's children*. Englewood Cliffs, NJ: Prentice-Hall.

Stauffer, R. G. (1980). *The Language Experience Approach to the Teaching of Reading*. N.Y.: Harper & Row.

Sutherland, Z., & Arbuthnot, M. H. (1991). *Children and Books*(8th ed). NY: Delmar Pub. Inc.

Tomlinson, C. M., & Lynch-Brown, C. (1996). *Essentials of Children's Literature*. Boston: Allyn & Bacon.

Vukelich, C., Christie, J., & Enz, B. (2002). *Helping young children learn language and literacy*(pp. 143-165). Boston, MA: Allyn and Bacon.

Whitehead, R. (1994). **아동문학교육론**. 신현재 편역(1998). 범우사.

Williamson, P. M. (1981). Literature goals and activities for young children. *The Journal of the National Association for Education of Young Children*, 24-30.

찾아보기

인명

내용

저자소개

김 영 애

이화여자대학교 사범대학 유아교육학과(문학사)

이화여자대학교 대학원 유아교육학과(문학석사)

전남대학교 대학원 교육학과(교육학박사)

(현) 서영대학교 유아교육과 교수 / 수필가, 동시작가

(전) 서영대학교 부설유치원장

| 논문 및 저서 |

논문 『'취침 전 책 읽어주기 활동'과 어머니-유아의 언어적 상호작용이 유아의 문해발달에 미치는 영향(박사학위논문, 1998)』 외 유아문학 관련 논문 20편, 이외 18편

저서 『유아문학교육 실습지침서』(교육부 전문대학교육혁신지원사업단, 2019)

『영유아발달』(공저, 양서원, 2018)

『아동건강교육』(공저, 양서원, 2018)

『유아교육과정』(공저, 양성원, 2017)

『유아미술교육』(공저, 양서원, 2017)

『유아문학과 전달매체』(공저, 양서원, 2016)

『교재 교구 중심의 창의적 교수매체』(공저, 창지사, 2015)

『영유아교육과정』(공저, 양서원, 2013)

『유아교육기관 운영관리』(공저, 양서원, 2012)

『유아를 위한 교과교육학』(공저, 공동체, 2010)

『유아문학교육의 이론과 실제』(해동출판사, 2008)

『유아를 위한 창의적 교과교육』(공저, 동문사, 2000) 외 8권

유아문학교육

1판 1쇄 발행 2020년 12월 28일
1판 2쇄 발행 2021년 8월 20일

지 은 이 | 김영애
발 행 인 | 박철용
발 행 처 | 양서원
주 소 | 경기도 파주시 직지길 522 파주출판도시
전 화 | 031-955-8000(代)
팩 스 | 031-955-8005
홈페이지 | www.yswpub.co.kr
이 메 일 | yswgroup@naver.com
출판등록 | 1987년 11월 24일 제406-2003-037호

ISBN 978-89-994-1139-7

정가 18,000원

※ 저자와 협의하여 인지는 생략합니다.
※ 저작권법 제136조(권리의 침해죄)에 따라 위반자는 5년 이하의 징역 또는 5천만 원 이하의 벌금에 처하거나 이를 병과할 수 있습니다.